中华优秀传统文化
灯谜

程　蓓◎编著
吴家宏◎主审

安徽师范大学出版社
ANHUI NORMAL UNIVERSITY PRESS
·芜湖·

图书在版编目(CIP)数据

中华优秀传统文化.灯谜/程蓓编著.—芜湖:安徽师范大学出版社,2021.11
ISBN 978-7-5676-5392-4

Ⅰ.①中… Ⅱ.①程… Ⅲ.①中华文化—通俗读物 Ⅳ.①K203-49

中国版本图书馆CIP数据核字(2021)第216353号

中华优秀传统文化·灯谜　　程　蓓◎编著
ZHONGHUA YOUXIU CHUANTONG WENHUA·DENGMI

责任编辑:胡志恒
责任校对:李克非
装帧设计:张　玲
责任印制:桑国磊
出版发行:安徽师范大学出版社
　　　　　安徽省芜湖市北京东路1号安徽师范大学赭山校区
网　　址:http://www.ahnupress.com/
发 行 部:0553-3883578　5910327　5910310(传真)
印　　刷:苏州市古得堡数码印刷有限公司
版　　次:2021年11月第1版
印　　次:2021年11月第1次印刷
规　　格:700 mm × 1000 mm　1/16
印　　张:18.25
字　　数:280千字
书　　号:ISBN 978-7-5676-5392-4
定　　价:48.00元

前　言

2014年3月,教育部印发《完善中华优秀传统文化教育指导纲要》,要求把中华优秀传统文化融入课程和教材体系,有序推进中华优秀传统文化教育。鼓励有条件的高等学校统一开设中华优秀传统文化必修课,拓宽中华优秀传统文化选修课覆盖面,面向各级各类学校重点建设一批中华优秀传统文化精品视频公开课。

2017年1月25日,中共中央办公厅、国务院办公厅发布并实施《关于实施中华优秀传统文化传承发展工程的意见》,这是为建设社会主义文化强国,增强国家文化软实力,实现中华民族伟大复兴的中国梦印发的文件。意见中第9条规定:推动高校开设中华优秀传统文化必修课。

《中华人民共和国非物质文化遗产法》第34条规定:学校应当按照国务院教育主管部门的规定,开展相关的非物质文化遗产教育。

因此,在高校逐步开设有关传统文化课程是大势所趋。党的十九大报告中指出,"文化是一个国家、一个民族的灵魂。文化兴国运兴,文化强民族强"。优秀传统文化进校园、进课堂,是保护和传承中华文化的最好平台。当前,越来越多的有条件的高等学校统一开设了中华优秀传统文化必修课或选修课。在众多的传统文化项目中,灯谜因其只需要有中华文字语言功底,不需要专门的文艺基础或基本功,且不论本科专科大学生,抑或中小学生皆适宜学习,从而成为各校开设传统文化选修课选择较多的一种艺术形式。

在追求传统文化回归的时代背景下,神州大地掀起了"灯谜热"。灯谜艺术之所以历经千年不衰并受到人们追捧喜爱,是因为它融合知识性、益智性和趣味性于一体,具有独特的艺术功能。

为配合中华传统灯谜文化课程教学，特编撰此书。本书由合肥市灯谜协会副会长、安徽电气工程职业技术学院教授程蓓编写，中华灯谜学术委员会宣教部部长、庐州灯谜非遗传承人、合肥市灯谜协会会长吴家宏先生担任本书主审，提供了大量资料并给予指导；此外合肥市灯谜协会顾问朱旭铭先生、秘书长骆岩先生、副会长仲慧芬女士、副会长王宇俊先生以及众多协会成员给予作者无私的指导和帮助，在此一并感谢。

作者

2021年5月于合肥

目 录

第一章　中华传统文化与灯谜

文化是一个国家、一个民族的精神家园，体现着一个国家、一个民族的价值取向、道德规范、思想风貌及行为特征。中华优秀传统文化是中华民族的精神命脉。在新时代，要将传承和弘扬中华优秀传统文化与涵养社会主义核心价值观、建设中国特色社会主义精神文明有机统一、紧密结合，不断铸就中华文化新辉煌。灯谜与承载着中华数千年文明和历史沉积的汉字同源，灯谜文化与中华传统文化相辅相成，传统文化精神支撑灯谜传承和发展数千年，灯谜是传统文化大家族的重要组成部分，中华传统文化因为有了灯谜而更加丰富多彩。

第一节　传统文化概论

一、文化的概念

文化是一个极其复杂的概念，也是从古至今使用较多的一个词和概念，体现在个人生命和社会生活的许多方面。它通常包括价值观念、信仰、兴趣、行为方式、社会群体及相互关系、生活习惯、传统习俗、思维方式和审美观等。在不同国家、民族和地区之间，文化的区别要比其他生理特征更为深刻，它决定着人们独特的生活方式和行为规范。

“文化”的定义，往往是“仁者见仁，智者见智”。据美国学者克罗伯和克拉克洪1952年出版的《文化：概念和定义的批评考察》中统计，世界各地学者对文化的定义有170多种。1871年英国人类学家爱德华·泰勒在其所著的《原始文化》一书中对文化的表述是：“知识、信仰、艺术、道德、法律、习惯等凡是作为社会的成员而获得的一切能力、习性的复合整体，总称为文化。”

时至今日，人们关于文化是什么的答案多种多样，仅华东师范大学郑金洲教授收集的文化的概念就达310多种。美国人类学家克鲁克洪和凯利认为，文化是历史创造的生存形式系统，既包含显性形式，又包含隐性形式，并具有为整个群体或在一定时期为其某个特定部分所共事的倾向。《辞海》（第七版）“文化”释义：（1）广义指人类社会的生存方式以及建立在此基础上的价值体系，是人类在社会历史发展过程中创造的物质财富和精神财富的总和。（2）泛指一般知识，包括语文知识。如“学文化”即指学习文字和求取一般知识。又如对个人而言的“文化水平”，指一个人的语文和知识程度。（3）中国古代封建王朝所施的文治与教化的总称。《现代汉语词典》（第七版）对“文化”一词的解释为：（1）人类在社会历史发展过程中所创造的物质财富和精神财富的总和。特指精神财富，如文学、艺术、教育、科学等。（2）指运用文字的能力及一般知识。（3）考古学用语，指同一个历史时期的不依分布地点为转移的遗迹、遗物的综合体。

从文化与人类社会的关系来看，文化是人类社会特有的现象；从文化与人们个体的关系来看，人是文化的创造者，也是文化的创造物；从物质载体与精神文化的关系来看，文化现象实质上是精神现象，文化的作用主要表现为精神力量；从文化形态上看，有古今地域之别；从文化性质上看，有先进与后进、腐朽之分，不同文化对经济、政治的影响不同，对社会发展的作用不同。

传统文化是文明演化而汇集成的一种反映民族特质和风貌的文化，是各民族历史上各种思想文化、观念形态的总体表现。其内容当为历代存在过的种种物质的、制度的和精神的文化实体和文化意识。它是对应于当代文化和外来文化的一种统称。

中华传统文化，是中华民族历史上道德传承、各种文化思想、精神观念形态的总体。中华传统文化主要由儒、佛、道三家文化组成。传统文化不仅思想深邃圆融，内容广博；更重要的是，儒家、佛家、道家三家文化，高扬道德，为国人提供了立身处世的行为规范，以及最终的精神归宿。儒家以仁义教化为核心，为历代统治者尊崇；道学以顺应自然为核心；佛学以慈悲、大爱、解脱为核心，强调"诸恶莫作，众善奉行"。

在儒、佛、道三家文化基础上派生出的各种艺术，是其具体表现形式。中华传统文化的范围广泛，文字、语言、书法、绘画、雕塑、音乐、武术、戏剧、曲艺、棋类、节日、民俗等都属于传统文化的范畴。传统文化是我们生活中息息相关的，融入我们生活的，我们享受它而不自知的东西。具体地讲，中华传统文化以节日、古文、古诗、词语、乐曲、赋、民族音乐、民族戏剧、曲艺、国画、书法等为载体。比如正月初一春节、五月初五端午节、八月十五中秋节等节日，各种民俗活动，包括传统历法在内的中国古代自然科学以及生活在中国的各地区的传统文化，等等，都是中华传统文化的组成部分。

二、中华传统文化的特征

在中国，"文化"一词，古已有之。"文"的本义，系指各色交错的纹理，有文饰、文章之义。《说文解字》称："文，错画也，象交文。"其引申为包括语言文字在内的各种象征符号，以及文物典章、礼仪制度等。"化"本义为变易、生成、造化，所谓"万物化生"，其引申义则为改造、教化、培育等。

汉语"文化"一词，最早出现于西汉刘向的《说苑·指武》中："圣人之治天下也，先文德而后武力。凡武之兴，为不服也；文化不改，然后加诛。"中国古代的这些"文化"概念，基本上属于精神文明范畴，往往与"武力""武功""野蛮"相对应，它本身包含着一种正面的理想主义色彩，体现了治国方略中"阴"和"柔"的一面，既有政治内容，又有伦理意义。

在古代很大程度上是将此词作为一个动词使用，它既与武力征服相对立，但又与之相联系，相辅相成，所谓"先礼后兵"，文治武功。

中国传统文化是中华文明演化而汇集成的一种反映民族特质和风貌的民

族文化，是民族历史上各种思想文化、观念形态的总体表征，是指居住在中国地域内的中华民族及其祖先所创造的、为中华民族世世代代所继承发展的、具有鲜明民族特色的、历史悠久、内涵博大精深、传统优良的文化。中国传统文化有以下重要特征：

(1)世代相传。中国的传统文化在某些短暂的历史时期内有所中断，在不同的历史时期或多或少的有所改变，但是大体上没有中断过，总的来说变化不大。

(2)民族特色。中国的传统文化是中国特有的，与世界上其他民族文化不同。

(3)历史悠久。有五千年的历史。

(4)博大精深。“博大”是说中国传统文化的广度——丰富多彩，“精深”是说中国传统文化的深度——高深莫测。

中华传统文化的第一特征是它的延续性、凝聚力与包容性。英国历史学家汤因比在《历史研究》一书中曾说，在近六千年的人类历史上出现过26种文化形态，其中包括四大文明古国的文化体系，系中国古代文化、印度文化、古巴比伦文化和古埃及文化；但在这些文化形态中，只有一种文化体系，是长期延续发展，而从未中断过的文化，这就是中国传统文化。延续不断、经久不衰，具有顽强的生命力和应变能力。历史上有不少优秀的文化，因为异族入侵而中断，如希腊、罗马文化因日耳曼人入侵而中断沉睡了上千年，印度文化因雅利安人入侵而雅利安化，埃及文化则因入侵者的变化而不断改变自己的面貌：曾经一度希腊化，后又罗马化，再后又伊斯兰化。这都是由于他们的根基不深、站脚不稳，中国传统文化却大不相同。十六国时期的五胡乱华，宋元时期契丹、女真的相继南下，乃至蒙古、清人入主中原，都未能中断中国传统文化；相反，却是征服者最后被征服、被同化、被融合，中国传统文化吸收了各少数民族的新鲜血液，反而增加了新的生命力。它之所以有这种顽强的延续性，这是因为它有强大的同化力与融合力。外域文化进入中国后，大都逐步汉化、中国化，与汉族文化、中国文化融为一体，成为中国文化不可分割的一部分，如佛教文化。

传统文化是维系民族生存和发展的精神纽带。中国传统文化还具有强大的凝聚力,这种凝聚力主要表现为文化心理的自我认同感和超地域、超国界的文化群体归属感。用优秀的传统文化教育人民、团结人民,提高全民族的文化素质;用优秀的传统文化,凝聚海外广大同胞的爱国情,争取他们从道义上、物质上支持国内的现代化建设,促进祖国早日统一,正是我们弘扬中国传统文化的一个重要目的。

中华传统文化的另一重大特征是突出的地域性。中国国土辽阔、地大物博,自周秦以来除个别分裂割据时期外,在大部分时间内保持着统一的多民族的国家形态。因而,在中华传统文化这一体系之中,既有源自黄河流域的华夏文明作为主体,也有多样的少数民族文化作为补充,相得益彰。中华传统文化早在数千年前就与异国文化开始了交流。汉唐时代,中国文化是相当开放的。在许多方面,中华民族的祖先曾非常勇敢地、毫不犹豫地吸收外来文化因素,并加以改造,不断丰富中华文化的内涵。从意识形态方面看,中国接受了从印度传来的佛教,这是世界主要文明体系之间的最大规模的交流之一。从艺术方面看,中国大量吸收了沿丝绸之路传来的异国音乐、舞蹈,并使之中国化。“胡琴”是中国民族乐器中的重要代表,但如同其名称所示,它原来是外来品。从饮食、服饰、民俗等方面看,中国所吸收的异国文化内容也十分惊人。与此同时,中国也将自己的文化向外输出,如造纸等四大发明、丝绸与瓷器等工艺制作等,都对世界文化产生了积极的影响,对人类文明作出了巨大贡献。中华传统文化的许多精华,如中医、气功、武术等,至今仍受到全世界的重视。中国传统文化的对外交流必将进一步扩大,具有悠久传统的中华文化,必将以崭新的姿态迈进未来的世界文化体系之中。

第二节　灯谜与中华传统文化的关系

一、弘扬优秀传统文化的意义

党的十八大以来，围绕传承和弘扬中华优秀传统文化，习近平总书记发表了一系列重要论述。2013年8月，在全国宣传思想工作会议上，他特别强调“要讲清楚每个国家和民族的历史传统、文化积淀、基本国情不同，其发展道路必然有着自己的特色；讲清楚中华文化积淀着中华民族最深沉的精神追求，是中华民族生生不息、发展壮大的丰厚滋养；讲清楚中华优秀传统文化是中华民族的突出优势，是我们最深厚的文化软实力；讲清楚中国特色社会主义植根于中华文化沃土、反映中国人民意愿、适应中国和时代发展进步要求，有着深厚历史渊源和广泛现实基础”，这一重要论述，对我们坚持发展社会主义先进文化、涵养社会主义核心价值观、在世界文化激荡中站稳脚跟都具有重要指导意义。

中华文明是四大古文明中唯一没有中断的文明，中华民族在长期生产生活实践中产生和形成的优秀传统文化，为中华民族的生息、发展和壮大提供了丰厚的精神滋养。中华优秀传统文化是中华5000年文明的结晶，是中华民族的独特标识。习近平总书记指出，“这些思想文化体现着中华民族世世代代在生产生活中形成和传承的世界观、人生观、价值观、审美观等，其中最核心的内容已经成为中华民族最基本的文化基因。这些最基本的文化基因，是中华民族和中国人民在修齐治平、尊时守位、知常达变、开物成务、建功立业过程中逐渐形成的有别于其他民族的独特标识。”（在纪念孔子诞生2565周年国际学术研讨会暨国际儒学联合会第五届会员大会开幕会上的讲话）中华优秀传统文化对中华文明形成并延续发展几千年而从未中断，对形成和维护中国团结统一的政治局面，对形成和巩固中国多民族和合一体的大家庭，对形成和丰富中华民族精神，对激励中华儿女维护民族独立、反抗外来侵略，对推动中国社会发展进步、促进中国社会利益和社会关系平衡等，都发挥了十分重要的作用。也就是说，中华民族之所以是中华民族，就是因为中华优秀传统文化赋予的精神气质。中华优秀传统文化是中华民族的“根”与“魂”，“优秀传统文化是一个国家、一个民族传承和发展的根本，如果丢掉了，就割断了精神命脉”。(在纪念孔子诞生2565周年国际学术研讨会暨国际儒学联合会第五届会员大会开幕会上的讲话)一个国家和民族如果丧失了根脉、丢掉了灵魂，就无法在世界上立足，更何谈成长与壮大。

中华优秀传统文化对中国特色社会主义建设具有重大意义，中华优秀传统文化是涵养社会主义核心价值观的重要源泉。习近平总书记在北京大学师生座谈会上强调：“一个民族、一个国家的核心价值观必须同这个民族、这个国家的历史文化相契合，同这个民族、这个国家的人民正在进行的奋斗相结合，同这个民族、这个国家需要解决的时代问题相适应。”因此，培育和践行社会主义核心价值观，不仅要同推进新时代中国特色社会主义事业的具体实践相契合，还要从中华优秀传统文化中不断汲取营养。

中华优秀传统文化能够助力我们坚定文化自信。中华优秀传统文化中蕴含着“仁义”“和合”“和平”“均等”等思想，承载着“大道之行也，天下为公”的社会理想，“天下兴亡，匹夫有责”的爱国理念，“以和为贵，和而不同”的处世哲学，“天人合一，道法自然”的生命境界，“革故鼎新，与时俱进”的改革精神，“己所不欲，勿施于人”的道德规范，“天行健，君子以自强不息”的奋进精神，“言必信，行必果”的行为规范，“正心诚意，修齐治平”的心性修养……更容易为不同国家、不同民族所理解接受。而建立在中华优秀传统文化基础上的软实力，更具长久的影响力、感染力和穿透力。事实上，中华优秀传统文化早已走向世界，越来越受到国际社会认可，中华优秀传统文化中蕴藏着解决当今国际社会共同面临的一系列难题的重要启示，值得全人类共同珍视和爱护。

中华优秀传统文化不仅是历史上中华民族战胜种种艰难险阻而薪火相传的伟大精神瑰宝，也是实现中华民族伟大复兴中国梦的重要精神支撑。

二、灯谜传统文化的特征

灯谜是我国优秀的民族传统文化形式之一，是国粹，也是非遗项目。灯谜是谜语的一个分类，猜谜是一种启迪思维、健脑益智的有益活动，猜谜的思维过程可以给人们带来特殊的趣味，因而深得人民大众的喜爱，千百年来流传不衰。例如《中国谜语大会》，是中央电视台科教频道录制的一档集文化、益智、娱乐为一体的大型电视竞猜节目，目的就是为弘扬中国传统文化、丰富群众文化生活。

灯谜是中华优秀传统文化，它具有传统文化的很多典型特征。

（一）历史延续性

谜语最初起源于汉族民间口头文学，是我们的祖先在长期生产劳动和生活实践中创造出来的，是汉族劳动人民聪明智慧的表现。

中国的谜语源远流长，早在生产力还十分低下的西周以前，就出现了谜语的语言现象，即富有隐喻和暗示性质的歌谣，如流行于商代的一首牧歌："女承筐，无实。士刲羊，无血。"它运用了民间谜语的诡词法，牧场上的一对男女青年，女的拿筐，男的一刀一刀剪着羊毛。无实和无血恰到好处，整首牧歌给人的印象是深刻的，既饱含情景交融、热情隽永的诗意，又不失矛盾诡辩、妙趣横生的谜味。

谜语自先秦时期开始，迄今已经有3000多年的历史，历经各朝各代从未中断，且一直持续发展壮大。

（二）民族特色性

汉字文化是中华文化的核心。文化是深层次的，是所有事物发生的根本原因，其中能代表文化发言的，就是一个国家或者民族的文字。灯谜与中国优秀的语言文学艺术"诗、词、曲、联"一样，都是脱胎于承载着中华数千年文明和历史沉积的汉字。可以说，灯谜一直是伴随者汉字共生共长的，而汉字是中华民族特有的文字。

中国的汉字是表意文字，而西方的外文字母是表音文字。表意文字的特点就是通过笔画的勾勒，能概括它所代表的事物的含义，比如“日”最早就是一个圈里面一个点，非常形象。而外文字母是表音的，每一个字母代表一个音，比如太阳在英语中的发音是“sun”，那么就从26个字母中选几个字母出来拼在一起能够发“sun”的音构成英语单词。

清康有为《广艺舟双楫•原书第一》曰：“中国自有文字以来，皆以形为主，即假借行草，亦形也，惟谐声略有声耳，故中国所重在形。”汉字是方块字，一个汉字的构成是由许多笔画组成，所以汉字不是最小单元，往下剖析还能找到笔画，比如，横、撇、点等。每一个笔画都有自己的名字，它们的组合，产生一个汉字。而且每一个笔画都有其书写顺序，因此汉字也有书写顺序，这是由笔画带来的书写规矩。笔画组成的汉字更像是一幅画，而英语字母组成单词只是一种有机排序；也就是说汉字一个字就具有本身的含义和表达，而单词意思的传达和本身单词没有直接关联，真正表达含义的是单词的读音。这是汉字和英语单词的巨大差别。

西方最初也有象形文字，可以追溯到苏美尔文明、古埃及文明、古玛雅文明等，但由于战争，对古老书籍的焚烧，对异文化文士的屠杀，用另一种文化同化和磨灭，使得这些文字变成了一种密码，没有人能够完全解读，文字被摧毁了，只有语言没有被摧毁，所以才有了现在的表音文字。因此可以骄傲地说，中国汉字是世界上独一的特色文字。

西方也有谜语，但灯谜是中国特有的，就是因为汉字是二维的方块字，笔画顺序皆可调整，产生无数生动灵活的变化，形成汉字群体，才为灯谜、书法等艺术提供了肥沃的生长土壤，这是汉字魅力和美的体现。灯谜艺术的建构依托的正是多音多形多义的汉字，汉字的各种奇妙之处在灯谜中得到了最为深刻的体现。

（三）博大包容性

灯谜形式短小，但内容丰富，其“笼天地于形内，挫万物于笔端”。举凡天文地理、政治经济、文教卫生、诗词歌赋、鸟鱼花虫，乃至佛老道藏、童谣民谚，信笔所及，莫不可以为谜。有人将灯谜喻为“大百科全书”，不无道理。所以猜谜看谜便能“观古今于须臾，抚四海于一瞬”。

灯谜不排斥外族文化，乐于接受新事物。早在清朝时期，谜圣张起南就以英语“Good morning”创作了英文谜；灯谜中也有佛教文化、外国名人名著等多种谜材。今天的灯谜以其海纳百川的包容性，吸纳着中华传统文化诸多的养分，并渗透进时代的印记，展现出灵巧、包容、诙谐的艺术魅力，行使着启迪心智、陶冶情操的文化使命，大批民众和文人，甚至外国人为之倾倒。古时已然，今日尤甚。

灯谜与京剧、书法、国画并称为我国四大精粹，是中华民族独有的文学艺术，具有浓郁的民族性。“只有民族的，才是世界的”。灯谜是小聪明与大智慧结合的产物，能够给人们提供更广阔的思维空间和无穷的回味。猜灯谜可以说是一项儒雅的休闲文化活动。灯谜的普及，有利于强化人民群众对中华文化的认同感，对“弘扬和培育民族精神，增强民族创造力和凝聚力”有极大的意义。今天，各种灯谜活动层出不穷，为增强文化自信，推动文明新风行动起到了良好的促进作用。

思考题

1. 什么是中华传统文化？
2. 什么是优秀传统文化？新时代为什么要弘扬传承中华优秀传统文化？
3. 为什么说灯谜是优秀传统文化的重要组成部分？

第二章　中华灯谜发展历史

中华灯谜源远流长，距今已有三千年的历史了。灯谜是关于中华语言文字的艺术，灯谜起源于民间口头文学，是人民群众长期社会实践的产物，是劳动人民聪明才智的表现。猜灯谜是深受全球华人喜爱的一项节庆文娱活动，灯谜既益智怡情，又是知识教育和文化传播的有效工具。据现有古籍史料考证表明，灯谜经历了先秦隐语廋辞、汉魏六朝离合体谜以至隋唐谜语这样长时期的演变、进化的发展过程；而灯谜在发展过程中也与不同的民俗文化有机结合，注入了新的生机和活力。

第一节　灯谜源流

一、先秦隐语廋辞

灯谜是语言的艺术，这是不争的事实。灯谜的源头是隐语，隐语是古代的语言艺术。灯谜由古代的隐语、廋辞演变而来，隐语和廋辞都是以隐喻或暗示的方式，用来对上进谏，或彼此之间斗智，或在公开场合暗通信息、暗作交谈。

隐语也叫“隐”，古字为“讔”，是古时对谜语的一种叫法。刘勰在《文心雕龙》第十五章《谐隐篇》中称隐语的含义是“遁词以隐意，谲譬以指事”。表明“隐”的意义就是隐藏，用隐约的言辞来暗藏某种意义，用曲折的譬喻来暗指某件事物。刘勰在文中还列举了“伍举刺荆王以大鸟”等典故，说这些在史书里都有记载；并解释隐语的作用，大的可以振兴政治，并且有助于自身的显达；其次也可纠正某些错误，让迷惑的人明白过来。隐语的产生，是当时人们在社会生活中根据语言表达的需要创制出来的。它们的用意虽然产生于权变狡诡，但常常是出于某种机要迫切的事情。

灯谜起源于民间口头文学，通过文辞、歌赋、诗词等各种文体表达出来。从灯谜“曲折隐意”这一大特征算起，谜的萌生可追溯至上古黄帝时代的《弹歌》（见于汉人赵晔《吴越春秋》）：陈音于应对中引古歌曰“断竹 续竹 飞土 逐宍”。（“宍”是“肉”的古字）

图1　弹歌

全诗只有8个字，却写出了从制作工具到进行狩猎的全过程。

制作工具共分两步。先是“断竹”，即砍伐竹子。“续竹”是制作过程的第二步。所谓“续竹”，是指用野藤之类韧性植物连接竹片两端，制成弹弓。至此，狩猎工具已经制成。以下便接写打猎，打猎也分两步。先是“飞土”，把泥弹装到弓上打出去。“飞土”的目标，或是飞禽，或是走兽，一旦打中，便向猎获物奔去。“逐肉”便是指追捕受伤的鸟兽。这首纪事的古谣，隐喻了制作弹弓以猎取野兽之事，属隐语性质。中国民俗学泰斗、北京师大教授钟敬文先生将其称为“谜歌”，认为是谜语的萌芽。

也有很多谜界人士认为是流传于商代的民谣“女承筐，无实。士刲羊，无血”（本书前一章已详述）开了谜语的先河。

到了夏商周时，有了更多的民谣式隐语出现。周代《书经·汤誓》载：夏桀王暴虐无道，百姓敢怒不敢言，于是流传这样的民谣：“时日曷丧？予及汝偕亡。"这首民谣含蓄隐晦地表达了人民群众对残暴君主的愤恨心情。因为夏桀曾说，他有天下，如同天之有日，日亡他就亡。这也是目前被认为是含义比较完整的早期隐意语言。

在《诗经》中隐意语言更多，《诗经》中运用比、兴表现手法创作的隐语非常多。所谓比、兴，从谜语的视角看，就是隐意语言。比如《诗经》中的《氓》，用桑树从繁茂到凋落的变化来比喻爱情的盛衰；《硕人》连续用"荑荑"喻美人之手，"凝脂"喻美人之肤，"瓠犀"喻美人之齿；等等。

在没有文字之前，就有了隐意语言，它最初是隐含在表意图形里的。自从有了文字，隐意语言就被记录下来了。不管是揭露上层社会不良现象的怨声，或是下层贫民不幸遭遇的哀叹。也不论是男女间互相爱慕的倾诉，还是失恋失意时抒怀，有的语句委婉，用词含蓄，有的以物喻意，借景衬情。这些具有丰富想象力的隐意语言，为春秋时期的隐语提供了深厚的文学基础。

随着人类社会的进步和科学文化的发展，到了春秋战国时期，语言日益丰富，具有隐示性的歌谣得到了很大的发展，出现了我国谜语的最早形式——廋辞和隐，这是谜语的最初萌芽。

"廋辞"一词早见于春秋时期左丘明的《国语晋语（五）》："有秦客廋辞于朝，大夫莫之能对也"，三国韦昭注："廋，隐也，谓之隐伏谲诡之言问于朝也。"这里讲的是发生于公元前542年的事，虽然没有记录下秦客廋辞的具体内容，但由此可见，春秋时期，廋辞已作为外交斗争的一种形式而登上大雅之堂，在统治集团高级官员中运用了。南宋词人、文学家周密《齐东野语》释："古之所谓廋辞，即今之隐语，而俗所谓谜。"据此，把廋辞当作隐语是可信的。

战国时期出现了百家争鸣，产生了许多的文学作品，而这其中的一些赋和诗，则是极其精妙的隐语。战国末期隐语开始向谜语演化，如荀子的《蚕赋》便是这样。战国思想家荀子，写过五篇赋，分别描写礼、智、云、蚕、针五种事物。这些赋以问答的形式和暗指的手法，对五种事物进行形象生动的描述，并于篇末点题，风格独特，读起来饶有趣味。其中的《蚕赋》就是咏物的代表作之一："……冬伏而夏游，食桑而吐丝，前乱而后治，夏生而恶暑，喜湿而恶雨，蛹以为母，蛾以为父。三俯三起，事乃大已。"此赋以隐喻、拟人、摹形等手法，描述了蚕的形状、特征、生长过程和功用，这首用隐语写成的咏物赋，已初步具备了后世谜语的雏形。所以《文心雕龙》“谐隐”中称“荀卿《蚕赋》，已兆其体”，指的就是荀况的赋已呈现出“谜”的特点。

二、汉魏六朝离合体文义谜

隐语从先秦过渡到西汉，就开始逐步趋向于谜语，当时流行的射覆，已成为民间和宫廷的娱乐品了。射覆，就是事先把文字或瓯盒或盒匣覆藏起来，然后通过占卜来猜所覆物件，它是隐语发展到一定阶段的游戏，射覆因既要猜射，又要用隐语做解，所以历来被视为隐语的一个品种。其代表人物是东方朔，《太平广记》中就有他与宫廷优人郭舍人之间互猜隐语的记载。有一次，郭舍人出一则隐语：“客从东方，且歌且行，不从门入，逾我垣墙，游戏中庭，上入殿堂。击之拍之，死者攘攘，格斗而死，主人不伤。此何物也？”

东方朔不仅猜出是何物，而且当场制一隐语让郭猜，以隐破隐：“利喙细身，昼匿昏出，嗜肉恶烟，指掌所扪。臣朔愚戆，名之曰蚊。”这两则赋体隐语，从不同角度描述了蚊的特征，为后世创作事物谜语起到了示范作用。

还有一则故事：汉武帝尝以隐语召东方朔。时上林献枣，帝以杖击未央前殿槛曰：叱叱，先生束束。朔至曰：上林献枣四十九枚乎？朔见上以杖击槛两木，两木林也，束束枣也，叱叱四十九也。（出自《东方朔传》）木木为“林”、束束为“棗”（枣）这则隐语，已包含着“拆字离合”的因素。

东汉的经学家、文字学家许慎在《说文解字》里对谜这个字释为：隐语也。从言、迷。《文心雕龙》“谐隐”中云：“自魏代以来，颇非俳优，而君子嘲隐，化为谜语。谜也者，回互其辞，使昏迷也。或体目文字，或图象品物，纤巧以弄思，浅察以衒辞，义欲婉而正，辞欲隐而显。”

由此文可知，从魏代以后，士大夫们就把隐语变为谜语了。刘勰认为：所谓“谜”，就是用改头换面的辞句来迷糊对方，而谜的特点，有的是离文拆字，有的是刻画事物的形状；并揭示谜的特征，在内容方面应婉转而正确，在文辞方面应含蓄而恰切。他对谜语从理论上作了高度的概括，对谜语发展的历史、谜语的定义及其特征都作了深刻的分析和精辟的阐述。

东汉时期，隐语有了进一步的发展，根据汉字的结构特点，利用方块字在离合增损中形、音、义的变化，产生了第一条文义字谜。文义谜是根据我国汉字的形、音、义的特点而制作的。汉魏六朝，盛行离合体“文义谜”。如东汉末年诅咒董卓当死的童谣：“千里草，何青青；十日卜，不得生！”这则谶语式的谜语，就是把“董卓”二字离合为“千里草”“十日卜”的，虽还不是完整的字谜，但手法却被后世的离合体灯谜所接受。

以完整形式出现的第一则文义谜，当推南朝刘义庆《世说新语·捷悟》中记载的绝妙好辞的故事。

汉代汉安二年(143)，浙江上虞有个女孩叫曹娥，因父亲淹死在江里，便投江自尽寻父尸，五天后终于抱着父尸漂上江面。县令度尚为了宣扬封建孝道，为她立碑，由邯郸淳作诔词，刻在石碑上，世称曹娥碑。东汉文学家蔡邕有一天傍晚路过这里，读完诔词，赞不绝口，于是题了八个字：“黄绢幼妇，外孙齑臼。”后来也刻在碑上。

图2　曹娥碑

《捷悟篇》原文：魏武尝过曹娥碑下，杨脩(脩同“修”)从，碑背上见题作“黄绢幼妇，外孙齑臼”八字。魏武谓脩曰：“解不?”答曰：“解。”魏武曰：“卿未可言，待我思之。”行三十里，魏武乃曰：“吾已得。”令脩别记所知。脩曰：“黄绢，色丝也，于字为绝。幼妇，少女也，于字为妙。外孙，女子也，于字为好。齑臼，受辛也，于字为辞。所谓‘绝妙好辞’也。”齑臼就是用来盛装和研磨调味料的器具。而古代的那些调料主要是辛辣的东西，像捣碎的姜、蒜、韭菜等。“齑臼”合起来就是用来接“受”“辛”料的器皿。而“受辛”是“辞”的古体字，所以，是“辞”字。这段曹操与杨修猜碑的故事是虚构的，史实上，曹操和杨修并没有到过曹娥碑的所在地——浙江会稽，虽然如此，但根据《世说新语》的问世时间，至少可以肯定，南北朝之前就有了这条文义谜。曹娥碑上的八个字，实际上是一则用拆字手法创作的离合体谜，后人称这种形式的灯谜为“曹娥格”。

南北朝时期，对发展谜语有贡献的是南朝宋文学家鲍照，他曾作中国最早的一字谜（“井”“龟”“土”三则字谜），并以《字谜三首》为题编入他的诗集《鲍参军集》卷六，开了字谜创作之先河，也从此有了“谜”这个名称。

如“二形二体，四支八头，四八一八，飞泉仰流”，射“井”字。这是一个拆字谜，“井”字，两横两竖，就是四支，然后相互交叉，一共露出八个脚，“四八一八”是“五八”、五八是四十，井水是面朝上的，如同仰头，又合了飞泉仰流。这四句诗每句都暗扣井字，前三句用离合，后一句会意更进一层喻示“井”。四句中只要猜中一句就可以知道谜底了，这是灯谜多重扣合的形式。

东汉末年文学家孔融，“建安七子”之一，他曾写一首谜诗：“渔父屈节，水潜匿方；与时进止，出寺施张。吕公矶钩，阖口渭旁；九域有圣，无土不王。好是正直，女回于匡；海外有截，隼逝鹰扬。六翮将奋，羽仪未彰；龙蛇之蛰，俾也可忘。玟璇隐曜，美玉韬光。无名无誉，放言深藏；按辔安行，谁谓路长。”这首诗每四句或两句扣一字，谜底连起来读是“鲁国孔融文举”。孔融的这首离合诗，是大家公认的我国最早制作的完整而成熟的离合多字谜。

事实上，按照时间顺序，可以说是东汉末年袁康在《越绝书》中首先“发明”离合体谜。此书作者没有署名，末尾序外传记有隐语：“以去为姓，得衣乃成，厥名有米，复之以庚。”历代文人墨客纷纷破解，后经千百年，竟还无人知此奥秘，直至明朝，才由著名文学家杨慎（1488—1559）细加琢磨而破解，这个隐语里面暗藏了“袁康”两个字。又有“禹来东征，死葬其疆”，这两句表明作者是会稽人；又云：“文词属定，自于邦贤；以口为姓，承之以天，楚相屈原，与之同名”，这几句里面隐藏了“同郡吴平”之名。所以《四库全书总目提要》判定该书作者为汉朝的袁康和吴平。

到了魏晋时期,离合体文字诗谜已十分盛行,作为一种文体活跃于文坛,风靡一时。随着离合体的发展,南北朝时期,增损体应运而生,并且能够结合最早出现的会意体,在实际生活中运用了。据李百药《北齐书·徐之才传》记载:北齐徐之才,聪辩强识,有兼人之敏。公私言聚,多相嘲戏。有一次,他戏王昕的姓为"有言则訨,近犬就狂,加颈足而为马,施角尾而为羊。"仅仅四句,就使"王"字跃然而出,极尽嘲戏之能事。

谜书的出现标志谜语的日趋成熟。战国时期,我国就已有专门记录隐语的书刊,刘向《新序》云"齐宣王发隐书而读之",班固《汉书·艺文志》亦云"隐书十八篇"。世有"班固《隐书》标第一,参军'井'字始称谜"的说法。南朝齐末,文学理论评论家刘勰著成了《文心雕龙》一书,这是我国第一部系统阐述文学理论的专著,其中《谐隐》是首次研究谜语的文章,它对南朝以前的有关谜语作了精辟的论述,通过他的论述,谜语成了一种定名的文学体裁。

三、隋唐谜语

隋朝时期,中国恢复了统一,南北的经济、文化逐渐融洽,谜语活动比前朝更加活跃,广泛用于社交和生活之中。到了唐朝,谜语开始兴盛。隋唐两代在字谜和物谜上又有新的发展,涌现出一些制谜能手,创作了一些佳谜。

隋朝善制谜的文人中最有造诣的是侯白。《启颜录》槐子悬枝记述这样一个故事。

侯白机灵敏捷,一次与杨素并马而行,路旁有棵槐树,憔悴欲死,杨素说:"侯老兄,你有办法使此树活吗?"侯白说:"取槐子悬树枝上即活。"杨素问:"为什么?"侯白答:"《论语》中说:子在,回(槐)何敢死?"谜中"槐"谐音"回"(指颜回)。

谜界认为,此谜开了灯谜"别解"之先例。将槐树子的"子"别解做作孔子。

唐代著名诗人骆宾王、李白、皮日休等,都曾经用诗的形式创作谜语。文人以谜语斗智斗勇,皇帝有时也用谜语戏耍臣下。据唐郑处海《明皇杂录》记载：天宝三年，秘书监贺知章告老还乡，临行前唐明皇问他有何要求，贺说："臣有男未定名，幸陛下赐之，归乡之荣。"明皇听后笑道："为道之要莫若信，孚者，信也，履信思乎顺。卿之子，必信顺人也，宜名之孚。"贺知章高兴地谢恩而去，过了一段时间才省悟，"孚"，隐"爪下子"之意。

唐代有相当数量的谜语故事，这是它前面几个朝代所没有的，如李公佐《谢小娥传》的以谜圆梦，吴处厚《青箱杂记》的揭唐石碑谜，冯翊《桂苑丛谈》的揭题壁等。最早将谜语写进小说的是传奇小说《谢小娥传》，小娥的父与夫俱为盗所杀，小娥梦父谓曰："杀我者，车（古字"車"）中猴，门（古字"門"）东草。"又数日，复梦其夫谓曰："杀我者，禾中走，一日夫。"书中出现的"申兰（古字"蘭"）""申春"两则谜语，为这部小说增添了传奇色彩。

值得一提的是，当时社会上各行业的市语典故，已十分丰富并广泛流行，所有这些，都促进了谜语的传播和繁荣，为两宋谜语的大发展创造了条件。

四、两宋谜语

谜语在宋代进入了大发展时期。京都是政治、经济和文化集中发达的地方，随着社会经济实力的强大，人们物质生活水平的提高，便产生了与之相适应的文化活动。宋代称猜谜为商谜，当时把猜谜列入杂剧百戏之内，北宋的汴梁出现了专为伎艺演出服务的场所——瓦舍。谜语属于百戏之一，通过商业和伎艺场所的传播得到空前普及，制谜和猜谜之风非常盛行，涌现了一大批谜语艺人，如马定斋、霍百丑、张山人、胡六郎和魏大林等。大家猜谜并用音乐伴奏，十分热闹。

朝廷百官和文人学士也互以谜语为戏谑。例如北宋大文学家苏东坡、秦少游、黄山谷等经常以谜语相互往来。明代郎瑛在《七修类稿》中说："……东坡、山谷、秦少游、王安石，辅以隐字唱和者甚众，刊集四册，曰《文戏集》。"他对宋代谜事活动的评价是："隐语化而为谜，至苏（东坡）黄（山谷）而极盛。"

有一次王安石同好友吕吉甫一起猜谜。王先作："画时圆，写时方，冬时短，夏时长（打一字）。"吕猜着了但没说出，也作一谜："东海有一鱼，无头又无尾。更除脊梁骨，便是这个谜。”王听后点头笑了。原来他俩的谜底同是“日”字。王接着又出一谜：“左七右七，横山倒出（打一字）。”吕猜中后还是没说出，也作一谜：“一上一下，春少一日。你猜我猜，恰似一对。”王的谜底是“婦”（“妇”的繁体字），吕的谜底是“夫”，两人相视而笑。这种对谜始于汉代东方朔与郭舍人的“蚊”隐，宋代传承而有所发展。

北宋为金所逼，迁都临安后偏安一隅。统治者为了粉饰太平，每年都要在元宵节张灯结彩，大事欢庆，所谓“南宋时观灯独盛”。南宋周密《武林旧事灯品》中载：“以绢灯剪写诗词，时寓讥笑，及画人物，藏头隐语及旧京诨语，戏弄行人。”在花灯上写谜语，观灯与猜谜结缘，使谜事活动从文人骚客的狭窄天地扩展到广大民众中去，这是一个创举，至此，灯和谜发生联系，结下了不解之缘，也为明代给“灯谜”正式命名提供了事实依据。需要注意的是，这时的灯谜，是指写在灯上的谜语，而不是专指现在的文义谜，两者有本质的区别。

随着灯谜的出现，兴起了灯谜组织，当时的京城临安成立了谜社。据南宋耐得翁《都城纪胜》：“隐语，则有南北垢斋、西斋，皆依江右谜法。谜语、习诗之流，萃而成斋。”这表明在宋代就有谜人结社专门研究谜语这门学问了。谜社成员都是文人，他们或以谜相酬和，或以谜相嘲戏，或品谜玩隐，或著书立说，共同推动了谜语的发展。

在中国灯谜发展史上，两宋时代是非常重要的转折点，“灯谜”之实体应运而生，通过悬灯猜射，在民间广泛交流，得到艺术上的进步和提高。

两宋时期，还首次出现了印章谜。据南宋周密《云烟过眼录》记载，宋著名词人姜夔以自己的姓名作谜而刻于印上，“鹰扬周室，凤仪虞廷。”首句引用《诗经》“维师尚父，时维鹰扬”，隐姜尚的姜，尾句引用《尚书》“夔曲乐，凤凰来仪”，隐“夔”。

从上文“及画人物，藏头隐语及旧京诨语”一句，还反映出南宋已有“画谜”“谚语谜”等品种。谜语形式的多样化是宋代谜语大发展的另一个重要标志，字谜、物谜、画谜、印章谜和人名谜主宰了当时的谜坛，并且形成了一定的猜谜体制，如道谜、正猜、下套、贴套、走智、横下、问因和调爽等。因此可以说，两宋时代是我国灯谜发展史上的第一个浪潮。

明代文学家李开先有一段文字追记了宋代猜灯谜的盛况。“通都大市，每于元夕，盛张鼓乐，罗列华筵，灯火辉不夜之城，壶觞泻如渑之酒。例用主谜一人，出片纸书谜其上，数人传播里巷，无少长喧聚相猜，中则予纸请入座，上座贺以酒。虽穷乡僻邑亦然，但灯筵递减耳。”他的弟子也曾有言，云：“乙卯元夜，众客因观灯过中麓师斋，问曰：‘君胡不张华灯而出奇谜，应佳节而为乐事耶？往岁城内外灯如昼而谜如市。”

五、元明代灯谜

元朝虽然短暂，但灯谜并没有没落。中国文学发展到元代有了一个显著的变化，唐宋时期的诗歌、散文等正统文学衰落，杂剧等俗文学兴盛起来。灯谜更多地通过与杂剧等俗文学的融合或直接作为俗文学承继前朝而得到发展。这与元代统治者的特点和治国方略密切相关。元代统治集团的蒙古人原来是游牧民族，文化方面非常落后，统一中国后，极力倡导汉文化，如尊崇儒术，宣扬程朱理学等，使得诗歌、散文、小说、杂剧等都得到沿袭，更使得杂剧名传后世。这里还有一个原因，就是元代的科举考试很不正常，时有时无，使得一部分读书人仕途受阻，为生活所迫，转与优伶合作，写作统治者喜爱、广大群众也喜爱的杂剧之类的作品来维持生活，于是有了杂剧的盛行。灯谜的智趣可以增强杂剧的艺术感染力，灯谜又是文人所好，于是，形成了“元代灯谜主要从杂剧中去找”的时代特征。

元代钟嗣成撰《录鬼簿》是元人记录元代杂剧的著作。明代无名氏（或为贾仲明）撰《录鬼簿续编》，延伸《录鬼簿》记录了元末明初的戏曲创作成就。两书中所记之事非常简洁，却记录了40多位擅谜之人和很多谜情风貌。从书中所记“隐语多传于江南”“隐语为燕南独步”“隐语驰名寰海”“人多传之”，可知，隐语在当时风行大江南北，为市民所青睐。由此可以推论，元代灯谜的重要特征之一是拥有大量的灯谜爱好者。

谜事发展至明代，发生了质的变化，灯谜正式从谜语大家族中独立出来，分支立户，自成体系，成为中华民族文化艺术百花园中一支生机勃勃、多彩多姿的奇葩。

明代出现了能成为专以文义为谜的专用名词——灯谜。明代张岱在《陶庵梦忆》中载绍兴谜事云:“于十字街搭木棚,挂大灯一,俗曰‘悬灯’,画四书、千家诗故事,或写灯谜,环立而猜射之。”又《江震记》中记杭州谜事时说:“好事者,或谓藏头诗句,任人商揣,谓之‘灯谜’。”可见,“灯谜”一词,有了正式文字记载。

谜语作为元宵佳节的游艺始于宋代,以后历代相延成风,到了明代已遍及各地,成为元夕不可缺少的点缀品。据阮大铖《春灯谜》:“打灯谜闹场,拆灯谜搅肠。纸条儿标写停停当。金钱小挂,道着时送将,那不着的受罚还如样。市语儿几行,人名儿紧藏,教你非想非非想。”这展现了当时猜谜活动的情景。

谜语发展到明末,出现了灯谜谜格,谜底文字允许作者作形、音和位置变化,谜底变化必须遵循一定的格律。据《韵鹤轩笔谈》所载,明末扬州人马苍山在整理和研究的基础上,借鉴古代诗歌的格律,首创编著了《广陵十八格》。谜格的创立,标志着灯谜的成熟,它已经跟民间谜语分开,自成体系了。

明代谜事的繁荣还体现在灯谜书籍相继问世,如:贺从善著《千文虎》、黄周星著《廋辞四十笺》、李开先编《诗禅》、冯梦龙著《黄山谜》等。此外,在一些方志、传奇、话本、小说中,也都有不少描述灯谜活动的内容。如前述,戏剧家阮大铖第一个把谜语写进剧本《春灯谜》中。文学家、书画家徐渭第一个从《论语》《孟子》上摘句制谜,如“何可废也,以羊易之(打一字)佯”,谜人仿效,一时成风;此谜堪称一代佳品,至今仍脍炙人口,玩味无穷。明代不但制谜方法有所创新,而且花色谜种也有所增加。如徐渭自制隐自己姓名的“秦田水月”印章谜;民族英雄于谦写过一首著名的托物言志诗《石灰吟》:“千锤万击出深山,烈火焚烧若等闲。粉骨碎身全不怕,要留清白在人间。”后人以此诗为谜面,猜一物“石灰”,使诗和“谜”结合的形式有所发展。

有人说,明代灯谜是我国灯谜发展史上的第二次浪潮,此言不虚。

六、清代到民国灯谜

至清代，灯谜文化进入一个繁荣时期，谜风之盛超过历史上任何一个时代。“唐诗、宋词、元曲、明小说、清灯谜。”有人以此来标示我国不同时代的民族文化特色。这从一个侧面说明了清代谜家、谜著、谜社之多，谜事活动之盛，谜艺水平之高，胜过以往任何一个时代。因此可以说，清代灯谜是我国灯谜发展史上的第三次浪潮。

清代谜事盛行，谜家众多，谜艺水平也有长足发展。影响较大的谜家有张起南（谜史上称之为“谜圣”）、张超南兄弟，黎国廉、顾震福、关赓麟、孙玉声、胡啸风、徐枕亚等。

图3　谜圣张起南

晚清以来，谜语，特别是以文义为特征的灯谜达到了空前的普及，谜格不断增加，谜学上有很大的突破，谜语行家们勇于改革，开创了一些新颖别致的谜艺，如梁章钜设红虎，张起南设外文谜。据《归田杂记》记载，梁章钜曾以朱笔写一字“词”，猜古文二句，谜底：未同而言，观其色赧赧然。谜底首句紧扣谜面，而后一句呼应书写谜面所用的色彩。灯谜大师张起南有一外文谜见于他的力作《橐园春灯话》，以“GOOD MORNING”为谜面，猜“谭”字，意为“西方言早”。

清代文人中，有些人崇尚用成句射成句，谜底谜面都要有出处，结果造成“只在故纸堆里捉迷藏，光在四书五经上做文章”的局限性，使得灯谜路子越走越窄。清朝中期，开始冲破那些束缚灯谜发展的樊篱，不但谜面不要求用成句，而且谜目有了发展。晚清的谜语以灯谜见多见长，灯谜的取材范围十分广泛，有文字、俗语、成语、诗词、人名、国名、地名、花卉和中药等，这是灯谜的进步。

以理论为主的谜话和以作品为主的谜集，这一时期也有大量出版，刊行于世。在业界颇有盛名的谜著有周亮工《字触》、钱德苍《解人颐》、咄咄夫《一夕话》、毛际可《灯谜》、费星田《拟猜隐谜》、俞樾《隐书》、唐薇卿《谜拾》、张文虎《庾词偶存》、高超汉《心园谜屑》、杨小湄《围炉新话》、顾震福《谜隐初编》、唐景崧《十八家灯谜》、张玉笙《百二十家谜钞》、拙园老人《揉园灯谜草》、张起南《橐园春灯话》、谢会心《评注灯虎辨类》、薛凤昌《邃汉斋谜话》等近百册，这些谜籍是清朝谜语大发展的见证和总结，是我国古代谜语遗产异彩纷呈的一部分。

清代谜风之盛，在当时的一些文学作品中也有反映，五色石主人《八洞天》、曹雪芹《红楼梦》、李汝珍《镜花缘》、陈森《品花宝鉴》、尹湛纳希《一层楼》、吴沃尧《二十年目睹之怪现状》、魏子安《花月痕》，以及韩邦庆《蕊珠宫仙史小引》等书，都有不少关于制谜猜谜谈谜活动的描写。如曹雪芹的《红楼梦》中有二十七则谜，李汝珍的《镜花缘》中有六十八则灯谜（我国文学作品中出现最多灯谜的一部书）。此外，清末梁启超主编的《新小说》是最早刊载灯谜的杂志，《消闲报》是最早刊载灯谜的报纸。

清末到民初的灯谜组织多如繁星，影响较大的有北平的“射虎社”“隐秀社”、上海的“萍社”、武汉的“寅社”、厦门的“萃新谜社”等。各地谜社的相继出现，在普及灯谜知识，促进灯谜创作和培养灯谜人才方面起了积极的作用，使灯谜由文人阶层扩展到有一定文化的平民阶层，大大加快了灯谜的发展和繁荣。

民国初期，灯谜形成了两种不同风格的派别——南宗和北派。

北派谜就成谜方法上来说其形成的历史过程是在明代“独脚虎”的基础上发展而来的。我国明代贺从善《千文虎》书序中提到“独脚虎”，为古代灯谜创作之一法。其主要特色是自撰七言句为面，讲究平仄协律而富有文采；但此法运用较少。到清代中叶，北京谜人为了避免谜作雷同，遂从谜面形式上另辟蹊径，而多用“独脚虎”之法。不论底句长短，概以七字括之。由此发展，逐步形成为北派谜。辛亥革命后，樊樊山、高阆仙等谜家在北京组织“北平射虎社”，社内谜家张郁庭著《北派谜谱》，倡起“杜诗律之谜”，以平仄协律的五言或七言近体诗句为谜面的灯谜，主张谜带诗意，独树一帜。一时间，北平地区呼应附和的谜人甚多，因而形成北派，张郁庭亦被后世称为“北派谜宗”。北派谜是在明代“独脚虎”的基础上发展来的，但是突破了明代“独脚虎”的局限性，底材不仅仅局限于单字谜，也可以是多字谜底，成谜方法既有增损离合，也有分扣会意等多种法门。赵凤池编《聊斋谜集》，被视为北派谜的经典著作。全书收108位谜家的作品，书前印《谜格释例八体三十八法》，后来成为北派谜的准则。八体指：会意、扣字、离合、象形、假借、谐声、别裁、外意。每一“体”下分列相应所属的“法”。北派谜的基本风格是：谜面整齐划一，自撰七字句挂面，工稳协律，忌用成句，禁用谜格，文字优美，意境深远，大多以面说底，技法丰富灵活，扣合严谨生动，有“无诗亦无北派谜”之说。

为了便于区别，人们把运用传统的灯谜技艺的表现手法称为南宗。北派谜的兴起与形成和北方有关联，但随着历史的发展，这一灯谜流派早已打破了地域界限。南宗北派不是地域的象征，而是成谜方法上的异同。一般来说，南宗的主要特点是虚拢大意，注重典雅，而北派谜以韵味擅长，纯以自撰七言律句挂面，曲意在题，具有形式美与韵律美，射底准确，无一字无着落，字字紧扣，追求协调平仄、句有意境。如以“蜜月旅行”猜五言唐诗句“此去随所偶”，又如以“一弯旗影动龙蛇”猜聊目《尸变》，前者属南宗，后者属北派。灯谜技艺的表现手法虽有南宗北派之别，但在实际创作中，却是南中有北，北中有南，彼此之间相辅相成，互为补充。

清代至近代，灯谜随着华人的外迁而传播更广。香港著名谜家刘雁云先生说过：“有华人的地方就有汉字，有汉字的地方就有灯谜。”台湾灯谜在道光、咸丰年间便已开始出现，到清末唐景崧抚台时更是大力维扬，灯谜得以在台湾扎根成长。

泰国、新加坡、马来西亚等地的灯谜大约是从民国初年随着华人下南洋而得以发轫。泰国谜人林仲杰在《灯谜在泰国》一文中说：“泰华社会之有灯谜活动，为时久矣，惜乎早期未有记录。”其他国家的灯谜活动也都是“惜乎早期未有记录”的。海外谜事最早见诸文字者，始于20世纪初的泰国。旅泰潮汕人许超然在1936年出版的《文虎丛谈》（旅泰谜人作品集）的序言中说：20世纪初，旅泰潮人每于重阳节在曼谷老本头前开设灯谜会猜。民国二年（1913）的重阳节，由许超然等10余谜友主持谜事，时值袁世凯称帝，谜友们十分愤慨，借文字游戏作讨袁的投枪、匕首，将所有谜号起为“讨袁军”“飞机队”“炸弹队”……根据上述记载可知，灯谜在清末民国前已在海外流传。1928年，旅居泰国的许超然等10多名同好成立了“文隐深处谜学研究社”，这是迄今知道的海外最早的中华谜学团体。

七、中华人民共和国成立后的灯谜

中华人民共和国成立以后，灯谜这种旧社会少数文人墨客咬文嚼字、吟风弄月的文字游戏，从此步出狭小的圈子，走上与人民大众结合的道路，成为一种各阶层群众喜闻乐见的知识密集型的文化娱乐活动。人们对灯谜这一古老的传统文化发生了浓厚的兴趣，灯谜活动蓬勃发展，无论是内容还是形式都发生了很大的变化。它雅俗共赏，寓教于乐。在节日或联欢晚会上，猜谜已成为一种必不可少的文娱项目。但是，在“文革”期间，灯谜也同其他文学艺术一样处于停滞状态。改革开放以后灯谜迎来了发展史上的第四次大浪潮，经历了一次划时代的质的飞跃。1979年，南京于国庆期间举办了“全国九城市灯谜会猜”，会上首次提出灯谜为群众服务特别是为四化建设服务的问题，并且提出灯谜要达到“寓教育于娱乐之中，授知识于课堂之外”的社会功效，这是灯谜发展史上的一个里程碑。此后，连年来跨省市的全国性谜会陆续不断。灯谜爱好者的队伍日益壮大，全国众多城市和乡镇企事业单位的群众性灯谜活动频繁，灯谜组织纷纷组建，谜协林立。灯谜欣欣向荣，呈现出从来没有过的风貌。

新时期的灯谜互动，服务于人民的宗旨很明确，考虑普通民众的适应性，谜底的范围在扩大，不再讲究那种语必有典、底必经籍的模式；从谜的人，也不再全是文人学士，各行各业的普通职工也大量加入灯谜组织。除灯谜组织举办的谜事活动外，报纸杂志、电台电视、网络云端的猜谜活动也持续增加。1987年，“中华杯电视猜谜大赛”在中央电视台周末黄金时间播出，可谓是中华灯谜史上的一大盛事，海内外有33万人参加。2013年、2014年，云南卫视连续两年推出“中国灯谜大会”，2014—2016年，中央电视台又连续三年推出《中国谜语大会》,这是进入21世纪之后的又一次灯谜电视盛宴。《中国谜语大会》的开播,唤起了千万民众对灯谜的热情和兴趣,灯谜也拥有了深厚的群众基础。

1994年,首个全国性的灯谜组织中华灯谜学术委员会成立,在它的带领指导下,全国的谜人积极开展各类活动,大到数百人的国际性的谜会,小到三五人的灯谜雅集,如火如荼。谜协和谜人们致力于开展谜事活动以及灯谜进校园活动,传播普及灯谜知识,繁荣灯谜文艺创作,提高整体谜艺水平,为振兴中华灯谜艺术事业、继承和弘扬中华民族优秀传统文化,做出新的贡献。

第二节　灯谜与其他艺术的渊源

一、灯谜与诗词

我国是诗歌的国度,有着各种各样的诗体形式,诗谜就是这众多诗体形式中的一种。灯谜向来与古诗词有不解之缘,所谓诗谜,就是以意义完整的整首诗作谜面或谜底的谜语,亦称为"谜语诗",又叫隐语诗、灯谜诗、谜诗。诗谜,顾名思义,它必须是诗,同时又是谜,诗和谜二者融为一体,浑成自然,谜中有诗,诗中隐谜。因此,诗谜必须具备诗的基本要素,即语言精炼,形象生动,言韵和谐;同时又必须具备谜的特点,即运用联想巧思和别解等手法,使之耐人寻味,妙趣横生。

诗谜,宋代以前早有之,惟其名始见于宋。宋洪迈《夷坚甲志·诗谜》:"元祐间,士大夫好事者取达官姓名为诗谜,如'雪天晴色见虹蜺,千里江山遇帝畿,天子手中朝白玉,秀才不肯著麻衣',谓韩公绛、冯公京、王公珪、曾公布也。"元王实甫《西厢记》第三本第三折:"[末云:]小生猜诗谜社家,风流隋何,浪子陆贾。"《红楼梦》第二十二回:"刚才我忘了,为什么不当着老爷,撺掇着叫你作诗谜儿?”《红楼梦》第二十二回中所写元春所制的一则诗谜:“能使妖魔胆尽摧,身如束帛气如雷。一声震得人方恐,回首相看已化灰。”谜底为“爆竹”。

诗谜的历史非常久远,无论是文人还是民间,都流传下了许多精彩的诗谜。如古代的许多咏物诗,其实都是非常精美的诗谜。因为它们除了篇名外,整首诗中见不到所咏之物的名字,甚至连它的通俗的代称、别名也不会出现。诗句中只是写物的形神、性状、产地、功效等。善于思索的读者,不看诗的题目,往往也能从这些精心的描述中揣摩出所咏的对象究竟是何物。

诗谜最多的当属唐诗。在唐诗中,诗谜俯拾皆是。如贺知章的“碧玉妆成一树高,万条垂下绿丝绦。不知细叶谁裁出?二月春风似剪刀。”谜底是“柳”。白居易的“乌鸢争食雀争窠,独立池边风雪多。尽日踏冰翘一足,不鸣不动意如何?”谜底是“鹤”。来鹄的“千形万象竟还空,映水藏山片复重。无限旱苗枯欲尽,悠悠闲处作奇峰。”谜底是“云”。李峤的“解落三秋月,能开二月花。过江千尺浪,入竹万竿斜。”谜底是“风”。黄巢的“待到秋来九月八,我花开后百花杀。冲天香阵透长安,满城尽带黄金甲。”谜底是“菊”。北宋苏轼也是诗谜能手。如“纷纷青子落红盐,正味森森苦且严;待到微甘回齿颊,已输崖蜜十分甜。”谜底是“橄榄”。又如“东风袅袅泛崇光,香雾空蒙月转廊;只恐夜深花睡去,故烧高烛照红妆。”谜底是“海棠”。这些诗谜,藏谜于诗,读诗猜谜,咏物言志,情景并茂,趣味盎然,既是好诗,又是好谜。

按照词牌填词制谜,自明代开始盛行。《坚弧补集》里有沈秋田模仿吴郡周贞履《闺情曲》格式写的《贺新郎》,每个词句隐有一位美女名字,词云:

静把丝桐理,(琴操)早则见、�帘半卷,夜光双系。(绿珠)目断玉门凝望久,(关盼盼)独坐有谁相倚。(无双)想塞外、月明于水。(夷光)才到平明烟雾绕,(朝云)却东来、紫气氤氲起。(步非烟)花片舞,纷如绮。(红拂)

空依女弟欢相聚,(妹喜)甘贫苦、绿芽凝翠,(茶娇)黄虀淡味。(无盐)闲倚刘郎花下听,(蒨桃)两个黄鹂聒耳。(莺莺)总只在、垂杨树里。(柳枝)遥望吴门一蕞尔,(苏小小)念丰姿、似玉同娇女。(如姬)想檀郎,应相忆。(念奴)

下面这则数字诗谜也是经典。相传,宋代著名女诗人朱淑真,在她丈夫变心后曾巧制了一则《断肠谜》,以抒发她怨恨决绝之情:

下楼来，钓钩钱卜落，问苍天，人在何方？恨王孙，一直去了；詈冤家，言去以留；悔当初，吾错失口；有上交，无下交；皂白何须问；分开不用刀；从今莫把仇人靠；千里相思一撇消。

从内容上看是情诗，其谜底隐射十个数字：一、二、三、四、五、六、七、八、九、十。

还有些诗谜，是文人们在茶饭之余的游戏之作。王安石任宰相时，一位老木匠为他设计了一套宅院。老木匠拿来模型请王安石过目。王安石看后频频点头，但又在模型的后花园墙壁正中处题了首诗：倚阑干柬君去也，霎时间红日西沉；灯闪闪人儿不见，闷悠悠少个知心。老木匠思忖片刻，恍然大悟，立即修改了模型。王安石再看，果然更加满意。原来这是一首谜语诗，每句的谜底都是"门"字。意思是请老木匠在后花园加个门。

诗谜采撷诗词名句或自编诗词句入谜，或成谜面，或为谜底，节奏自然、韵律和谐、典雅浑成、扣合巧妙，提升了灯谜的趣味和品位。还有一类灯谜与曲词牌关联，例如字字双谜。"字字双"原是曲词牌，古今许多谜人用它做谜面或谜底，从而形成一种灯谜表现形式。如果用"字字双"做谜面，谜底要求每字笔画组成皆成双数。如果用"字字双"谜做底，则要求谜面成文并能拆成双数的字。如：寻寻觅觅冷冷清清凄凄惨惨悲悲切切（打词牌一）谜底是"字字双"。谜面为宋代著名女诗人李清照词，全句皆由双字组成。

二、灯谜与对联

对联作为一种习俗，是汉族传统文化的重要组成部分。对联，又称对偶、门对、春贴、春联、对子、楹联等，是写在纸、布上或刻在竹子、木头、柱子上的对偶语句。对联对仗工整，平仄协调，是一字一音的汉语独特的艺术形式。对联和灯谜都是祖国古老而又优秀的民族传统文化艺术，对联据最新的发现始于唐代，距今约1400年，灯谜的历史更长。对联和灯谜是我国艺苑中两朵独具特色、雅俗共赏的奇葩。尽管两者各领风骚，但却有异曲同工之妙，对联讲究的是上下联字数相等，对仗工整，平仄押韵。灯谜则讲究的是会意别解、拆损离合、底面扣合准确。在历代文人墨客的探索和努力下，对联和灯谜不但有机地联系在了一起，而且日渐成熟、定型为一种新的谜种——对联谜。

对联谜以对联形式为谜面，可以一副对联同猜一个谜底，也可以上下联各猜一个谜底。

清朝乾隆帝元宵节在文华殿赏灯，大学士纪晓岚制一副对联灯谜，打两个字。

上联：黑不是，白不是，红黄更不是。与狐狼猫狗半边相仿佛。既非家畜，又非野兽。

下联：诗也有，词也有，论语上也有。对东西南北一片全模糊。虽为小品，亦为妙文。

纪晓岚利用汉字象形表意特点制此佳谜，得到乾隆嘉奖。上联隐藏个“猜”字，左面的反犬旁和狐狼猫狗仿佛，右面的青字是种颜色，但不是黑白红黄。下联隐藏个“谜”字，左面的言字旁诗词论语这四个字里都有，右面失去东南西北方向不是个谜吗？所以谜底合起来为“猜谜”二字，而且联句生动形象地揭示了谜语的本质和内涵。尤其是最后两句“虽为小品，亦为妙文”，是将灯谜历来定位为艺术作品的有力证据。

清代林则徐曾做过这样一则谜：心欲春风还李者，眼穿秋水种杨人（古人二）桃应、柳盼。谜面是一副七字对联，上下联分别会意扣合谜底“桃应、柳盼”。此谜妙在两个谜底也是对联，“桃、柳”“应、盼”分别对仗。

当今出现了很多对联灯谜，这些对联大都侧重写景。在轻松的景色描写中，大玩拆字会意游戏，景色美丽诱人，谜底得出贴切，联里有趣，谜中生味。例如：“两山并卧飘柳叶；双燕乱飞伫画桥”（猜一毛衫品牌）谜底：珍贝。“两山并卧”扣出“王”字；“飘柳叶”扣出“彡”部首；“双燕乱飞”扣出两个“人”字；“画桥”扣出“门”部首。谜面意境美丽，山树相依，小桥飞燕，静中有动，动中有静。谜底的扣合没有一个闲字，可见谜作者驾驭文字的超凡能力。

也有一些会意对联谜，猜射时除应遵守文义谜的谜规外，谜底必须附加能体现对联特征的字眼，如“对、联、楹、对子”等，如“华夏繁荣昌盛，神州兴旺腾飞”猜古文篇目“隆中对”，“隆中”与谜面意相扣，“对”是附加字。此联从纵（千古)横(九州)两个方面抒发了中华儿女希望自己的祖国兴隆的心声,思想内容和艺术形式达到了完美的统一。

还有一类带格灯谜,利用了对联的规则,谜底和谜面文字对仗,相应地有对偶类谜格,如遥对格和求凰格。对偶类谜格将在后面第四章中详述。

灯谜与对联结合,可谓珠联璧合,相得益彰,促进了对联和灯谜文化的共同发展,以及在华人乃至全球使用汉语的地区以及与汉语汉字有文化渊源的民族中传承、流播。

三、灯谜与酒令

酒令是筵宴上助兴取乐的饮酒游戏,最早诞生于西周,完备于隋唐。饮酒行令在士大夫中特别风行,他们还常常赋诗撰文予以赞颂。白居易诗曰:“花时同醉破春愁,醉折花枝当酒筹。”后汉贾逵撰写了《酒令》一书。清代俞效培辑成《酒令丛钞》四卷。

酒令作为酒席上的一种助兴游戏,一般是指席间推举一人为令官,余者听令轮流说诗词、联语或其他类似游戏,违令者或负者罚饮,所以又称“行令饮酒”。饮酒行令,不光要以酒助兴,有下酒物,而且往往伴之以赋诗填词、猜谜语行拳之举,它需要行酒令者敏捷机智,有文采和才华。因此,饮酒行令既是古人好客传统的表现,又是他们饮酒艺术与聪明才智的结晶。

谜语入酒令,由来已久。北魏孝文帝、北齐萧道成都曾用谜语作为酒席间的娱乐。据《洛阳伽蓝记》载,北魏孝文帝有一次宴请众臣,酒酣欢畅之时,他举杯作了一谜:“三三横,两两纵,谁能辨之赐金钟”。此谜后来被一臣子猜中,是“习”字。原来,古代繁体篆字“习”拆开后,刚好三个三横、两个两竖。于是,孝文帝就把桌面上的金钟(金质酒器)赠给这个臣子并赐以美酒。至宋代,谜语酒令已自成一体,明清时较为普及。清朝人黄周星的《廋词令》在当时的文人中流传很广,另一个是清小说家李汝珍的《镜花缘》中的灯谜酒令。

我国谜语汗牛充栋,行谜语令的材料是非常丰富的。无论是事物谜还是文字谜,都可在酒席间用以助兴。清黄周星曾作廋词酒令40笺,每笺四个谜语，谜底皆是古代人名。廋，隐藏之意也。猜这种谜语，不仅要有丰富的历史文化知识，还要熟悉汉字的结构和特色。如第六笺中有一谜：他家做知县，与我有何干(打一人物)。谜面中他作“伊”讲，上海人也把“他”说成“伊”；知县即是县尹，又称“尹”。既然是别人做知县，当然和自己就没有什么关系。所以，此谜谜底为：伊尹，是商代一个很著名的人物。再如第十三笺的一则打三国人名谜，谜面：忽然冷，忽然热，冷时头上暖烘烘，热时耳边声戚戚。谜底：貂蝉。古人常以貂皮制帽，故以冷时头上暖烘烘隐射“貂”；每逢热天，蝉就在树上高声鸣叫，故以热时耳边声戚戚隐射“蝉”。细细品味，谜面与谜底之间的微妙关系，耐人咀嚼，趣味横生。

直到今天，猜谜饮酒行令仍在许多酒宴上流行。谜语酒令的行令方法很多。有的是令官一人说谜语，让酒宴上的其他人猜，各人把谜底写在纸上交给令官，猜对者不喝，猜不对者罚酒。若猜对者超过半数，出谜者要饮一杯；若是全部猜对，出谜者还要加罚一杯。如果都猜不中，猜谜语的人每人饮一杯，罚一杯。有的在酒席中轮流出谜猜射，猜中为胜，猜不中为输，输者罚之以酒。有的是先由第一人出谜第二人猜，猜中了，就由第二人出谜第三人猜，依次行令，猜不中者罚酒。还有的与击鼓传花等酒令结合进行，花传到谁则由谁出谜面，猜不中者罚酒，猜中则罚出谜人饮酒，之后再行击鼓传花。蒲松龄在《聊斋志异》中有一篇《鬼令》，全篇写的都是猜字谜行酒令，诙谐、令人难忘。

总的说来，酒令是用来罚酒。但实行酒令最主要的目的是活跃饮酒时的气氛。灯谜酒令相比较于划拳，多了分文雅、少了分俗气，是促进交流、培养感情的良好催化剂。

此外，我国酿酒历史悠久，品种繁多，自产生之日开始，就受到先民欢迎。人们在饮酒赞酒的时候，总要给所饮的酒起个饶有风趣的雅号或别名。这些名字，大都由一些典故演绎而成，或者根据酒的味道、颜色、功能、作用、浓淡及酿造方法等而定。酒的很多绰号在民间流传甚广，所以在诗词、小说中常被用作酒的代名词。这也是中国酒俗文化的一个特色。

以酒的别名之一欢伯为例：因为酒能消忧解愁，能给人们带来欢乐，所以就被称之为欢伯。这个别号最早出在汉代焦延寿的《易林·坎之兑》，他说，“酒为欢伯，除忧来乐”。其后，许多人便以此为典，作诗撰文；在灯谜猜射和创作活动中，也常应用到酒的别名。例如：小杜未知欢伯意（猜3字老歌曲名）牧羊曲。其中“小杜”指杜牧，“午马未羊”，而“欢伯”就是酒。

四、灯谜与方言

方言、俗语、谚语等同民俗密不可分，而灯谜作为汉字文化艺术的一种表现形式，它没有停留在文人士大夫阶层的追名逐利的工具层面上，而是走到民间，变成一种民俗文化。这些民俗文化结合起来，就形成了独特的方言灯谜、俗语灯谜。

胡适在《〈海上花列传〉序》中说：“方言的文学所以可贵，正因为方言最能表现人的神理。古文里的人物是死人，通俗的白话固然远胜于古文，但终不如方言能表现说话的人的神情口气。古文里的人物是死人，通俗官话里的人物是不自然的活人，方言土语里的人物是自然流露的人。”

方言、俗语、谚语等入谜，带有很浓的趣味性、知识性和民俗风情，以潮汕俗语灯谜为例，潮汕方言属于闽南语，闽南语历来有“古汉语活化石”的美称。潮汕方言源于古代汉语，距今已有千年的历史。潮人日常以潮语交谈，言谈中常用到一些俗语，使言语更加形象生动。潮汕俗语入谜，规定谜底必须四字以上，它具有浓郁的方言色彩和独特寓意，妙趣横生，令人开怀。

民国时，澄海溪南镇南砂乡林某痴谜，每逢邻乡悬笺猜射，必应邀而至。其时埭头乡开设谜台，四乡谜友聚会，林某与众人猜射甚乐。至深夜，谜会接近尾声，台上悬出一谜“半天吊灯笼”，求射潮汕俗语一句，众人久猜不中，林某搜肠刮肚仍百思不得其解，怏怏离场。回家时，妻早已闩门入梦，骤听敲门声，急忙下床开门。林某一心还在想着谜底，风风火火进门，与妻子撞个满怀。妻子嗔怪道：“老不死，四搭无向！”妻子一语使林某茅塞顿开。“半天吊灯笼，不正是四搭无向吗？”他一口气赶回谜场，此时谜台主持人刚好收场，林某求其让他续猜，果然猜中，遂心满意足而归。自此，“半天吊灯笼——四搭无向”也就成了当地的一句歇后语，在潮汕各地广为流传。

方言俗语灯谜，是地区民俗文化的一大亮点，具有比较广泛的社会意义，成为娱乐民众、构建和谐社会的有益桥梁。如果消灭了各种方言，实现了语言文化的“大一统”，我们的语言文化就不会这样五彩缤纷。灯谜如果完全摒弃方言俗语，就少了一种特殊的载体，少了一份色彩和乐趣。灯谜发展的民俗走向，是一种文化普及和社会发展的需要，也是灯谜生命力越来越强的表现。

此外，灯谜还与传统的书法、绘画、剪纸、篆刻等艺术融合，形成了丰富多彩的花色谜。花色谜将在后面第四章中详述。

思考题

1. 简述灯谜的起源与发展过程。

2. 将“观灯”与“猜谜”结合最早是在哪个朝代，能否认为“灯谜”就是那时产生的？

3.“灯谜”一词最早出现于哪个朝代？最早记录于哪本书中？

第三章　灯谜艺术概论

灯谜文化源头，应该是人类远古的神话。经过漫长的历史沿革，灯谜有许多别称，如灯虎、文虎、商虎、谜虎、独角虎、商灯、春灯、春谜、春灯谜、弹壁、弹壁灯、猜灯、灯霓、文霓等。猜灯谜称之为打灯谜、射灯谜、射虎。古人认为猜谜比射老虎还难，故将灯谜称之为文虎。

基于历史的原因，当代对灯谜的定义存在广义和狭义之分。从谜界专业的角度看，灯谜是文义谜，是运用汉字的一字多义、一字多音、一义多字、笔画部首的象形离合，以音、形、义的变化等特征，令谜底或谜面的某些字或全部文字不作原意解释，引出歧义，从而使谜面和谜底之间达到相互契合的、供人猜射欣赏的文学艺术作品。灯谜是一门艺术，也是一门科学，谜与文义的错综复杂的关系，构成了兴趣盎然的灯谜变化，形成了灯谜艺术独有的原理和法门。

第一节　谜语历史沿称

据史书介绍，古无“谜”字，它最早见于书籍，是在南北朝时。南朝宋鲍照（约414—466）《鲍参军诗注》卷四，有“字谜三首”。稍后，有刘勰（约465—532）《文心雕龙·谐隐》：“谜也者”，顾野王（519—581）编著的《玉篇》在宋代增补时，将“谜”字收入其中，释云：“隐也。”自此，“谜”字成为字典中的“一员”。

诚然，古无“谜”字，也不知道称呼其什么名字，人们通过图影表意或歌谣隐喻来猜测其中的“奥秘”。随着下层社会文化的传授、传播和影响，逐渐被上层社会文化接纳、吸收和运用，直到距今2600多年前，文献中才出现了对“谜”的最早称呼：“讔。”《吕氏春秋·重言》：“荆庄王立三年（前611），不听政而好讔。”《文心雕龙·谐隐》注释：“讔者，隐也。”

源于民间的“谜”，是个俗名，古代被士大夫瞧不起，但是出于政治、军事或者某种文化娱乐的需要，他们又十分重视这种语言样式。为了不落俗套，历朝都赋予“谜”不同的新名词，成为一种很有趣的文学现象。

自古以来，汉语隐语的异名较多。自隐语诞生以来，其所使用的异名多达四十余个，自春秋以后至清代共使用“讔”“隐语”“廋辞”“市语”“隐戏”“廋语”“谜”“锦语”“切口”“春点”“春典”等十余个异名称谓。现代的称谓则更多，除了“隐语”之外，还有“切口”“黑话”“江湖黑话”“江湖切口”“秘密语言”“秘密语”“秘语”“行话”“民间隐语”“民间秘密语”“民间秘密用语”“民间秘语行话”“隐语行话”“民间隐语行话”“暗语”“市语”“私语”“切语”“春点”“春典”“寸点”“反切语”“同行语”“打坎子”“侃子”“调侃子”“锦语”以及“葫芦语”“锁子语”“纽语”“三折语”“市语”“查语”“芦子语”“回且语”“方语”“声嗽”“瞎子语”“麻雀语”等众多方言称谓。

现在，灯谜的常用名称为谜、灯谜、谜语、文虎、春灯和灯虎。

历来，人们对猜灯谜的行为有多种不同表达方式，如占、射、虑思、解、辨、商、猜、打、拆、破等，还有一些地方性的说法，如打呆、打古仔、破闷等。其中有些历史叫法已淘汰，现在，常用的说法是猜谜、猜灯谜、打灯谜、商灯、射虎等。

一、隐语、廋词（辞）和射覆

隐语和廋词（辞），都是“谜”的古称，“讔”的异名，皆出现于春秋时代。古代隐、廋是同义词，善此道者是具有一定地位或身份的。《说苑·正谏》中有咎犯与晋文公作“隐戏”，晋文公命“十二隐士”助他猜谜的记录，还有“平王问于隐官曰：占之，为何隐？”的记载。这里的“隐士”是古代对善于隐语廋辞的人的美称，而“隐官”则是专设的一种官职。

与“隐”相关的最著名的是《韩非子·喻老》中记载的“一飞冲天”的故事：楚

庄王莅政三年，无令发，无政为也。右司马与王隐曰："有鸟止南方之阜，三年不翅，不飞不鸣，此为何名？"王曰："三年不翅，长羽翼；不飞不鸣，观民则。来日飞必冲天；虽无鸣，鸣必惊人。子释之，不谷知之矣。"文中的"隐"指的是所暗指的话，就是谜语。

廋，《方言》解为"隐也，匿也"，《玉篇》："求也、索也"，它不仅是藏匿，且兼有搜求之意，廋字的完整含义是隐语。"讔"字，宋丁度等撰的《集韵》解为"瘦语也"，明张自烈《正字通》："与隐通"。"讔"，实际上是"隐言"的合成，出现的时间不长，很快被隐语一词所替代。

春秋战国到西汉初期，隐廋之名没有中断过，但到了汉代，上层社会称这种民族传统文化叫"射覆"了，而且还赋予了它游戏取乐的"新职能"。"射"是猜度之意，"覆"是覆盖之意。覆者用瓯盂、盒子等器覆盖某一物件，射者通过占筮等途径，猜测里面是什么东西。《汉书·东方朔传》："上尝使诸数家射覆，置守宫(即蜥蜴)盂下；射之，皆不能中。"

射覆最初是近于占卜术的猜物游戏，后来演变出一种特殊的游戏，诗词射覆。《红楼梦》第六十二回："憨湘云醉眠芍药裀，呆香菱情解石榴裙"中有着射覆的游戏描述，薛宝钗评价射覆是"心有灵犀""看破不说破"的游戏。《红楼梦》描述"射覆"的规则是：两人一覆一射，出令者先出谜面，暗含眼前一事物，应令者据谜面线索猜出谜底，但不能直言谜底，而要用另一个谜面来回答，并且所有句子均要来自诗词古文典故，彼此认为答对才算过关。

二、离合、绝妙好辞和谐隐

袁康在《越绝书》里制作的离合谜，由于是首创，一时鲜为人知，关于作者一直是个谜，《隋书·经籍志》认为是子贡；直到破解后才重写了"离合"渊源史，纠正了前人以孔融(153—208)《郡姓名字诗》为"离合之始"的错误定论。之后，东汉蔡邕夜题曹娥碑阴，以"黄绢幼妇，外孙齑臼"赞诔辞是"绝妙好辞"。后人将"离合"和"绝妙好辞"作为了"谜"的代义词。

南朝梁刘勰著《文心雕龙》，撰有《谐隐篇》。"谐隐"一词后来成为评谜的代义词了，在民国时期有以“谐隐”作为书名的，实乃代指“谜语”之义。

三、反语、歇后和覆射

汉末，百姓即知“反语”了，但此名盛行却在唐朝。与此同时代又有“歇后语”之新词汇，其实“反语”“歇后语”都是“谜”的异名。但是，随着“谜”的分流，“反语”和“歇后语”逐渐演变转化，至今所见，已非昔日之貌，因此就自然消失了它们原来指代“谜”的身份了。迨及五代，民呼“谜”叫“覆射”，其实“覆射”是从汉代演化而来的，即“射覆”也。

四、诗谜、商谜、戾谜、社谜、市语、地谜和藏头

这七种新名字，都泛指谜语。

诗谜，宋代以前早有之，惟其名始见于宋。诗谜是谜语的一种，以诗为谜面。也称敲诗、打诗宝。包括字谜、物谜、事谜等。

戾谜、社谜见于南宋耐得翁《都城纪胜·瓦舍众伎》。“商谜：旧用鼓板吹《贺新郎》（一说《贺圣朝》），聚人猜诗谜、字谜、戾谜、社谜，本是隐语。”宋庄季裕《鸡肋编》卷下：“苏公尝会孙贲公素，孙畏内殊甚，有官妓善商谜，苏即云：‘蒯通劝韩信反，韩信不肯反。’其人思久之，曰：‘未知中否？然不敢道。’孙迫之使言，乃曰：‘此怕负汉也。’苏大喜，厚赏之。”此文乃苏轼嘲弄孙贲“怕妇汉”的谐谑趣事，其中的“商谜”相对于隐语，乃是猜谜之意。明陶宗仪《辍耕录·丘机山》：“（丘机山）以滑稽闻于时，商谜无出其右。”

市语的历史很久，惟至宋代才见其名，是市中所用的隐语，即今人所说的行话。宋朝崔慥《类说》引《秦京杂记》云：“长安市人语各不相同，有葫芦语、锁子语、练语、三折语，通名‘市语’。”在中华人民共和国成立前，西安市的商业界普遍流行市语。例如，西安的当铺称一为“道子”，二为“眼镜”，三为“炉腿”，四为“叉子”，五为“一挝”，六为“羊角”，七为“镊子”，八为“扒勺”，九为“钩子”，十为“拳头”。店员在和当户讨价还价时，当户如果嫌价低，拿着当物要离开，

掌柜就出面圆盘。假如店员对掌柜说镊子，意思是已经答应给当户七块钱。掌柜要是认为可以再加一元，就说“扒勺”。

古代的市语，有用反切构成，也有用谐音、会意和拆字法。市语用反切法将旧词改为新词，如将“斤”说成是“吉恩”，把“两”说成“力盎”之类。古代三百六十行，各有市语，不相通用，但皆属“谜”的大范围里。之后，市语游离，另立门户，成为行业专用术语。我们所熟悉的电报密码，也是市语之一种。

地谜，是画在地上的谜，陆游（1125—1210）《老学庵笔记》介绍了这一谜种，属于画谜类。

藏头，宋明人称它叫“藏头隐语”“藏头诗句”，省称此名。南宋周密（1232—1298）《武林旧事•灯品》云：“藏头隐语”，记录的是元宵节猜灯谜的情景。由此可见，本属文学修辞的“藏头”（又名藏词），则是当时隐语的一种形式。因此，北京大学国学教授钱南扬认为，“藏头”泛指隐语，非真藏头诗。

五、芦子语、回且语、独脚虎和谜韵

使用隐语是人类自我保护和群体别同在言语中较为显著的表现，也是人类在社会生活中为了自我保护和群体别同而表现出的一种能力。女真立国，北地有芦子语、回且语，乃“隐语”之一种，谜风之盛，正不减江南也。

元灭宋后，称“谜”为“独脚虎”，钱南扬《谜史》谓，独脚虎即缩脚语；《古今图书集成•岁功典•汇考三》则泛指为灯谜。明朝时，不仅有了比较典型的独脚虎，也有了对“独脚虎”一词新的定义。明郎瑛《七修类稿•谜序文•千文虎序》中对“独脚虎”有详述：“予友贺从善者世居钱塘，幼好读书，医药以自给，亦能隐语，凡有诗谜若干篇，后习者家之。翌日踵门，袖出一集，面书‘风月自知’，乃问余曰：‘此四字云何？’予解之曰：‘自知风月者，即独脚虎儿也。’曰：‘何以颜兹名？’予曰：‘尝闻先辈云：更作三句以成诗，惜乎独有一句更难，於谜号曰独脚虎。’从善曰：‘请鉴之。’予视之，乃《千文虎》也，以七字包四字，予曰：‘不亦难乎？’何则？千文缺一句则不可，若鱼鳞之状，中间难包之字多矣。观其用心之处，抽黄、对白、谐声、假意、辘辘、拆白，街谈市语，千奇百怪，应带款曲，灿然靡所不备。”从上面的资料可见，独脚虎在明代已经很流行，而且也已经非常成熟。

谜韵，出自元周德清《中原音韵》：“夫曹娥义社，天下一家，虽有谜韵，学者反被其误……”元人所谓“谜韵”，半是南方之音，不能施于四方，属隐谜中的一种法门，其原出于宋时“击鼓射字”之伎。但后来同朝朱士凯用此词冠书名，曰《包罗天地谜韵》，钟嗣成作序。于是，“谜韵”也就由谜书名转化为谜的代词了。

六、灯谜、猜谜、商灯、弹壁和反切

粘谜于灯壁，曰“灯谜”，创举于宋朝，定名则始见明代。由此，“灯”也就同“谜”结缘通义了。

灯谜一词流传至今有好几百年了，可是在当初由于信息传递原始，因此尚未尽快统一。各地有各地的方言，各地对这新创举也就赋予了不同的名词。田汝成《西湖游览志余》载：“杭人元夕多以此为猜灯。”《杭州府志》也云：“元宵前后五夜张灯……或粘灯谜于上，谓之猜灯。”刘侗、于奕正《帝京景物略》则说：“灯市，有以诗影物，幌于寺观之壁，名之曰商灯，立想漫射之。”王鏊(1450—1524)《姑苏志》云：“上元灯市藏谜者，曰‘弹壁灯’。”顾禄《清嘉录》：“亦曰‘弹壁’。”

除此之外，有些地区仍沿用旧说“反语”，改动一词叫“反切”，也是“谜”之异名也。

七、诗禅、雅谜、谜语和春灯谜

明代中叶之后，谜籍涌市，虽书名各异，但都载谜语。李开先(1502—1668)有《诗禅》，他说：“俗谓之谜，而士夫谓之诗禅。”他认为“谜”通禅义。此观点被后人所接受，清代“东墅灯社”成员在将自己的作品结集时，即命名为《东墅文字禅》。

李贽（1527—1602）辑《开卷一笑》，卷六名为《雅谜类谈》。陈继儒（1558—1639）认为，民间中的“谜”是高雅作品、文雅之事，因此亦将其辑集题为《精辑时兴雅谜》。清代咄咄夫受影响，在编著《一夕话》和《又一夕话》两书时搜集了民间之“谜”，冠曰“雅谜”。

“谜语”一词千余年前即有，但成为书名恐怕要晚些了。目前我们能见到的最早记载，大约是冯梦龙（1574—1646）的《山中一夕话•谜语》。四个多世纪来，以“谜语”作为书名的书有很多，而今通常把它作为专指民间谜语（事物谜），与灯谜（文义谜）相区别，这是有失偏颇的。其实，两者是有“血缘”关系的，都是“谜”的后裔。

为元宵点缀的谜，曰“春灯谜”，阮大铖（约1587—约1646）以此为书名。世人省称“春灯”或“春谜”，其实都是谜的别称。

八、诗虎、灯虎、文虎和谜虎

将谜喻为“虎”，是形容谜不易猜中，于是“虎”就成了“谜”的雅称。在元代就有“独脚虎”一词了，之后“虎”的新名字层出不穷。诗虎，就是诗谜，又称谜诗，明束飒《留青别集》解释：“其以诗文为谜语，谓之‘诗虎’。”

灯虎一词见于清梁绍壬（1792—？）《两般秋雨庵随笔》卷二：“今人以隐语粘于灯上，曰‘灯谜’，亦曰‘灯虎’。”清企杜有《龙山灯虎》专著刊世。清光绪初年，苏州管礼昌等人结“五亩园谜社”，十多位谜社成员的作品集也都署XXX灯虎。

文虎一词明代即有，史载《千文虎》一书，惜已佚。现能见冠以“文虎”之名的谜籍众多，著名的有清葛元煦《文虎》、李仿白《精选文虎大观》、徐兆玮《文虎琐谈》、戴炳骢《文虎》和民国张石舟《文虎选》。

谜虎，盛行于清末，有许桂林（1779—1811）《七嬉 冰天谜虎》《七嬉 幻影山得冰天谜虎全本》，张玉森《谜虎集腋》和《百二十家谜语》中的《啸月楼谜虎》《俞选谜虎》《冰天嬉谜虎》。

九、谜子、谜谜子、隐谜和俗谜

在我国江南地区，谜称谜子、谜谜子，北方则叫谜语、谜儿。谜子这个名称早在宋代就有了，宋胡仔《苕溪渔隐丛话前集·宋朝杂记下》："刘义落叶诗云……郑谷柳诗云……或戏谓二诗乃落叶及柳谜子……"在吴方言中，谜谜子和灯谜是略有区别的，一般来讲，前者指事物谜，后者指文义谜。清无名氏著有《凤音书馆谜子书道》。

清代费源以《玉荷隐语》传世，名载谜史。他著有《拟猜隐谜》，使"隐谜"成为"谜"的又一个别称。顾震福（1869—？）将此新词颠了个倒，著有《谜隐汇编》，给谜又增添了一个新名字。

俗谜，亦称通俗谜语，泛指民间谜语，但亦包括了灯谜。民国钱肇基《俗谜溯源》对此进行了探索和研讨。

十、灯信、灯符和灯糊

灯信、灯符、灯糊，也是谜的别称。清李调元（1734—？）《南越笔记》卷一载："元旦……其灯师又为谜语，悬赏中衢曰灯信。"清末三湘老名士王闿运（1833—1916）在为张起南（1878—1924）的《橐园春灯话》作序时说："谜古谓之隐，其源盖出于诗，于六仪比之类也……六十年前，始见《龙山灯虎》。昔尝以为灯糊，又疑为灯符，究不知虎名何义也。"

谜的别称还有闷儿、昏子、滑头禅、缩脚韵（即歇后、独脚虎）、切口等。缩脚韵、切口两类现已不属于谜语类了。

第二节 灯谜的定义和基本规则

一、灯谜的定义和性质

"灯谜"的定义，最早始于南北朝时期。刘勰在《文心雕龙·谐隐第十五》中说："谜也者，回互其辞，使昏迷也。或体目文字，或图象物品，纤巧以弄思，浅察以炫辞。义欲婉而正，辞欲隐而显。"这个"谜"的概念，既适用于灯谜，也适用于谜语。

灯谜是宋元时期粘谜于灯而得名。此后，灯谜虽从谜语中分支，自成体系，但由于灯谜与谜语本是同源同宗且谜理谜法胶着并存，致使灯谜的概念一产生就有广义和狭义之分。狭义概念的灯谜专指文义谜，广义概念的灯谜等同于谜语，既指文义谜，也包括事物谜（民间谜语）。公众场合大家常说的猜灯谜，就是指广义的谜语。大家通常说猜谜语，同样也是包括灯谜和谜语。《辞海》（第七版）中"谜语"解："今多称猜射事物者为事物谜，以文义作谜底者为文义谜。前者多为民间谜语，后者专指灯谜。"谜界人士所说的灯谜，主要是指文人所嗜好的狭义概念的文义谜，在有些情况下视语境也指广义概念的谜语。基于历史的原因，当代对灯谜的定义也明显存在广义和狭义之分。

广义的灯谜定义是从整个社会层面（大众语文层面）进行阐述的。《现代汉语词典》释：灯谜是"贴在灯上的谜语（有时也贴在墙上或挂在绳子上）"。这是从表现形式上对灯谜定义。《辞海》（第七版）释：灯谜"亦称'灯虎'。原指贴谜面于花灯供猜射的谜语。……谜面多着眼于文字意义"。《辞海》"谜语"和"灯谜"条中都使用了"多"字，说明"谜语"和"灯谜"概念既可专指，也可交叉。

狭义的灯谜定义是从谜界的专业的角度进行阐述的。《中华谜语大辞典》释："以文字的三要素形、音、义为基础，利用一字多义、多字同义、一字多音、多字同音和字形的增损离合等特点构成底面回互其辞，供人猜射者为之灯谜。亦称文义谜。”《中国灯谜辞典》释：“原指粘贴于花灯之下供人猜射的谜语。……今人都把灯谜作为专指‘文义谜’而言，以与民间谜语（事物谜）相区别。”又解：文义谜“是南北朝以后逐步形成的一种谜语，它通常在文人中产生。文义谜，顾名思义是用‘文字的意义’作为扣谜的条件，利用汉字一字多义的特点，将谜底原意化作新解，达到回互其辞的目的”。《中华灯谜》释：“依据汉字特有的形态结构、多音多义以及文字变异或无文字的含义等特点，运用别解、会意、拆字、象形、象声等手法来隐射谜底的一种书面形式的谜，叫作灯谜，或称文义谜。”

综上各家所言，所谓灯谜，是专指文义谜，灯谜是以汉字的形、音、义这三个要素为基础，利用这三者各自的和相互之间的变化，所构成谜底与谜面紧密扣合的可供猜射的文学作品。

（一）文义谜是有赖于汉语言文字系统的特定现象

首先，文义谜是一种语言现象。这是说，文义谜是语言发展的产物，它的形式只能以语言形式体现，语言形式是文义谜的载体；它的扣合直接依赖于语言系统中的特定内容，离开这一特定内容，扣合不能成立。没有语言，文义谜无以产生，也不能存在并表现出来。

其次，文义谜是文字现象。任何一则文义谜，都应以文字形式表现出来，而不能仅有非文字的语音形式；只取语音形式，则文义谜无法固定、存在，也无法传播、发展。文义谜所依据的素材，尤其是历史上形成的素材，无不以文字符号形式予以记录；没有这些素材，文义谜的要素和扣合范围会受到极大限制。而在扣合时，还存在着利用汉字结构的具体特点，对汉字或者部件、笔画进行拆分、组合、抽取或象形的普遍现象。当然，文义谜首先是语言现象，其次才是文字现象，不应夸大文字对文义谜存在的作用。

最后，文义谜是汉语中存在的现象。不论其他语言中是否存在与文义谜对应或类似的现象，文义谜是存在于汉语环境中。它是汉语文化中独有的别致智慧和知识，在其他语言环境中无法完全复制或再现。文义谜扣合依赖于汉语言文字系统中的特定内容，而汉语言文字系统中的特定内容可能随时期、地域不同而发生变化，因此，文义谜又是特定的汉语言文字条件下的现象。

（二）文义谜体现了特定的游戏活动

文义谜作为活动，由制谜和猜谜构成。恰如有论者述及谜语时所言，它是“民众们用以表现自己智慧量度别人智慧的一种文艺”，文义谜也是制谜者与猜谜者的斗智，是在一定规则中机智和知识的角力。

文义谜是一种游戏活动。猜谜者和制谜者作为游戏双方参与游戏，从中寻找谜趣。获取趣味是人类进行一切游戏活动至高的目的，进行文义谜活动也是如此。虽然活动主体通过制谜、猜谜可以锻炼心智、启发智慧、学习知识，但这只是文义谜活动的附带成果，是它的优点，并非目的。

（三）文义谜的谜面与谜底之间存在严格的扣合关系

通过谜面猜射谜底是任何谜的共同特点，谜面与谜底的关系是谜的内部关系中的基本关系。文义谜谜底与谜面的关系不是客观规律或逻辑规律决定的关系，即文义谜的谜底不能根据客观规律或逻辑规律直接从谜面中推知。文义谜谜面与谜底的关系是一个扣合关系。文义谜是语言现象，是游戏活动，无不表明文义谜是人的主观世界的现象，谜面与谜底只存在扣合关系，不存在客观联系或逻辑联系，进一步表明了它的主观性，表明谜面与谜底间的关系是主观建立的关系。

二、灯谜文化的特点

灯谜文化在中国有着源远流长的历史，从古至今，每逢佳节，特别是元宵佳节与中秋佳节，在中国人庆祝节日的方式里，必定有一个亘古不变的猜灯谜会。灯谜是一种特殊形式的艺术活动，融文学性、艺术性、思想性、知识性、趣味性、普及性和竞技性多种属性于一体。

（一）灯谜艺术的民族性

灯谜艺术的民族性，能唤起人们对学习中华传统文化的热情。灯谜与京剧、书法、国画并称为我国四大国粹，是中华民族独有的文学艺术，具有浓郁的民族性。“只有民族的，才是世界的”。灯谜文化的推广普及，有利于强化人们对中华传统文化的认同感，对“弘扬和培育民族精神，增强民族创造力和凝聚力”有着极大的意义。

（二）灯谜文化的文学性

汉语文字是中华文化的核心，它曾为创造、继承和发展灿烂的中华文明，实现中华民族的团结与统一，做出了巨大的贡献。即使在当前信息技术的挑战面前，汉字仍表现出无限的生命力。灯谜是“汉字显微镜”，灯谜艺术的建构依托的正是多音多形多义的汉字。汉字的各种奇妙之处在灯谜中得到了最为全面最为深刻的体现。猜谜制谜，能帮助人们辨清汉字的音、形、义，提高人们正确使用和书写汉字的能力。

（三）灯谜思维的求异性

国学大师顾颉刚先生在《谜史》序言中曾指出：灯谜是民众“智慧的钥匙”。猜谜并不是对字词的简单解释，也不是对问题的直接回答，制谜也不是字词的简单诠释，而是按照谜面和谜目的要求，经过一系列复杂的思维活动去探底索面。可以说，灯谜是聪明人的艺术，灯谜也是使人聪明的艺术。

（四）灯谜知识的综合性

各种社会科学和自然科学的知识，都可以通过某种艺术手段嫁接到灯谜中来。猜谜需要掌握一些技巧和方法，也需要具备一定的语文基础和百科知识。常言道：“台上一分钟，台下十年功。”人们常叹服猜谜高手知识面广，殊不知，喜爱灯谜的人平时都有意识地阅读了大量书籍。这种读书的原动力，来自灯谜那诱人的趣味性，来自猜谜者那种想猜出谜底的强烈愿望。可见，猜谜能促使人们博览群书，逐步积累起丰富的知识。

灯谜知识的综合性,能极大地满足信息时代人们对知识的渴望。灯谜之所以被称为百科全书,一是它构建的素材(主要是谜底)涉及百科知识:上至天文,下到地理,古今中外,经史全集,花草树木,雅句俗语,无一不可入谜。二是构建过程涉及各门知识。苏联《百科全书》所言:“出谜和破谜的本领被认为是人的机敏、猜度力和聪明的标志。”经常参与这样的活动,能锻炼人的思维,培养人的记忆、想象、探索、分析、判断、推理等能力,对智力的发展大有裨益。

(五)灯谜解读的趣味性

灯谜艺术有着独特的意蕴内涵,在猜谜过程中我们可以感受到它特有的艺术美。一则好的灯谜,猜出来的谜底,往往出意料之外又入情理之中。猜谜时,猜者往往要经历一个“众里寻他千百度,蓦然回首,那人却在灯火阑珊处”的心理过程,这种茅塞顿开式的灵感凸现,急起直落,形成了鉴赏心理的强烈落差效应,令人回味不已。这一心理变化过程,无疑是一个艺术美的感受过程。

(六)灯谜活动的普及性

文化是“文艺轻骑兵”,虽说灯谜是品位较高的一种艺术,但灯谜活动的开展却十分简捷易行,因为它对人力、物力、财力及场地等的要求并不高。所以,灯谜活动经常被各级有关部门当作进行宣传教育的一种形式,也被企业、商家当作广告、促销的一种有效手段。改革开放以来各地举办的群众性灯谜活动,举办者多为党政部门和企业、商家,这使灯谜艺术在新的历史条件下进一步焕发了青春活力。

(七)灯谜文化的教育性

灯谜立意的高雅性,能促进人们形成良好的思想道德素质。开设灯谜选修课程,开展灯谜活动,是陶冶情操、净化心灵、提高修养的一条行之有效的德育教育途径。

灯谜的教化功能体现在显性与隐性两个方面。显性的教化功能是,许多灯谜谜面、谜底的内容就寓含着积极的教育意义。

灯谜的隐性教化功能是：灯谜本身是一种高雅的艺术，猜谜能让人们感受到灯谜特有的艺术美。灯谜中不乏思想性与艺术性相结合、具有较高美学价值的佳作，经常欣赏这些佳谜，不仅能让我们获得美的感受，也能在潜移默化中使我们的情操得到陶冶，精神世界得到升华。开设中华灯谜文化课程，开展丰富多彩的灯谜文化活动，可以为人们创设启智、增知、怡情、养德的优异环境。

（八）灯谜比赛的竞技性

灯谜比赛是“脑力运动会”，如今的各类灯谜竞赛，花样繁多，猜谜、制谜、评谜、论谜皆可比赛，而且赛制已经相当成熟。尤其是猜谜的团体电控抢答，比赛时选手斗智斗勇、展现出一种拼搏向上的精神，知识联想、思维跳跃、急速手速、记忆考验、交流思考，都在短短的30秒内完成，可谓惊心动魄、竞争激烈；再加上当今流行的赛前线上线下推广宣传、赛中网络抖音现场直播、赛后佳谜网评微信投票，灯谜比赛成为灯谜爱好者全民参与、融观赏性知识性趣味性于一体的脑力争霸赛。

三、灯谜的原理

灯谜是一门科学，有它自己的规律，要掌握灯谜的规律，就必须从认识它的基本原理入手。

灯谜是文义谜，谜与文义的错综复杂的关系，构成了兴趣盎然的灯谜变化，这是灯谜制作的原理。

我们知道，汉文字是经过由结绳、符号到象形的长期演变才形成现在这个模样的。现在的文字由形、音、义三个要素组成，“义”是文字的出发点，也是文字的最终目的，所以“义”是文字的中心内容。

汉字形、音、义三者之间的相互关系，正是文义谜成谜的基本要素，它们的关系是：

①一字单义或多义；多字同义。

②一字单音或多音，单音可以是多义，异音必定是异义。

③多字同音，同音异字亦异义。

以“行”字为例：

这是一个多音字，4种读音，同时又是一个多义字，有近20种意思。每一个读音又有几个释义。

读音一[háng]

①行列：双～。杨柳成～。

②排行：您～几？我～三。

③行业：内～。同～。在～。懂～。改～。各～各业。干一～，爱一～。～～出状元。

④某些营业机构：商～。银～。车～。

⑤用于成行的东西：一～字。几～树。两～眼泪。

读音二[hāng]

见〖树行子〗。

读音三[héng]

见〖道行〗。

读音四[xíng]

①走：步～。人～道。日～千里。

②古代指路程：千里之～始于足下。

③指旅行或跟旅行有关的：～装。～程。～踪。西欧之～。

④流动性的；临时性的：～商。～营。

⑤流通；推行：～销。发～。风～。

⑥做；办：举～。执～。试～。～医。～不通。简便易～。～之有效。

⑦表示进行某项活动（多用于双音动词前）：另～通知。即～查复。

⑧（旧读xìng）行为：品～。言～。罪～。兽～。

⑨可以：～，咱们就照这样办吧。算了，把事情说明白就～了。

⑩姓。

这些基本要素的可变特征，提供了灯谜变化的前提条件，而其中义的变化，又是灯谜活动的基础。形和音的变化是达到义变的目的，就是说，形变和音变仍要通过义变来起作用。

（一）义变

一个字不管它有多少释义，当它在一定条件下，运用时只能有一个释义，表达一种含意。

拿上面的“行”字来说，当它与“步”字构成“步行”一词时，只能作“走”的意思解，不能作别的意思来解，这叫作本义。如果我们把“步行”的“行”字，解释成“行为”的“行”字，或者把“行为”的“行”字来解释“步行”的“行”字，也就是用非本义的含义去解释特定的词句，这在语文上叫作歧义，是不允许的。而灯谜恰恰就利用这个非本义来进行联想。

【例 1】走读（学科一）行为学

行为学是一门学科，这里把“行为”的“行”字解释成“走”，即“行走是为了学习”，符合谜面走读的意思，构成灯谜。反之，如果用诸如“步行学习”一类的词作为谜底来扣“走读”，或者用“研究人类品德体系”一类的词句作谜面来猜“行为学”，那都是本义，就不是灯谜了。

【例 2】一年只有 5 天在家（成语一）三百六十行

谜底“行”字本义是“行业”，这里用“行走”的意思，解释成一年有360天行走在外，那么在家只有 5 天，符合谜面意思。

【例 3】不大行（电影一）小路

谜面中“行”字的本义是“可以、能”，现在则从“走”的意思去理解，成为“不是大的行走的路”，对应了谜底“小路”。

为了加深对多义字用途的印象，下面引用一个故事：

从前有三个秀才同去应试，中途遇到一个测字先生。三人同去求字签，卜此去能中否。测字先生写了一个“一”字，笑而不语。这三个秀才都以为只能一个人考中，而这人可能就是自己。或许由于三人在场，测字者不便说明，故笑而不语，因此各自心领神会，欢欢喜喜应试去了。

后来三个秀才只考中了一个，那人特来酬谢，一见面就夸奖说：“先生料事如神，果然名不虚传。“确实‘只中一个’。”秀才走后，算命先生的老婆问他：“你怎么算得这么灵呢？”算命先生嘿嘿一笑说：“你不懂其中的奥妙，‘一’字，可以作出多种解释：如果三人都考中，那就是‘一律考中’；要是都没有考中，那就是‘一律落榜’；要是考中一人，那就是‘一个考中’；要是考中两人，那就是‘一人落榜’。不管事实上是哪种情况，都能证明我算的是对的。”

这个故事的关键就是“一”字，“一”也是个多义字，可以作数字解，也可以作“全部”解。如南唐冯延巳的名句“风乍起，吹皱一池春水”正是包含有“满、全”的意思。用2种解释，把4种可能性都概括进去了。

这种一字多义的巧妙应用，正是灯谜的特征。灯谜就是用一字多义中的除本意以外的别的释义去解释谜面或谜底，从而得到巧妙的扣合。这种用别的释义所得到的含义，称为“别意”。

从上述的例子中会发现，汉语词性的转变在灯谜中起着至关重要的作用，往往是由于词性的改变引起了义变，尤其是谜中动词的变态。

【例】严冬过后藏裘皮（4字食品一）春卷皮子

谜底中的“卷”字即已发生词性变态。按谜面的意思，严冬过后春天来了，把裘皮衣服卷起来收藏，这里“卷”是动词；但在谜底中“卷”与“春”连接成春卷，已经变为名词。这一词性的改变，就使得“卷”字在此谜中具有二重词性，做动词时扣谜面，做名词时扣谜底。灯谜的趣味也正体现在词性的转变中。

（二）形变

“形变”和“音变”也是以“义变”为目的，并且必须达到“义变”才能发挥形、音之变的作用，其根据是中国语文学家陈望道在《修辞学发凡》第二篇《说辞语的梗概》中，对于语言文字的声音、形体、意义三者之间关系的明确结论：“用某声音或某形体代表某意义，也是一种社会的约束习惯。……不过声音和形体原不过是一种标记。标记的作用只要能够引起所意谓的事物的联想便算有效。”

1. 析字

《一夕话新集》中有这样一个笑话：

某人在新春第一天，想讨个吉利，一大早写个“吉”字放在桌上出门去贺节。谁知连走几家，竟连一杯水也未求得，只好无精打采地回到家来。他一看桌上那个“吉”字，却变成“口干”两字，许久才恍然大悟说：“谁叫我放倒了，如果顺着摆，我不是有‘十一’家可以润‘口’吗？”

汉字形态的特征，是绝大多数字由两个以上的单体字组成，很多字还可以做组合上的变化。这则笑话就是利用这一特点来构思的。它顺着能分，倒着也能拆。此处“吉”字形变，可得“口干”或“十一口”，借形变脱离了“吉”字的本义，形成别解，达到了“义变”的目的。不管是“口干”还是“十一口”，都与“吉”字无关了。

字不同就是异字，异字必异义，灯谜在字形上就是利用这种变化造成别解而成立的。

【例】晖（成语）晕头转向

这是利用“晖”字和“晕”字在形态上的差别制的谜，别解为“晕字的头部转了个方向”。

2. 象形

利用字形成谜，还有用象形字的手法，即直接用字的形态来制谜。这与六书的“象形”无关，把谜底的字形同日常见到的物的形态联系起来。字与物并无本意上的关系。

【例】三星伴月（字）心

这里把“心”字比象成三颗星星和一弯月亮。

（三）音变

灯谜采用音变，仍取其音变所产生的别解。音变又分为别字音变和句读音变两种。

1. 别字音变

即所谓同音别字。别字和本字的联系，就靠同音，修辞学上称为谐音，属双关语。在文学上广泛使用谐音双关，这种谐音往往能起原字不能起的作用。如唐刘禹锡的《竹枝词》中的句子“东边日出西边雨，道是无晴却有晴”。其中的“晴”字，就是用同音喻意，含“情”于隐约之间，读之较原字更为含蓄，更能传神。这是谐音体在文学上的范例。

“晴”和“情”，是同音异字，异字必异义，是灯谜在别字音变上应用的原理。

【例】表达心意，不在话多（气象用语·白头格）（情）晴到少云

这是用“晴”和“情”谐音来制谜的，“云”字别解为“说话”。注意，这种谐音谜要加谜格（谜格在后面第四章详述）。

2. 句读音变

句读音变是断句的变化所产生的不同句读，这里不需要换字。

曾有这么一个故事，有一个富翁生性吝啬，聘请教书先生时，写了一张没有加标点符号的合约：“无鸡鸭亦可无鱼肉亦可青菜一碟足矣。”富翁根据自己的主观愿望，理解为：无鸡鸭亦可，无鱼肉亦可，青菜一碟足矣。双方签字。哪知吃第一顿时，教书先生就大喊大叫：“怎么尽是素菜，没有荤菜，我们不是约好了‘无鸡，鸭亦可；无鱼，肉亦可；青菜一碟，足矣’吗？”弄得这个富翁哭笑不得。

标点不同，句读当然不同。句读不同，含义也就不同。含义不同是“句读音变”成谜的原理。

【例】失物归原主（五言唐诗一句）不见有人还

谜底是李白《关山月》中的句子：“由来征战地，不见有人还。”“还”字是归来的意思，这里用句读变化将“不见有人还”读成“不见，有人还”。“还”字变成“还回来”的意思。

断句是一种明显的变音法，还有一种仅仅变换一下顿读，造成顿读差异，也会使词义不同，达到变义的目的。

顿读是在读句子时，按照文理情节所作的稍微停顿，如果顿读的位置错误，有的句子意思就会改变。例如：我看见他笑了，这句话如果在“见”字后面停顿，读作“我看见/他笑了”，那就是“他”在笑；如果在“他”字后面停顿，读作“我看见他/笑了”，那就是“我”在笑。意思完全不同。灯谜就利用这种顿读上的差异来造成另外的含义。

【例】写文章要具体（军事设施）防空洞

防空洞是为了防备敌人空袭减少损害而挖掘的洞，这里将谜底顿读成“防/空洞”，就符合了谜面的意思。

综上所述，通过文字的义、形、音变化而产生的别解是灯谜的核心。在具体应用时，这三种变化常常混合使用。

四、灯谜与谜语的区别

（一）灯谜与民间谜语的区别

灯谜是谜语的一个分类。谜语最初起源于汉族民间口头文学，是我们的祖先在长期生产劳动和生活实践中创造出来的，是汉族劳动人民聪明智慧的表现。谜语主要包含民间谜语和灯谜，统称为谜语。

先看两则谜例对照：

类别	民间谜语	灯谜
谜题	麻屋子，红帐子， 里面睡个白胖子 （猜一农作物）	木兰之子 （猜一农作物）
谜底	花生或落花生（两者均可）	花生（谜底唯一）
特征	利用拟人的修辞方法描述花生的物体特征	将谜底曲解为“花木兰生育的”的来迎合谜面

1. 灯谜与民间谜语的本质区别

民间谜语亦称“事物谜”，与之相对，灯谜又称“文义谜”。两者虽都源于古代的“隐语”“廋辞”，但实质上却是谜的两大门类，有着明显的区别。

2. 灯谜与民间谜语的结构区别

灯谜有完整的谜体：谜面、谜目、谜底，谜面文字较短，大多为常用词语或成句，精巧简洁，概括性强。

民间谜语由谜面、猜射范围和谜底组成，常以民歌、童谣、顺口溜等诗句形式为谜面。

3. 灯谜与民间谜语的特点区别

灯谜特点:谜面和谜底扣合严密,无闲字,成谜要别解,有的谜需设谜格后,方可猜射。

民间谜语特点:谜面和谜底扣合较宽松,提示多,有启发性,多用比喻方式形象地表达所要猜射的事物,可以是正面描述或理解。

4. 灯谜与民间谜语的扣合方式区别

灯谜扣合方式:凭借汉字的多音、多义、笔画组合灵活等特点,通过别解手法,使底面相扣。

民间谜语扣合方式:除少量字谜外,都以事物的特征来隐射,着眼于事物的形体、性能、动作等特征,运用比喻、拟人、夸张等方法来描绘谜底。

5. 灯谜与民间谜语的猜射形式区别

灯谜猜射形式:多以书面文字形式供人们猜射。

谜语猜射形式:多以口头传诵形式供人们猜射。谜语常用朗朗上口的诗歌体,所以也称儿童谜语。

民间谜语和灯谜同源而生、形影不离,各有存在的意义。受到灯谜的影响,谜语向着两个方向发展,一是日益趋向高雅深邃,文学性增强。一是力求通俗浅显,轻盈活泼,便于创作。前者视之为文艺谜语,后者发展成儿童谜语。文艺谜语文谜并茂,文采熠熠,诗意盎然,也有很多佳作经典流传。例如(秦牧《语林采英》)里的一条民间文艺谜语:

想当初,绿叶婆娑,自归郎后,绿少黄多。历尽了风波,受尽了折磨。休提起,提起了,泪滴满江河。

这则谜,通过旧时妇女苦难的写照,隐射一物。谜底是撑篙过江的“竹篙”。其中的“提”字,采用了灯谜的别解手法,更见神韵,可谓全文的转折奇笔。

此谜谜艺精湛,辞回意互,文依谜而起伏,谜随文而跌宕,为不可多得的精品。以至于一时间相互传抄,此谜现存有多个版本,足见文艺谜语的影响力。

（二）灯谜与外国谜语的区别

灯谜与谜语的区别还可以扩大到灯谜与外国谜的区别。外国也有谜，但也是谜语性质，它的概念是："对某种事物或现象所做的简短的寓意的描写，通常采用提问的形式。"（《苏联大百科全书》）德国哲学家黑格尔关于"谜语"的论述是："谜语属于有意识的象征，……着意选择出一个形象，把这个意义隐藏起，去让别人猜测。"（《美学》）他们讲的都是事物谜，如有名的"斯芬克斯之谜"。

斯芬克斯之谜（Riddle of Sphinx）是出自《俄狄浦斯王》的戏剧，斯芬克斯是希腊神话中一个长着狮子躯干、女人头面的有翼怪兽，坐在忒拜城附近的悬崖上，向过路人出一个谜语："什么东西早晨用四条腿走路，中午用两条腿走路，晚上用三条腿走路？腿最多时最无能。"如果路人猜错，就被吃掉。然而俄狄浦斯猜中了，谜底是人，斯芬克斯羞惭跳崖而死。国外把斯芬克斯比喻作谜一样的人和谜语，把俄狄浦斯作为智慧的象征。

这个故事中的"人"谜是谜语，因为它讲的是"人"的特征，与英语单词man（人）的任何一个字母无关。实际上，中国的文义谜国外无法表达，例如：曹操写的一"合"酥，"合"字拆开成"人一口"，表达出完整的意思：一人吃一口；而外语 a box（盒），无论如何拆解也联系不上一人吃一口的意思。灯谜是中国特有的文艺形式。

五、灯谜的三要素

灯谜是一种微型的民间文学作品。一条灯谜即使只有几个、十几个字，但它一定要由"谜面""谜目""谜底"三个部分组成。"谜面""谜目""谜底"构成灯谜的基本结构，也称为灯谜的三要素。

【例】颤声（3字网络操作语，含 App 名）发抖音

谜面　　　（谜目）　　　谜底

（一）谜面

谜面，也叫谜题，是灯谜的重要部分。它是供人们猜射的说明文字，就是灯谜提出问题的部分。

谜面可以用现成的词语、诗词，也可以是自撰文句；但意思必须完整，信息必须充分。除了上述文义谜，还有一些灯谜的谜面不用文字，而用图形或符号或动作或音像等为表现形式，让人猜射，通常把它们称作花色谜。

（二）谜目

谜目，指所要猜射事物的属性、分类范围和数量，是谜面和谜底之间的媒介和纽带，它就像解题的提示和旅游的导游图。谜目宜细不宜粗，宜明不宜暗，过宽则不易猜中，过窄则失去谜趣。

灯谜的内容包罗万象，凡世间一事一物都可入谜，所以谜目范围非常广。古代的谜目只有物和字，以后发展到经传语句、诗词名句、人名地名等，现代谜目已扩大到各类名词（如教育、语文、数学、音乐、书法、科技、电脑、建筑、制造、安全、医药、财经、保险、新闻、体育、艺术、戏剧、影视剧名等）、常言俗语、口语方言、离合字、中分字、离合音字等等，不胜枚举。

谜目的写法常见“猜一字”“打一唐诗目”等。“打、射、猜”意思相同。如：“猜数学名词一”“打数学名词一”“射数学名词一”，意思都是“猜一个数学名词”。现今常将谜目表述词压缩，于是“打、射、猜”省略了，谜目中的“一”，一般也省略了，直接标“字”“唐诗目”等。

谜目规定的谜底多余2个时必须标明，有时还会标明字数。如谜目“数学名词二，2+3”，意思是“猜两个数学名词，第一个词2个字，第2个词3个字。谜底共5个字”；谜目“二字称谓三”，意思是“猜三个称谓，每个称谓是2个字。谜底共6个字。”

谜目标注一般要用全称，可以根据使用范围做适当的简化缩写，有些谜目可使用约定的简称或别称，例如“红人”指“《红楼梦》中的人物”，“泊号”指“梁山泊人物的名号”。但简化缩写一定是约定俗成的，不能随意自造简称，要让受众能够看得懂才行，比如现在有人将“四字口语”缩写为“四口”，“五字常用语”缩写为“五常”,则让普通人一头雾水,因此不建议此类做法。

常见谜目及简称见附录一。

(三)谜底

谜底,是指谜面所隐射的、要人猜射的内容,是灯谜隐藏在内的部分,也可以说是谜面和谜目所提问题的答案。

一则灯谜只能有一个谜底,不允许多底,灯谜制作时可通过限定字数、笔画数等方式来避免多底。

(四)特殊组成部分

除基本结构外,有的灯谜还会有特别的结构。

1. 谜格

带格谜是灯谜中的特殊部分。谜格是充分利用汉字、汉语的独有特点而形成的有关制谜、猜谜的特殊方法。关于谜格的详细介绍见第四章第十节。

【例】今天(国名•秋千格)日本

此处秋千就是谜格。

2. 面上加注

谜面加注是对灯谜谜面附加的简要说明,写在谜面后面的括号内,也称“面上加注”。这些附加语除了表示自谦或自诩外,也掺杂鼓励性、逗趣性等词,猜谜者除了推敲谜面外,还须将这些附加语视作谜素,才可寻到谜底。

谜面加注按作用的部位不同,分为作用于谜面的加注和作用于谜底的加注。下面各举一例:

【例】再三问好(猜此谜请勿提问)(打安徽地名一)六安

括号内的加注“猜此谜请勿提问”文字作用于谜面,意思是将谜面中的“问”字去掉。

【例】昼(此谜见笑)(打唐代诗人一)白乐天

括号内的加注“此谜见笑”文字作用于谜底,意思是在谜底中加入表示“笑”的字词。

六、灯谜的基本规则

无论猜射还是制作灯谜，都必须遵守一些规则。灯谜的基本规则有两项：

（一）谜面与谜底不许“相犯”

这项规则要求，凡是谜面上出现过的文字，绝对不准在谜底中重复出现，即使只是一个字。谜目上出现过的字不做此要求。倘若谜面上的字在谜底上出现，灯谜术语称作“相犯”，又称为犯面、犯颜、露春、露面、面底相犯或底面相犯，是制谜和猜谜时都必须共同遵守的基本规则，因为一相犯，谜味荡然无存；灯谜来自“隐语”，既然“隐”，就不能“露”，所以犯面历来被谜界公认为是灯谜猜制最大的禁忌。看下面两个例子。

【错例】悬崖勒马（猜4字外国名）危地马拉

此谜谜面和谜底中都有“马”字，这就是“犯面”。此谜属于“病谜”，应摒弃。

【正例】悬崖勒缰（猜4字外国名）危地马拉

此谜将原谜面中的“马”字替换为“缰”，避开了底面相犯的问题，并将一原本固定的国名“危地马拉”解释为“在悬崖这样危险的地方拉住马的缰绳”，吻合谜面，成为一条好谜。

（二）必须运用字义的“别解”

灯谜不可“直解”，必须“别解”，“直解”就是谜底文字直接解释谜面文字。“别解”就是故意对谜面或谜底上的字或词语进行曲解，构成别种解释，使谜底与谜面吻合。正因为有这个规则，才让灯谜的谜面和谜底即使都是耳熟能详的，又不会让你一时想到，充满了智趣。看下面两个例子：

【错例】不要胡作非为（猜3字口语）别胡来

此谜谜面和谜底意思相同，这就是“直解”。此谜属于“病谜”，应摒弃。

【正例】莫让髭须再生（猜3字口语）别胡来

此谜谜底中的“胡”字原意是“胡乱”，此处解释为“胡须”，这就是“别解”。

灯谜的规则还有很多，将在第五章中详述。

第三节　灯谜的别解本质与趣味性

一、别解的含义与乐趣

“别解”一词，在汉语词典中的解释是“不同寻常的见解”。“别解”作为汉语语言的一个基本词汇，它的意思不外就是施事者的“别种解说”，抑或是受事者的“别种理解”；而这种“解”，均须与其本义有一定的区别——凡有“别”之解，哪怕是很微小的“别”，都属“别解”。

“别解”是求异思维的一种具体表现。求异思维则是人类思维中具有创造性的必不可少的一种思维品质。求异思维体现在以语言文字学为基础并综合其他社会学科的文艺作品中，它要求创作者能大胆突破人们头脑里固有的思维定势，独具只眼，另辟蹊径，使作品在乎情理之中，出乎意料，形成妙趣横生、令人玩味的艺术效果。而“别解”无论是站在创作者的角度，或是站在作品接受者的角度上来看，它的“求异”特征都是很突出的；其作用力之强和表现力之丰富，也都是不容置疑的。

“别解”最初的基础建立在语言文字意义的变异上，它并非专门用于谜语；诸凡以语言文字来表现的艺术形式，无疑都有“别解”的用武之地。如关于戏剧语言，法国学者柏格森《笑——论滑稽的意义》书中就曾说：“在同一句话当中两套概念的相互干涉，也就是在同一句话当中插入两种交错的互不相关的意义，办法是很多的。最容易的办法是同音异义语。”“当一个表达方式原系用之于转义，而我们硬要把它当作本义来理解时，就得到滑稽的效果。”在其他形式的语言艺术中，尤其邻近谜语的笑话、相声、趣味问答中，“别解”的使用相当普遍。

在网络语言盛行的今天，别解艺术也被人乐于接受并广为流传。例如，“白骨精”一词，原本指的是在《西游记》中被孙悟空三打的那个妖精，今天被调侃为“矮穷挫”痛打的“白骨精”（白领、骨干、精英）。这就是别解现象带来的社会认同感和民间趣味性。

至若谜语，由于它运用的是歌谣（事物谜）和散文短句（文义谜）这两种载体，由于它具备了求异思维的特征，更由于它具备了游戏、愉悦的功能，故而“别解”对它显得格外重要。同时，我们从谜语特别是文义谜形成的历史轨迹中，也可以看到，经过制谜、猜谜的实践，“别解”的概念和含义也随之丰富和扩大了。

灯谜的别解一词的提法，最早出现在清人夏之时的《春宵博雅》中，该书序言写于嘉庆八年（1804年），该书《凡例》写于道光十二年（1833年）。其《凡例》中将灯谜分为六门而为六卷，曰：训诂，拆字，假借，会意，寻源，别解。同时指出“别解法，灯谜中之最佳者，措词在此而寓言在彼，有草蛇灰线之妙，金蝉脱壳之奇，调虎离山之诡，学者留心鉴别，神而明之，存乎其人。”具体到文义谜，“别解”的形成，也可从文义谜之祖的“曹娥碑隐”来说明。“绝妙好辞”这句话，被蔡邕分别撰作“黄绢、幼妇、外孙、齑臼”八个字。“绝妙好辞”之本意并不与这八个字相等，杨修与曹操为什么不约而同地揭示为“绝妙好辞”？这是因为其中有一条不相同却相通的纽带，有一座肉眼看不见、心灵感觉到的桥梁，那便是“别解”——“黄绢、幼妇、外孙、齑臼”是对“绝妙好辞”的另一种解说。

发展至今的灯谜，其谜体构造形式，系由作为喻体的谜面与作为本体的谜底，二者微妙组合而成。这两部分文字，谜底本体有其本象，谜面喻体有其喻象；从喻象到本象，是猜射的过程，从本象到喻象，是一般的创作过程。这其中的思维形态，由面猜底，势必要通过“联想别象”；反之据底制面，则当运用“示意虚象”。猜与制既然在“联想别象”与“示意虚象”上沟通，亦即在“别解”上达成共识。

灯谜的别解本质，从古至今，都是谜家们公认和尊崇的。清末民初灯谜大师张起南曾在《橐园春灯话》中说：“作谜者如化学家之制造物品，一经锻炼，即变其本来之性质。无论圣经贤传，大义凛然，一入制谜家之手，则颠倒错乱、嬉笑诙谐无所不至。盖谜底决无用本义者,若用本义即不成为谜矣。”民国时期的杨汝泉、孙笃山又分别在他们的著述《谜语之研究》《惜今轩说谜》里强调指出:“谜意所取之行径为曲线,若取直线而不离本意,则无所谓谜矣。”“底必须有别解,否则不足云谜。”

柯国臻、吴仁泰、金瓯编著的《中国灯谜知识》中提道:“灯谜是文义谜,文义谜的特性是‘回互其辞’,回互其辞是说谜面辞对于谜底辞曲折地相互扣合。故此,底与面的辞进行互释时就不是直遂的通解,应以不按自身原来的意义出题或答题。”

因此,灯谜必须别解。“别解”为什么在灯谜创作中备受青睐,以至成为谜学的一个专用术语?这是“别解”的特殊功能和作用所决定的。

别解是灯谜最基本的特点。所谓“别解”就是谜面与谜底的扣合要有别于语文范畴的解释,不能机械呆板地按照面底词句的规范化意义即本义去理解,而应该转弯抹角,别取意境,从汉字的意义衍化,笔画增损,谐音象声,象形以及反义相扣上去理解。其谜底应使人感到既与规范的意义有联系,又不受规范意义的限制与约束,从而体现出“回互其辞,使昏迷也”,“义欲婉而正,辞欲隐而显”的特色。例如“面包”打一句成语,就要把“面包”别解为“把脸包起来”,才能猜出谜底是“其貌不扬”。正因为别解的作用,才使灯谜妙趣横生,令人回味无穷。

“别解”是灯谜艺术的“主心骨”,是灯谜趣味的源泉。它犹如相声中的“包袱”,魔术中的“结子”,一经解开,便使人恍然大悟,解颐开怀。倘若灯谜中没有“别解”,谜面谜底直来直去,那么就如同词典中的词语解释。所以,猜制灯谜必须遵循凡谜皆有“别解”这个至关重要的规则,以致谜坛有“别解方成谜”“谜贵在别解”的说法。

二、灯谜别解的形式

灯谜别解的表现形式可以从扣合机理和灯谜结构两个方面来看。

（一）根据扣合的机理分类

灯谜扣合是建立在汉字音、形、义变化的基础之上，从扣合的机理来看，灯谜的别解有以下三种形式。

1. 利用汉语的一字（或词）多义进行别解

其特点是要将谜面或谜底中的某些字、词故意不按本义解，而用本义之外的其他义项来解释谜面与谜底的扣合关系。

【例】溜冰回回能夺冠（三字口语）老滑头

谜底中的滑头本意是指人"狡猾、油滑"，在扣合上就是将"滑"别解成"滑冰"，"头"别解成"头名"。这样谜底意思就变成"老是滑冰成为第一名"，以此扣合谜面。

顺带看两则"伪灯谜"：伞兵（打一成语）从天而降。遇事不求人（打一成语）自力更生。与上则灯谜相比，此类谜索然无味也毫无意境；但却被百度百科收录进灯谜词条。因此，灯谜的别解概念和意义需要推广普及。

2. 利用汉字的一字多音进行别解

其特点是要将谜底或谜面中的多音字进行异读，并且要按照异读之后的字义来进行扣合。

【例】站直了才可测身高（三字新词语）正能量

谜底中的"量"原本读作"liàng"，扣合时读作"liáng"，这样谜底意思就变成"站正了能测量身高"，以此扣合谜面。

也有人按照别解的类型，将其也分为三种：字义转义别解，字音别读转义别解，字形别解。字义转义别解和字音别读转义别解常见，字形别解少见。

3. 利用词句顿读、破读进行别解

顿读法是将句子中原来相连的词语故意读断，使整句造成双关语意，产生出与原句不同的新义来。过去曾有人把杜牧的七绝《清明》，改读作"清明时节雨，纷纷路上行人，欲断魂。借问酒家，何处有牧童？遥指杏花村。"特别是后面几句，经断读后，原诗问牧童何处有酒家，竟变成向酒家问何处有牧童了。

顿读法其特点是将谜底的词句用标点符号断开，改变谜底或谜面词、句原

来的音节读法，由音节变化而产生的语义变化或词性改变，使谜的意境产生突变（即别解），从而来进行扣合。《评注灯虎辨类》称其为“底句顿读”法门。

【例】结巴有了啤酒肚（六字口语）一口吃成胖子

谜底本义是因心急而不能实现，比喻胃口太大，办不到、不可能的事情。谜底本来读句是“一口/吃成胖子”，为了扣合谜面，要将谜底分开顿读“一/口吃/成胖子”，通过“口吃”连读的别解达到扣合的目的。

灯谜中还会出现猜两个或以上底的组合谜，这类谜如果将几个本来相对独立的底通过顿读使之有机地联系起来，往往会产生颇为奇妙的效果。

【例】只统计表扬数（打2013年网络流行语二）光盘、点赞

谜底中的第二、第三个字“盘、点”正好可连成一个词组，故可顿读为“光盘点/赞”扣面，灯谜界习惯说法称之为23连读。

上述例子都是将谜底顿读，如果将谜面破读，则称为断读法。断读法属会意体，类似顿读法，但不同的是将谜面断读成几句，造成其他意义来扣合谜底。

【例】一定要增加日产量（字一）里

谜面原本应该断句为“一定/要增加/日产量/”，此处把谜面断读为“一/定要/增加日/产量”，别解为谜底这个字要“一”加“日”，才组成产生一个“量”字。于是：量 -一 - 日=里。

谜面顿读法，简称面顿法；谜底顿读法，简称底顿法。面顿或底顿，古代叫红豆格，如今不再标格名。

（二）根据灯谜的结构分类

一条灯谜由谜面、谜目、谜底构成，谜目的作用是限定谜底范围，不存在别解。灯谜的别解只发生谜面和谜底中。根据字词别解分布的区位，可分为“谜面别解”“谜底别解”和“面底双别解”三种。

1. 谜面别解

用离合法制成的灯谜所有的谜面都存在别解；而用会意法制成的灯谜只有少数谜面别解的作品，这不是主流。

【例】又到西湖，吾先作诗（2字语言名词）汉语

这是一条离合法灯谜，谜面之意似乎在描述某人再次到西湖游玩，先要作诗的意思。入谜则将“西湖”别解为“湖”字的西（左）边为“氵”，与“又”合起来是“汉”字。“先作诗”取方位法，指“诗”字的先是“讠”，与“吾”合起来是“语”字。

【例】卫青（生物学名词）保护色

卫青本是汉朝有名的大将。本条灯谜扣合时谜面不用本义，“卫青”由人名别解为“卫护青色”的意思而与谜底相扣。

2. 谜底别解

用会意法制成的灯谜，大部分别解在谜底，谜面用本义。

【例】闲来就想寻根烟（四字口语）没事找抽

本条会意法灯谜，谜面用的是本义。谜底原意是形容“一个人闲到一定程度，做的事让人到了忍无可忍的地步，要拿鞭子抽!”，扣合时“抽”由“抽鞭子”别解为“抽烟”来迎合谜面。

3. 面底双别解

有些会意法灯谜的谜面、谜底都存在别解。面底双别解的灯谜扣合多了一道曲折，但这种灯谜作品的总量不多。

【例】须有期望（2字卡通形象）胡巴

谜面本是表达出“必须要有希望”的意思。但是入谜却故意将“须”别解为“胡须”扣合谜底的“胡”字。“胡巴”作为卡通人物名字来说本是一个固定词组，不表示其他特别意思。入谜将谜底中的“巴”别解成“期望”的意思与谜面照应。

总之，猜射灯谜时见到谜题都要用求异的思维来解释，这是解谜的关键所在；创作灯谜也要一定有别解的意思在谜面或谜底中，没有别解的谜不是灯谜作品。

三、别解与直解的本质区别

语言学家弗迪南·德·索绪尔认为，意指是指某个符号或符号系统与其所指涉现实的关系。作家罗兰·巴特提出了三种意指方式，即直指、涵指、神话。谜家苏德友认为，灯谜的成谜方式即灯谜符号的意指方式。谜语和灯谜在创作上都用隐喻手法，但从语言符号学的角度看，谜语和灯谜符号意指系统有本质的区别。可以说，灯谜的谜面别解属于涵指，谜底别解属于别指，民间谜语属于直指。

看下面的两条灯谜：

灯谜1：荐　食客　于　平原君（成语）引人入胜

直指：引　人　给　赵胜

别指：　　　　　　　　优美境界

谜面平原君和赵胜的借代是同义结构的直指借代，底字“胜”字在谜底内容平面变异为“优美境界”。谜面上并无涵指变义，但谜底有别指变义，这则灯谜得以成立，此为谜底别解。

灯谜2：花前 两　对　小朋友（字）蒜

涵指：艹　二　2个　小小　　蒜（汉字，抽象符号）

谜面的本义文字是场景的具体形象，被谜作者分别涵指为几个抽象的字素“艹、二、二、小、小”，整个意指过程有一次质的转变，由“义”变为“形”。此为谜面别解。

以上两则灯谜的共同点就是存在转义，这就是别解。

而谜语的谜面用隐喻的方式说出，再现的是事物形象。谜语谜面喻体和谜底本体是同一个意思，没有语言符号所指意思的改变。也就是说，谜语从面到底没有变义，只是改变了表达事物的言辞。谜语的谜面是喻体，谜语的谜底是本体，谜语的喻体和本体之间，具有相似性，常用已知的喻未知的、熟悉的喻不熟悉的、简单的喻复杂的、具体的喻抽象的、通俗的喻科学的，从而完成比拟相似的过程。谜语的谜面从表面用语上看，所用的隐喻似乎不是说谜底某物，实际上这些隐喻或性状上，或功用上，或心理上，在整体上表达的正是谜底事物的概念。

对照上面同一谜底的灯谜，看下面这条民间谜语的直指，可体会谜语直指的意指过程。

谜语：兄弟七八个，围着柱子坐。大家一分手，衣服全扯破(蔬菜)蒜

直指：蒜的形象　　蒜瓣排列状态　　掰开蒜时总苞的伴随状态

这条蒜的谜语，用了隐喻的拟人手法，把蒜瓣比喻为七八个兄弟，蒜薹比喻为柱子，总苞喻为衣服，没有意象的改变。就像莱考夫说的，“隐喻主要将一个事物比拟成另一个事物，其主要功能是帮助理解”，所以，灯谜的意指过程是直指。

灯谜大师苏纳戈在1978年率先提出“别解方成谜”的理论，此理论经过许多谜人探讨研究，到如今“别解方成谜”已成为灯谜的最重要规则。毫不夸张地说，别解，是灯谜的灵魂。

思考题

1．灯谜的别名有哪些？

2．灯谜的定义是什么？

3．灯谜的结构是什么？何谓灯谜的三要素？举例说明。

4．什么是灯谜的别解？灯谜为什么必须别解？山水甲天下(猜城市名一)为何谜底不是桂林？

5．从灯谜的结构看，别解有几种形式？

6．如果看到“未来”二字，你会联想到什么？请用别解的思维做出多种解释。

第四章　灯谜猜射法门

灯谜是运用知识的融会贯通转化成趣味和魅力的产物，灯谜的表现形式丰富多彩。谜面是灯谜最直观的表面部分，灯谜的内涵是通过谜面与谜底之间互相作用的关系体现出来的。谜面作用于谜底的关系叫作“扣合”，毫无疑问“扣合”是灯谜的核心机制，扣合方法是灯谜的重要基础。灯谜的谜面与谜底之间的扣合离不开文字的音、形、义变化，根据字词音、形、义的别解变化而形成的各种表现形式（即扣合手法的类型）是迥然不同的。

第一节　灯谜的体裁

作为以文义别解为能事的灯谜，由于制谜时别解方法和角度的不同，谜面与谜底的扣合形式也会不同，因此就产生了不同的体裁，在灯谜的术语中，称为“谜体”。

通常在谜条上是不注明谜体类别的，由猜谜的人根据谜面提供的文字信息去琢磨，悟出它究竟属于何种谜体，然后因“体”制宜地去解开谜底。一般来说，按照汉字的音、形、义以及笔画结构的变化等方面来区分，灯谜大致有四种基本体裁，即“会意体”（假借体）、“离合体”、“象形体”和“拟声体”。它也被称作“四大谜体”或“五大谜体”，各学者流派说法不一。一说四大谜体；另一种说法是五大谜体（假借体独立出来）。现一一介绍于下。

一、离合体

“离合体”又叫“增损体”“增损离合体”。它是运用增添或减少文字笔画或词句内容的手法，使得谜底和谜面能够扣合。

【例】他们两人都走了（打国名一）也门

不要从字义上去领会，应往拆拼、离合上去思考。“他们”这个词中去掉两个“人”，就剩下“也门”，于是谜底就出来了。可以说国名“也门”与谜面“他们两人都走了”的文义没有丝毫关联，这就是“离合体”的特色。

二、会意体

“会意体”又叫“包意体”“传神体”。它是灯谜中用得最为普遍的一种体裁，故有“十谜九会意”之说。顾名思义，这种谜体是根据谜面字、词、句的含意推敲谜底。

【例】拒收红包（打中医疗法一）推拿

此谜直接从“拒收红包”的意思上去领会，拒收红包就是推掉、不去拿人家所赠的钱财之意，故而谜底为“推拿”。属于从正面去领悟的“会意体”。

三、假借体

假借替代又叫“异称借代法”（简称“借代法”）。所谓假借替代，就是根据谜面词语的提示，用与之呼应的近义词、同义词取代谜面中可互为对象的词语，从而猜出谜底；这是会意体用得最为广泛的一种方法。通俗地说，就是谜底用某字、词去代替谜面中的某字、词。举个例子：

【例】二月春风满金陵（民间游戏一）剪刀石头布

此谜中借名句“二月春风似剪刀”，以“剪刀”替代“二月春风”；南京古称金陵，又称为石头城，因此以“石头”借代金陵。“布”字取“分布、布满了”之意。谜底与谜面吻合。

四、象形体

“象形体”灯谜是取字酷肖的形状，使得谜底与谜同相互吻合。例如宋代大词人秦少游的传世名作：

【例】一钩残月带三星（打字一）心

此谜以“心”字中央的竖弯钩象形一弯残月，又以三点来状摹三颗灿星。

五、拟声体

“拟声体”又叫“象声体”。它是一种专以模拟声响作为扣合手段的灯谜体裁，把所拟的声音用汉字表达出来，使其符合谜目的要求，并且底面相切。

【例】鸡犬之声相闻（打食品品牌二）喔喔、旺旺

根据谜面提供的信息，应用鸡和狗的声音来解谜，大家知道“喔喔”是雄鸡打鸣的声音，而“旺旺”是犬吠的声音。正好一个是糖果品牌，另一个是饼干品牌，故扣。

以上是五种基本体裁，还有大量的灯谜是多种谜体的混合，称为混合体灯谜。

综观上述谜例，可见灯谜正是充分了运用了中国汉字独特的形音义三者可以变化的特点，通过形变、音变和义变产生无穷的趣味。可以这么说，灯谜之所以能够存在至今也就是因为有中国汉字的形音义的统一和变化的特征。

第二节　离合法

离合法属于字形扣合法，又称“拆字法”“增损离合法”。这种类型是使用增加或减少（含旋转、移位、调整）笔画和字素的手法来使谜底与谜面相扣，是

灯谜扣合常用的基本类型。离合法包含有积木法、加字法、减字法、加减混合法、半字法、选拼法、残缺法、方位法等多种方法。

一、积木法

汉字中有许多合体字，是由两个或两个以上独体字合成的。根据这一特点，可以把几个独体字像叠积木一样制成最简单的字谜。

定义："积木法"是把给定的几个字作为部件像叠积木一样拼合成另一个字（或几个字）的扣合方式。

【例】一千（字一）壬

扣合思路：把"一"和"千"当作两个部件，像拼积木一样按顺序拼合起来，形成另一个字。

特征：谜面字数较少并且基本上都是独体字。

要领：把谜面上所有的字都当作"积木"的部件，全部拿来拼合使之成为另一个字（或词）。常见的是把几个独体字合并成为一个（或几个）合体字。

单纯用"积木法"只能组字，没有别解的趣味，它只是半成品，只能作为灯谜的组成部分。

二、加字法

定义："加字法"是把谜面上的两个或两个以上单字（或以文字描述的笔画、偏旁、部首以及各种符号等）加合起来成为另一个字或词的扣合方法。

【例】一会儿（猜一字）兀

扣合思路："会"字有"会合"之意，是表示加字特征的字眼。谜面别解为把"一"和"儿"会合在一起，结果成了"兀"字。显然"会"相当于"加号"。

特征：谜面中包含着表示加字特征的字词，常见的有：加、多、来、到、进、会、合、并、和、要、用、有、补、安、连、给、加上、生出等字词。这些字词的作用如同算术运算中的"加号"一样。

要领:“加字法”谜是字与字的组合,可以看成是文字的相加。先把谜面上起“加号”作用的字词找出来,便可将谜题转化为类似于算术加法形式的“文字加法运算题”,运算规律符合算术运算中的“加法交换律”和“加法结合律”,即文字相加的顺序可以任意调整和任意组合。

“加字法”与“积木法”很相似,都是把谜面上的两个或两个以上单字(或以文字描述的笔画、偏旁、部首以及各种符号等)加合起来成为另一个字或词。与积木法不同的是,使用加字法的谜面中包含着表示加字特征的字眼。

三、减字法

定义:“减字法”是把谜面上某个(或某几个)合体字减损去某个(或某几个)独体字,使之成为另一个字(或词)的扣合方法。

【例】怎放心(猜一字)乍

扣合思路:“放”是“放掉”,表示减字,相当于“减号”,这个简单式子的运算结果是显而易见的。

特征:谜面含有表示减少、去除意思(即表示减字特征)的字词,常见的有:减、少、去、出、省、除、节、不要、不用、不足、不见、清除等,这些字词的作用如同算术运算中的“减号”一样。谜面中必然有包容关系的合体字和独体字(或有包容关系的字与字素、笔画)。

要领:把谜面上起“减号”作用的字词找出来,谜题便可以转化为文字减法运算题的形式,通过“减字”运算可以更直观地求出谜底。

减字法,是对指定文字进行减损之类操作的谜法,是极为重要的离合类谜法。减字法三部分的文字安排(仅对单次减字法而言)形式多样,要灵活分析,习惯理解灯谜里的倒装句式。

假设被减文字是A,要减的文字是a,减号-,那么减字法的结构有以下六种:

(1)A-a　河流之水,河-水=可

(2)-Aa　拦河水,-河水=可

(3)Aa- 河水流,河水-=可

(4)a-A 人不住,人-住=主

(5)-aA 没人住,-人住=主

(6)aA- 人们走了,人们-=门

减字法还有比较复杂的多次减法,常见的是二次减法。

【例】涧水终日流(字)门

扣合思路:"终"是"终结","流"是"流失",都相当于"减号",这是两次减法。减字法和加字法一样,本字是可以转换成偏旁部首的,"水"可以用"氵"替代。列出式子:涧-水-日=门,运算结果"门"就是谜底。

四、加减法

定义:"加减法"是"加字法"和"减字法"并存于一条谜中的扣合方式。"加减法"又称"加减混合法",也叫作"增损法"。

【例】还不去拉米(字一)迷

扣合思路:谜面"去"提示减字,要减去的是"不"字。"拉"表示"拉来",提示加字。谜题转化为加减混合运算的式子:还-不+米=迷。

特征:谜面不仅带有表示添加、组合意思(即加字特征)的字词,而且还带有表示减少、去除意思(即减字特征)的字词。

要领:"加减法"其实就是"加字法"和"减字法"的组合,先把谜面上起"加号"和"减号"作用的字词找出来,谜题便可以转化为类似于算术加减混合形式的"文字加减混合运算题"。

加字法、减字法、加减法都可以和积木法搭配使用。以加减法和积木法示范如下:

【例】男人一定要出力(字一)奋

扣合思路:男人用积木法,"要"字做"加法","出"字作"减法"。列出式子:男+人+一-力=奋,运算结果"奋"就是谜底。

注意有些字可以别解成"加减"两重性,既可做加号也可做减号。

【例】该出言也该出力(字一)劾

扣合思路:该-言(讠)+力=劾。此例第一个“出”字解作“出去”,起减损作用;第二个“出”字解作“出现”,却起添加作用。

五、半字法

定义:“半字法”指把谜面中的某个字或几个字,拆分两半,取其中的一半组合的扣合方法。又称半面法、取半法。

【例】留一半清醒(字一)酒

扣合思路:首先从“清”和“醒”两字中各取其半。半个“清”字有两种取法,①氵(水)、②青;半个“醒”字也有两种取法,③酉、④星。①②和③④这两组部件各取其一来用,共有四种组合方式:①③(“氵”和“酉”)、①④(“氵”和“星”)、②③(“青”和“酉”)、②④(“青”和“星”)。只有选取①③组合,“氵”和“酉”才能合成“酒”字。因为其他三种组合都无法组成字,显然“酒”就是谜底。

特征:谜面上有“半”字出现。常有“半、一半、各半、择半、取半”之类的词提示取半拼合,但何取何舍却又不明确指出。

要领:根据“半”字的提示,从谜面上相关的几个字里各取出一半来拼合成另一个字或词。注意:必须选择适用的那“一半”。

半字法谜面还常见有多个“半”字,并且语句结构对称,互相关联,连贯成意。

【例】有一半,又有一半(常用词)朋友

扣合思路:前两个“有”一半,各取“月”拼成“朋”;再以“又”和“有”的另一半“𠂇”拼成“友”。

一般情况下,提示取半的词语大都出现于谜面。但也有出现于谜底者,则常用于独字谜。

【例】吴(成语)半吞半吐

扣合思路:根据谜面“吴”字的组成元素,谜底从“吞、吐”二字中各选取一半,并将提示语“半”字融合其中,组得成语“半吞半吐”。

六、选拼法

定义:"选拼法"是从谜面中某两个(或两个以上)字中,各选出一个部件来拼合成另一个字的扣合方法。

【例】有劳有逸(五画字一)边

扣合思路:谜面给了暗示,谜底含有"劳"字的部件,也含有"逸"字的部件。因而要从"劳"和"逸"二字中各选取一个部件拼合起来,只有分别选取"力"和"辶"这两个部件才能拼合成五画的字。

如果谜目不限定猜五画字,选取"冖"和"兔"两个部件可拼成"冤"字(十画),而选取"艹"和"兔"这两个部件又可拼成"菟"字(十一画)。

因此制谜者需认真思考,全面考察,可通过在谜目中规定笔画或结构等方法避免底不唯一。

特征:谜面上有表示多项选择的字眼,如"有……,有……""选段""选集"等。

要领:"选拼"的含义就是谜面给出的材料不要全部用上,只需选出适用的部分来拼合。从谜面上的每个字中,随便拿出一些部件来不一定能拼合成字,所以对部件要有所选择,这个试探寻找谜底的过程就是"选拼"。

七、残缺法

定义:"残缺法"是把谜面上某个或某几个字有意残损去一部分,而把剩余的部件拿来拼合成字的扣合方式,这是字形拼合法的一种特殊现象。

【例】抱残守缺(字一)导

扣合思路:"残"与"缺"都别解为表示字形的"残缺",谜面义变为"抱"字是残缺的,"守"字也是残缺的。因为谜面没有具体指定要"残缺"掉哪个部分,按理说可以残缺任意部件,这种任意性在灯谜术语中叫"任意残损"。但这种"任意"还是要受限制的,必须保证留下的部件能够拼成字。所以本例只能残损去

"抱"字左边和右上方,"守"字缺掉上半段,这些被残损的部件本身拼不成字,只有留下的部件"巳"和"寸"才能拼成字,由此确定了这种选择是唯一的。

特征:谜面上有"残、缺、余、留、破、省、略……"等表示残缺或剩余的字眼。

要领:将位于表示残缺特征字眼前后的字、词残损去一部分字素后,再行组拼成另一个字或词。"残缺法"的谜面上虽带有表示残缺或剩余特征的字词,一般没有指明要残损的具体部位,但猜射时不能随意残损,要以留下可用的部件为原则来决定部件的去留。

残缺法与半面法有相似之处,都是取字的一部分重新拼凑组合。不同的是残缺法可以任意将字形破损残缺,半面法则取汉字的自然结构的一半组合。

残缺法中还专门列了一种"节字法",节字谜也叫"节省法"谜。如果谜面词组(句子)中有"节"字,只要将其他字"节省"一下就能得出谜底。它有两种表现方式:一是除"节"字外的其他字都要"节省",如"国庆节"猜"因" 字;一种是以某个母字为基础,"节"去其某个部位,如"泼水节"猜"发"字。

八、方位法

方位法是按谜面文字笔画所指之东南西北、上下左右、内外边角等方位,将有关的字、偏旁、部首或笔画作相应处置,缀为底。这种谜贵在谜面典雅,技巧自然,废弃和撷取部分,无斧凿痕迹。离合谜的创作,很多时候要用到表示方位或次序的字。

表示方位的字有:东、西、南、北、中、内、边、高、低、上、下、左、右、心、里、畔、顶、底等,表示次序的字有前、后、先、始、终、首、头、尾、起、初、末、端等。其中"东、西"和"左、右"对应,"南、北"和"上、下"对应。

汉字有左右、上下结构,也有左中右,上中下结构,在使用"中、内、心、里"这些方位字时,指示的是字的中间部位。

【例】南京(字一)小

扣合思路:用方位法猜谜,往往是根据地图方向定位的习惯(上方为北,下方为南,左边是西,右边是东)来确定字的部件。"南京"别解为"京"字的"南部"

（即下方），“京”字是“上中下”结构，下方字素为“小”。这是最简单的“方位法”谜例，只扣合一个字素。

特征：谜面总是带有表示方位的字或词。

要领：根据谜面方位词所指示的方位寻找出字的部件（偏旁、部首、笔画、其他字素等）。扣合多个部件的，必须组拼整合成为字或词。

当一个词前有表示方位的复合词时，可以认为方位词按顺序分别配合作用在后面的词上。

【例】始终酩酊状（干支纪年）丁酉

扣合思路：“始终”二字分别与“酩酊”组合，“酩”的“始”为“酉”，“酊”的“终”为“丁”。组合出谜底“丁酉”。

有时方位词也会暗藏在谜底里，需要仔细分析谜面，发现蛛丝马迹，找出谜底，这类谜比较难猜。

【例】口才（机构简称二，3+3）党中央，团中央

扣合思路：谜底别解成“口”在“党”字的中间，“才”字在“团”字的中间。

还有一些人受到以文字结构方位入谜的启发，创作出隐形的“方位”灯谜。例如根据纵式谜条书写格式是从上到下（也可视作自北往南）地书写、横式谜条书写格式是从左至右（也可视作自西向东）地书写习惯来制谜。这类方位谜的方位字出现在谜底。这类谜多是会意谜，因与方位有关，就一并放在此节中做介绍。

【例1】阿里（历史名词/纵式谜条）上山下乡

扣合思路：谜面借用了已故世界拳王“阿里”的大名并做了别解，谜面里的上一个字为“阿”，在此作“山阿”解，可扣“山”，而下一个字乃“里”，现作“乡里”解，能扣“乡”，故谜底为“上山下乡”。

【例2】否定之否定（八字常言/横式谜条）左也不是，右也不是

扣合思路：谜面借用哲学规律：“否定之否定”，要求打八字常言一句。谜面左右两边均出现“否定”一词，都可作“不是”解。根据这些便可求出“左也不是，右也不是”的谜底。

九、移位法

定义:“移位法”是把谜面上某个字(或某几个字)的一些笔画或字素的位置进行移动或调整,使之成为另一个字(或另几个字)的扣合方式。

【例】移机(字一)朵

扣合思路:谜面别解为要把“机”字的字素进行移位,经过移位左右结构变成上下结构,形成的另一个字就是“朵”。

特征:谜面通常带有“移、动、改、变、调整、重组”等表示移位、变动含义的字眼。

要领:根据特征字的提示,从谜面中找出应当进行“部位移动”处理的那个字(或几个字),并找出要移位的笔画或字素,将它作适当的移动,使之成为另一个字或词。

“移位”只是位置的移动,笔画和字素的基本形态保持不变。笔画移位可以在一个字的内部进行,也可以在几个字之间互相移动。移位前后总的笔画不增也不减,即被移位的字和移位后形成的字,它们的笔画总数是相等的。其实这种方法就是将某些笔画和部首在一个字之间或几个字之间互相进行调整,因此也叫“调整法”。

十、变形法

定义:将谜面某个字的笔画或偏旁全都拆散,然后再组合成另一个字。

【例】大小参差(字)灯

扣合思路:将“大、小”二字拆成“一丿㇏亅丷”6个字素,再拼合成“灯”字。

特征:谜面通常带有“参差、改革、变样、翻新、换装”等表示较大变化甚至颠覆性变化含义的字眼。

要领:根据特征字的提示,从谜面中找出应当进行“变形”处理的那个字(或几个字),并找出要变形的笔画或字素,将它作适当的拆解变化,使之成为另一个字或词。

变形法和移位法的主要区别在于:移位法笔画和字素的基本形态保持不变。而变形法笔画和字素的形态都可改变,变形法通常只能组合成另一个字,故多用于一字谜。

【例】乡下变了样,全省面貌改(字)缈

扣合思路:将“乡”下面的一撇变为一提,而“省”字面貌改成“眇”,三字组合成“缈”。“撇”变为“提”就是笔画的变形。

十一、盈亏法

定义:取文字的笔画,此多一笔,彼少一笔,成为新字。

【例】多少心血得一言(字)谧

扣合思路:以“心”字多一撇,“血”字少一撇,然后与言字偏旁组合。

特征:谜面中有一对反义词表示笔画增减。如“多、少”“有余、不足”等。谜面含义以顺理成章为妥,谜底作巧妙的调整,扣合浑成。

要领:盈亏法与移位法不同之处在于,盈亏法主要有笔画增损盈亏,而移位法大多只是部首、结构移位,限定移动后总笔画数要相同。

十二、转动法

“转动法”也叫“辗转反侧法”,这类谜虽然比较少见,但手法新奇,饶有趣味。

定义:“转动法”是把谜面的某一字(或几个字)整字或其中的某个字素经过转动方向(或颠倒、反视),使之成为另一个字或词的扣合方式。

【例1】转干(字一)士

扣合思路:“转”提示转动,将“干”字向左(或向右)转动180°,变成“士”字。

【例2】翻面不认人(字一)入

扣合思路:“翻面”提示将字反视。“人”字反视后为“入”。

特征：谜面上常带有“翻、转、倒、反、翻转、倒转”等用以提示旋转、转动、反转特征的字词。

要领：根据特征字的提示，找出应当“转动”方向（或颠倒、反视）的字或字素，将它转动到适当的角度。“转动法”只是将整个字或其中的某个部位旋转了一个角度，转动前后笔画和字素的基本形态保持不变，只是方向或角度发生变化。

以上两例是谜面提示转动，表示转动的字也可出现在谜底。

【例】爿（3字摄影名词）反转片

扣合思路：底解作将“片”字反转过来即成“爿”字。这是谜底转动形式。

十三、并体法

定义：将谜面有关文字的笔画、偏旁互相合并而产生新字新词。

【例】天上方见月影重（泊人）吴用

扣合思路：谜面的“天上方”扣“吴”字，“方”即“口”，“月影重”指两个“月”并合在一起而成“用”。谜底是水浒人物“吴用”。此为左右合并。

【例】上上下下同一心（字）卡

扣合思路：谜面的“上上”别解为上面“上”字，“下下”别解为下面“下”字，“同”表示合并，“同一心”指中间“一”重合在一起而成“卡”。此为上下合并。

特征：谜面上常带有“重、合、并、齐”等用以提示合并特征的字词。可以左右合并，也可以上下合并。合并后笔画数会减少。

要领：根据特征字的提示，找出需要合并的字，通常要合并的字字形应该相同或对称。

十四、破体法

定义：破体法在谜面上立一字为对象，将其从形体上劈破成与底字整体或部分结构相似的两个字。

与并体法相反，破体法是把字破开，如把“田”劈破成“日、日”，“丰”劈破成“非”等。这种谜法根据成谜需要，不受汉字结构的约束，可以故意截断、离析某个字素，因此常有出人意料之举。

【例】我头可断躯可裂（猜字一）找

扣合思路：“我”是破体对象。“头可断”喻起笔（丿）应断去，“躯可裂”指“我”字当中的“一”画断裂开。这就成了“找”字。

特征：谜面上常带有“破、裂、破开、劈开”等用以提示分开特征的字词。

要领：根据特征字的提示，找出需要破开的字。破体法所破的字，虽然已是“地画鸿沟”，但与谜底两相照映，仍应“楚汉接壤”，其形状要依稀可辨，并不是完全拆散。

十五、包含法

定义：“包含法”是从谜面多个文字中找出共同包含的字素而扣合的方式。包含法相当于数学集合中的交集。

【例】桃李杏梅村村有（字一）木

扣合思路：谜面应当别解为“桃李杏梅村村”这六个字都含有的字素。通过观察，可以发现这六个字的共同特征，全都包含有“木”，这个“木”字就是谜底。

特征：谜面上大部分字中（或多个字中）包含着相同的偏旁部首或字素，并且这些偏旁部首或字素都是简单的独体字。

要领：按照谜面的提示词语将这个被共同包含的偏旁部首或独体字找出来，它就是谜底。

表示共同包含的词语比较灵活，最明显的有“俱备、尽有、个个有份、个个参加、个个都不少”等，还有一些是通过“有”和“无”的反复比较来提示包含关系的。要注意从谜面别解中发现“包含”的特征。

【例】唐虞有，尧舜无；商周有，汤武无（字一）口

谜面指出是“唐虞”和“商周”四个字中都含有的部件，这个部件是“口”。

而“口”恰是“尧舜”和“汤武”四个字所没有的部件。“尧舜无”与“汤武无”起附加说明和映衬作用，增加谜面回互其辞的韵味。

单纯的包含法由于过于简单，因此多只在初学者或学生谜题中出现。一般包含法与其他离合法配合使用而制谜，更具有隐蔽性。

【例】心若无情同猪狗（字）猜

扣合思路：先用减字法得到“心若无情”的谜底——情-心=青，然后加上“同猪狗”，即“猪狗”中相同的字素，即“犭”，组装得谜底“猜”字。

十六、假设法

前面介绍的方法，都是根据谜面提供的文字元素进行增减移动来扣合谜底，指向性很明确，都是从谜面到谜底的顺向思维。但有一种谜法却要把未知的谜底先介入扣合过程，必须用到逆向思维，这就是“假设法”。先看两条字谜的比较：

①一生仗义（猜字一）

显然此谜可用“加字法”，化为文字加法算式：（一）+（义）=（文）。谜底是“文”。

②一生刚正（猜字一）

此谜若也用“加字法”，化为文字加法算式：（一）+（“刚”或“正”）=（?）这个算式无法运算。

因此要改变思路：谜面“一生刚正”可别解为“假设有这么个谜底，若生出（即加上）个‘一’，刚好就成了‘正’字”。可以借助数学列方程的形式来分析扣合关系并解出谜底。设谜底为X，依照谜题别解后的意思列出文字方程如下：

（X）+（一）=（正）

解方程得：X=止。于是谜底“止”字就解出来了。

下面给“假设法”下定义。

定义：“假设法”是通过变化条件作用在假设的谜底（虚拟的、未知的谜底）上所产生的变化结果，反过来推导出真正谜底（假想对象）的扣合方式。

特征：谜面可分为两个部分：一部分是变化条件，另一部分指明（加在假设的谜底上）将会产生的变化结果。

要领：要针对假设对象，利用变化结果与变化条件两者之间的相互关系，逆向推演而扣合谜底。这个假设对象一般是未知的谜底，也可以是未知谜底的一部分。

【例1】没大没小显得二（字，8笔）奈

扣合思路：谜面别解为，（谜底）没“大”没“小”，就显得“二”，反推过来，谜底就是“二”加“大”加“小”，因此是“奈”。这道谜是将谜底全部当作假设对象。

【例2】左边加一是一千，右边减一是一千（字，6笔）任

扣合思路：这条谜与上例不同，假设对象不再是谜底全部，而是谜底的半边，并且两个半边分别进行假设。谜面别解为：（谜底）左边加“一”是一“千”；（谜底）右边减“一”，也是一“千”。照样列方程，将谜底的左半边字形设为x，右半边字形设为y，根据谜面别意，x + 一 = 千，则x = 千 − 一 = 亻，y − 一 = 千，则y = 千 + 一 = 壬。整个谜底为x + y = 任。

十七、排除法

有些谜面可以扣合同一个谜目的谜底不止一个，违反了谜底唯一性的规则，需要在谜面采取补充限制的办法避免多底，这就要用到“排除法”。“排除法”也叫“排异法”“限底法”。

定义：“排除法”是在谜面上明确排除扣合某一个谜底的可能性，促使改变思路寻求唯一谜底的扣合方式。

【例】人言不可信（字一）认

扣合思路：“人言”二字用积木法可以组拼出两个字来：一是“人”用偏旁“亻”替代，与“言”拼合成为“信”字；二是“言”用偏旁“讠”替代，与“人”拼合成为“认”字。按灯谜的规则只能有一个谜底，谜面的后半部“不可信”别解为“不能猜作‘信’字”，排除了“信”字，只能扣合“认”字。

显然，谜面可分为两段，“人言”是实际扣合部分，“不可信”是限底部分。

特征：谜面一部分是实扣部分，另一部分是限底部分。实扣部分是主体，限底部分是补充。

要领：根据被排除的谜底这个线索，从另一个角度来扣合出真正的谜底。“排除法”灯谜通常在谜面上故意点出比较容易猜出的那个谜底并把它排除掉，而留下有更多思考余地的那个谜底，促使人们改变思路继续探寻，以增加扣合的难度和趣味性。

这种谜法常用于字谜，最早出现于民间谜语。由于手法简单，变化不大，猜起来也比较容易，故在字谜创作手法繁荣的今天，采用较少。但此法谜面运用了排除一部分谜底的必保措施，这就使得原本一谜多底的谜，化为了一谜一底的谜，保证了谜底的唯一性。就此而言，此法仍有实用的意义。排除法的趣味性在民间谜语中更加凸显。

【例】日月作一排，莫作明字猜，倘若猜明字，不是真秀才（字）胆

扣合思路：这是一则民间谜语，为常见的五字四句式。中心内容是第一句，关键字在“一”；第二句则提示须排除“明”字作谜底。“日、月、一”组合起来即“胆”字。第三、四句风趣幽默，鼓励猜者舍易求难，知难而进。

第三节　会意法

“会意”，本是汉字造字方法“六书”之一。汉代学者把汉字的构成和使用方式归纳成六种类型，指象形、指事、形声、会意、转注、假借，总称“六书”。“会意”是用两个或几个部件合成一个字，把这些部件的意义合成新字的意义，这种造字法叫会意，如“信”字。“人言为信”，“信”字由“人”字和“言”字合成，表示人说的话有信用。大部分汉字经过漫长的演变历史，被赋予了众多字义，这就给通过别解制作灯谜提供了广阔天空，使猜谜者畅意遨游谜海。

“会意法”灯谜顾名思义就是按照语词的含义来进行扣合，谜面与谜底是建立在别解基础上表达语义相同呼应或相关、相连、相补意义的和谐统一体。

谜面不是描述字形笔画增减和变化的过程，谜底也不再是字形变化的结果。

字义扣合类统称为“会意法”，是灯谜中使用最普遍的类型，它是使用会意（含归纳、推理、借代、应答等）手法，从谜面语词的意思去揣摩领会扣合谜底，即文义推敲法。

会意体是灯谜中最常用的体裁，也是最正宗、谜味最浓的体裁。灯谜是介乎“语言学”与“文学学”的一门学科。“会意加别解并行不悖”是其本质特征。《辞海》曰“会意”：“犹言会心，谓领会其意义。”《辞源》曰“别解”：“异于寻常的见解。“会意加别解”成为灯谜“回互其辞，使昏迷也”的重要手段，也是谜趣生发的源泉。单纯以字体结构拆合为成谜手段，少了灯谜的别解之趣，造成灯谜本质特征的缺失。清谜圣张起南针对离合体字谜说过：“巧则有之，殊寡余味”，而会意体充满着“山重水复疑无路，柳暗花明又一村”的意境和乐趣。这种谜体是靠领会谜面文字的意思去完成“由面求底”的任务。由于思考时的角度、着眼点不同，会意法又可派生出“正面会意”“反面会意”“分段会意”及“侧面会意”等不同的扣合形式。

一、正面会意法

定义：“正面会意法”是根据谜面的文义从正面进行思考，用别解的语言以相同的角度（即相同的语态）把谜面的意思表达再现出来的扣合方式。正面会意法也叫正扣法。

【例】好吃（8笔字）呵

扣合思路：“好吃”的同义词是“可口”；“可口”二字用“积木法”拼合即为“呵”字。本例“好吃”换成同义词“可口”来表达，属“同义替代”。

【例】庄稼汉（8笔字）侬

扣合思路：“庄稼汉”指的是“农民”；“农民”又称“农夫”“农人”，其中只有“农人”（“人”以偏旁“亻”替代）用“积木法”可拼合成另一个字“侬”。本例以“农人”来再现“庄稼汉”的意思，是同一事物的不同说法，属“换一种说法”。

特征：谜面与谜底表达的语态是一致的。若谜面是肯定的句式，谜底也应是肯定的句式；若谜面是否定的句式，谜底也应按否定的句式来表达。

要领：“正面会意法”大体上有两种会意方式，一是“同义替代”，谜底用同义词来“翻译”或代替谜面的意思；二是“换一种说法”，即按照谜面的语义和表述方式用另一种说法作为谜底表达出来。要把握好语词“同义替代”和“换一种说法”能够准确、到位，尤其是比较复杂的语义要格外注意简化、提炼或浓缩。若是字谜，一般要把谜面的语义高度浓缩为字数较少的词或短语，然后用“积木法”把这几个字拼合成为一个字。

正面会意法是在谜面文字同义词或近义词或相关词上去寻觅，以上例来说，谜面中出现庄家，就要立刻联想到“农、田、禾、谷、植物、粮食、种”等相关字，看下面几个例子。

【例1】原先是种庄稼的（2字汽车品牌）本田

【例2】庄稼离不开太阳（字一）香

【例3】到处是庄稼，遍地是牛羊（已故领导人）谷牧

【例4】庄稼汉（医学名词）植物人

【例5】遍地是庄稼（称谓）粮食处处长

【例6】家家都是庄稼汉（书名一）第二种人

扣合思路：此6条谜分别将谜面中的“庄稼”扣合为“田”“禾”“谷”“植物”“粮食”和“种”。由此可见，猜谜要有扎实的语文功底和丰富的联想思维。

二、反面会意法

定义：“反面会意法”是根据谜面的文义从反面进行思考，用别解的语言以相反或相对的角度（即相反的语态）把谜面的意思表达再现出来的扣合方式。“反面会意法”与“正面会意法”相反，也叫“反扣法”“反意法”。

【例】男的占多数（字一）妙

扣合思路：“男的占多数”反过来说必定“女的是少数”，语词可简化为“女少”，两字可拼合成另一个字。

特征：谜面和谜底中通常含有两对反义的字词。谜面和谜底中也有只含

一对反义字词的，但在谜底或谜面上还要带有一个否定词，如“不”“非”“无”“反”等。

【例】生产必须出正品（成语一）不可造次

扣合思路：正品的反义词是次品、劣品，再加上一个否定词“不”，得到谜底“不可造次”。此例谜底中“造次”本意：急遽，匆忙，“不可造次”即不能匆匆忙忙地进行，意为要慎重。谜底本意与谜面意思不同，将“不可造次”别解为“不能够制造出次品来”扣合谜面。

要领：根据谜面文义从相反或相对的方面去会意，把谜面的语义浓缩后转换成相反语态的另一种说法。若是字谜，一般要把谜面的语义高度浓缩为字数较少的词或短语，然后用“积木法”把这几个字拼合成为一个字。

“反面会意法”的扣合特点，谜面与谜底要用不同的语态来表达相同的意思。谜面与谜底表达的语态是相反的。若谜面是肯定的句式，谜底则是否定的句式；若谜面是否定的句式，谜底则要以肯定的句式来表达。

“反扣法”的谜底，从局部来看与谜面的含义是相反的，而从整体来看谜底别解后表达的意思与谜面的含义是一致的。

“反扣法”里还有一种特殊形式：一字反义法。即谜面是一个字，谜底也是一个字，但谜底的单字能拆开以反面的意思烘托谜面。

【例】武（字）斐

扣合思路：谜底“斐”字拆开为“非文”，意思是“不是文的就是武的”，扣合谜面“武字”。

三、侧衬法

定义：将两个相对或相关词义的词，一个在谜面立意，而另一个在谜底加以说明，使底面互相映衬。亦称“衬扣法”。

【例】学生后入内（四字荣誉称号）先进教师

扣合思路：“学生”与“教师”是两个相关的词，谜面叙述学生后入内，从侧面衬托出“先进入的是教师”。

特征：谜面文义从侧面衬托出底句之意。

要领：既不从正面会意，也不从反面联想，根据谜面文义从两个相对或相关的方面去会意，但并不是一对相反的反义词。谜面和谜底中包含一对具有相承关系的词或词组，以达到烘托出底的作用。

四、归纳法

定义："归纳法"是将谜面罗列的各种条件、因素、现象等在概念和意义上进行归类合并，即通过别解会意归纳成为更简练的形式在谜底表现出来的扣合方式。

【例】牡丹江、桃花江、芙蓉江（现代画家）华三川

扣合思路："牡丹、桃花、芙蓉"三个均为花名，归纳为"华三"（"华"通假"花"），"川"的意思是江水河流。

特征：谜面罗列有多个同一类型的名词，或多个具有并列关系的元素。

要领：将谜面所列的各项内容归纳成简练的（带有别解的）综合表达方式。"归纳法"的谜底是对谜面各并列元素归纳后的概括表述，通常带有概括谜面元素多少的相关数字，往往可据此数字为线索找出扣合的契机。

五、问答法

定义："问答法"是谜面和谜底以提问和应答进行相扣的一种形式。谜面是疑问句，谜底是应答句。"问答法"本质上也是一种"会意法"。

因为灯谜不是通常知识测验题，虽要按问作答，但不是直问直答，而是通过别解含有谜趣的回答。

【例】谁给万物光和热（3字物理学名词）太阳能

扣合思路：谁能给自然界万物光和热？当然只有"太阳"才可能。谜底"能"由"能量"别解为"能够"。

特征：谜面是疑问句，即提出问题；谜底是应答句，以别解的方式回答

问题。

要领:根据谜面所问的问题顺藤摸瓜扣出谜底。直观上看起来谜底与谜面好像答非所问,只有别解后的语义才能准确回答问题。如果是字谜,应将作为谜底的合体字拆分为两个或两个以上独体字组成的词来回答谜面所提的问题。

【例】消防车为何出动(猜一字)烟

扣合思路:消防车为何出动?当然是因为着火了,浓缩成两字“因火”,谜底是“烟”。

六、夹击法

亦称作“侧面会意法”“侧扣法”。面底之间即非正扣,也非直接反扣,而是旁敲侧击或两面夹击的方法,从中寻得谜底。

定义:“夹击法”是利用多个并列关系因素的描述来两面夹击逼出其中某个因素状态的扣合方式。

【例】只有海空占优势(三国人名一)陆逊

扣合思路:“海、陆、空”是常见的一组并列关系的因素,只有“海空”占优势,则可从这两面夹击中会意出“陆地相对来说要逊色些”,简而言之就是“陆逊”。

特征:谜面是对多个并列关系因素中的两个(或两个以上)因素进行描述,谜底则是对其中未曾述及的那个因素进行说明。

要领:根据谜面罗列的几个并列因素,先找出未被提到的那个因素,再对它的状态进行会意描述。

“夹击法”与“反面会意法”有相似之处,但它不是运用非此即彼的一正一反扣合方法,而是从与谜面“左邻右舍”的关系去扣合谜底。夹击法常用“上中下”“左中右”“好中差”“天地人”等并列相关因素之间的关系进行扣合。如谜面上出现“左”“右”等因素,那么可夹击出“中”;如出现“天”“地”等因素,可夹击出“人”。然后再对所夹击出的因素进行状态描述,从而形成扣合关系。

夹击法有面夹法和底夹法之分。上述例子为谜面夹击法，底夹法与面夹法不同的是在谜底中“两边合围”，前后夹击进而扣合谜面。

【例】中固（电脑名词二）最大化、最小化

扣合思路：谜面为我国辽宁地名，别解为“中间固定不变”。谜底别解为“最大、最小都有变化”，夹击出“中间”没有变化。

七、因果法

定义：“因果法”是谜面与谜底之间使用因果关系来扣合的方式。

“因果法”灯谜，要按照谜面提供的线索判断出因果关系，它有两种表现形式：一种是根据谜面列出的原因，推断出结果作为谜底，即由“因→果”；另一种是根据谜面陈述的结果，由谜底来说明它的原因，即由“果→因”。要注意使用别解的语言来表达因果关系。看两个例子：

【例】酒后行车（行政用词二）开会、出差

扣合思路：谜面“酒后行车”，这是前因；谜底“开会、出差”别解为“开车就会出差错”，这是后果。谜底中的“差”是多音字，本读作 chāi，在此谜中别读成 chā，音变引起义变，别解为“差错”。谜面为因，谜底为果。

【例】“出门看伙伴，伙伴皆惊忙”（沪剧演员一）丁是娥

扣合思路：谜面出自《花木兰》。花木兰女扮男装代父从军，回家后脱下战袍，换上女装，出门后看同出征的伙伴，伙伴们都大吃一惊。惊惶的原因是见到木兰原来是个女子。谜底别解为“男子是美女”。谜面是果，谜底是因。

特征：谜面与谜底互为因果。

要领：根据谜面提供的“原因”判断出准确的“结果”，或从谜面提供的“结果”入手查找产生的原因。当然，谜面或谜底的文字要通过别解才能形成因果关系。在字谜中，应该将作为谜底的合体字拆解为两个字以上的词来切和谜面。

八、特征法

许多事物都具有明显的特征，人们在日常生活中一旦接触到，这些特征留下的印象就会特别深刻。人们根据经验，一见物名就可知其形状、物性、颜色等各种特征，如糖味甜、药味苦、冰雪寒冷、火焰灼热、血色鲜红、雪花洁白、鲜花味香等。灯谜也常将这些特征运用在底面的扣合关系之中。

定义："特征法"是以事物的形状、颜色、性质、用途等特征来进行扣合的方式。

【例】雪里送炭（西药名一）白加黑

扣合思路："雪"的特征是"白色"的，人们常用"雪白"来形容纯净的白色。"炭"最明显的特征是"黑色"的。要把"白"和"黑"这两种特征在谜底中表现出来，于是"白加黑"别解为"在白色（雪）之中加进黑色的东西（炭）"。

特征：通常以某种具有明显特征的事物名做谜面，这种事物的"特征"就是谜底的关键词。

要领：根据谜面的事物联想它的主要特征，在谜底中以别解的方式把特征表现出来。

九、承启法

定义："承启法"是根据谜面所引用文句的上、下文或整篇的文义，加以联想、会意的扣合方式，也叫"承上启下法"。

【例1】"打得鸳鸯各一方"（电工器材一）绝缘棒

扣合思路：看到谜面，应当联想到是什么东西"打得鸳鸯各一方"。谜面是著名的《四季歌》歌词，第一段末两句是："忽然一阵无情棒，打得鸳鸯各一方。"原来把两只鸳鸯打得天各一方的是一阵无情的大棒，所以谜底是"绝缘棒"（别解成"断绝姻缘的大棒"）。此谜用的是承上法，承接谜面上句之意而扣合谜底。

【例2】但使龙城飞将在(四字口语)不许胡来

扣合思路:谜面出自唐代王昌龄《出塞二首》之一:“秦时明月汉时关,万里长征人未还。但使龙城飞将在,不教胡马度阴山。”以第三句为谜面,启动第四句“不教胡马度阴山”,连缀成一完整意思:“只要汉时震慑匈奴镇守龙城的飞将军李广尚在,就不会使胡人(古代对北方和西方各民族的贬称)兵马越过阴山来骚扰。”用启下法扣“不许胡来”。谜底“不许胡来”,原义“不允许乱来”。“胡”原作“胡乱”解释,现别解为“胡兵”,底别解为“不许胡兵来骚扰”上承“但使龙城飞将在”,与谜面相呼应。

特征:谜面所引用的文句(诗、词、文、赋中现成的句子或人们熟悉的俗语等),与它的上、下句(或上下文)的语义必定有紧密的承接关系。

要领:“承启法”可分为承上法和启下法,承接谜面的上文之意扣合谜底的叫“承上法”,延伸谜面的下文之意扣合谜底的叫“启下法”。谜底中的关键字必定包含在谜面的上、下句(或上、下文)中。若为字谜,也需将上文或下文的意思凝练成几个字或字素,再组合成一个字。

【例】打起黄莺儿(16笔字)蹄

扣合思路:唐代诗人金昌绪《春怨》诗云:“打起黄莺儿,莫教枝上啼。啼时惊妾梦,不得到辽西”。此谜用了启下法,由“莫教枝上啼”会意出“蹄(止啼)”。

承启法灯谜对谜底有特定的要求,即底字或底句必须与面句是上下文或者有承上启下的内在联系。猜这类谜需要对古文、诗词、俗语、名句、历史典故等比较熟悉。

十、虚实变换法

定义:“虚实变换法”是通过别解有意把虚词当作实词或把实词当作虚词来用的扣合方式。

虚词是在汉语中没有实际意义的字,在正常释义中虚词(或表示语气的其他衬词)很容易被忽略,“虚实变换法”则是有意在人们容易忽略之处做足文章,或无中生有(“虚变实”),或化有为无(“实变虚”),由虚实变换变出谜味来。

【例1】是非之地不可留也(字一)圭

扣合思路:“不可留”明显提示减损,“也”是表示语气的虚词。按一般思路要从“地”字减损去“是非”(+-),扣成“也”字。因谜面有一“也”字,所以这种扣法是行不通的。改变思路,把虚词“也”当作实词看,“地”中“不可留”的是“也”,余下“土”,与“是非”(+-)组拼成“圭”字。此例是将“虚词”变换为“实词”来扣合的例子。

【例2】烧饼怎样入炉(成语一)俯首贴耳

扣合思路:谜底别解为“是俯下头来贴(到炉壁上)的呀”,形象表现出烧饼贴入炉壁时的姿态。“耳”本是名词“耳朵”,在谜的扣合中转化为语气助词,此例是将“实词”变换为“虚词”来扣合的例子。

特征:谜面或谜底中含有虚词或含有表示语气的其他衬词。

要领:要把谜面或谜底中所含的某些虚词(或含表示语气的其他衬词),变换成与原来虚实使用状态相反的语态来进行扣合,即要先通过“虚变实”或“实变虚”的别解之后再进行扣合。

十一、用典法

我国历代流传下来的典籍,其中有许多历史事件、故事和传说,脍炙人口,富有哲理而耐人寻味,将这些内容制成的谜,每条都包含着一个典故或故事,内涵很丰富,底面扣合特别有趣味。

定义:“用典法”是把各种典故(历史故事、小说情节等)融入谜面和谜底的扣合方式。

【例1】长坂坡张飞布疑阵(体育项目)马拉松跑

扣合思路:典据《三国演义》,建安十三年秋天,曹操起兵五十万,望襄阳而来。刘备放弃新野,带领军民十余万,向江夏逃去。命令张飞断后(掩护部队和老百姓撤退)。曹军紧逼,张飞急中生智,令随从在树林中将松树枝缚在马尾巴上,让士兵骑马奔跑,使尘土飞扬,自己却立马于长坂桥上,曹将文聘追到桥前，见张飞倒竖虎须，圆睁环眼，手持蛇矛，又见桥东树林后面尘土大起，怀疑有伏兵，便不敢近前。根据这个典故可知，谜面说的是张飞让马拉着松枝奔跑的故事，所以会意扣合谜底为“马拉松跑”（别解作“马拉着松枝跑”）。

【例2】阮囊羞涩（字一）政

扣合思路：谜面典故说的是晋代人阮孚带着一个囊兜游会稽，有人问他囊中装着何物，他回答说“只有一文钱看住囊，怕它感到羞愧”。后来“阮囊羞涩”用以表示手头拮据，袋中无钱。谜底“政”拆解为“止一文”，直接点出“袋子中只有一文钱”。止：只有。

特征：谜面通常出自历史典故、文学典故、成语故事、名著片段、戏剧传说、寓言神话等，谜面和谜底的关键字词必定包含人物、事件、地名和故事情节等要素。

要领：把典故或故事进行高度浓缩提炼，运用别解手法，将其中的人和事拢入谜底。若是字谜，尽可能用两三个字来包拢其大意，并且这两三个字还要能够组合成为一个字。

典故法和问答法结合起来，就成为典故问答谜，猜射时要根据典故事实，别解应答。

【例】豫让击衣多少次（食材）刺参

扣合思路：豫让击衣是一个很著名的故事，它不但载于《史记》刺客列传，还被改编成了很多文艺形式。豫让刺杀赵襄子失败，死之前请求赵襄子“可否以衣让臣刺之，以寓报仇之意”，赵襄子被豫让这种执着感动了，脱下自己的锦袍递给了豫让。豫让接衣在手，怒目而视，就像面对真人一样对锦袍连刺三剑！刺罢仰天长啸：“智伯，豫让虽无力为你报仇，今击襄子之衣，也算为你报仇了！”说罢自刎而死。谜底“参”shēn别读为“sān”。“参”古同“叁”，是三的大写。

十二、推理法

定义：“推理法”是根据谜面内容进行简单逻辑的推理，然后将推理结果转化为文字音、形、义变化的解析和字素的增损离合操作(或以会意方式推出谜底)的扣合方式。

【例】夜景(字一)京

扣合思路:由谜面“夜”字,可以推理太阳(“日”)已经落下,暗示“景”字要去掉“日”,由此扣出“京”字。

特征:谜面一般都是些人们日常熟悉的事物,如自然现象的变化关系、具有相互关系的常识性问题等;或是表述一些事态,用以引发人们推想可能发展的情况。

要领:要把推理得出的变化规律运用于灯谜扣合之中。一是将推理得出的变化规律,转化为增或损(多为减损)谜面某字的一些部件,从而扣出谜底。二是根据谜面表述的事态,推想可能发展的趋势会意扣出谜底。

【例】春雨连绵妻独宿(字一)一

这是一条著名的古谜,谜面顿读成“春/雨连绵/妻独宿”。从“春”字入手,由“雨连绵”推理必无太阳,因而要去掉“日”;由“妻独宿”推理丈夫不在家,因而还要去掉“夫”。这样,从“春”字中减掉“日”和“夫”,就剩下“一”字。

十三、运算法

在会意体谜中,有一种谜法引进了数学运算,故称之为“运算法”。

定义:“运算法”是根据谜面的算式或数量关系进行计算(或换算)求出结果,来领会谜面的含义,从而寻求谜底的一种成谜方法。

【例】七一(字一)积

扣合思路:“七一”本是纪念日的简称,谜中纯粹看作是两个数字。谜面上数字若不止一个,很可能要进行运算,在谜面没有指明何种运算时,通常是使用加法或乘法。经过试探,本条谜适合用加法运算,由于“七”加“一”的和是“八”,因而会意为“和八”,参差组合即为“积”字。此例中“八”是计算结果,“和”表示“加法”运算的特征。

特征:(1)谜面上有不止一个的数字符号;谜底包含着表示运算特征的字

素（或字、词），如“和、合、共、差、化、商……”等。(2)谜面具有数词或量词，谜底包含着与之相应换算关系的数词或量词。

要领：谜面中一般会有数字结合有关词语作出提示，运算的结果是扣合的基础（主体），而谜底中的组成部分却不一定都是谜面的直接解读；在此基础上附加合适的能够体现该种运算特征的字或词。正是用上了附加的特征成分，才能避免谜作直解，而从曲折中透出谜味来。

换算关系可以不必附加特征字或词。只包含部分运算的谜题，也可以不需附加表示运算的特征字词，因为谜题的非运算部分还有别解成分。

【例】三个星期（字一）昔

扣合思路：因为一个星期为七天，所以经过换算以后可计算出三个星期的天数。7日×3=21日（即“廿一日”）。“廿一日”用积木法拼成“昔”字。本例是换算关系的扣合，可以不必附加表示换算或运算特征的字或词。

有一类灯谜隐含了换算的方法，但均出现在谜面，要善于发现数量单位的换算对应关系。这类谜在字谜中经常出现。

【例】桃花百万满枝头（11笔字）淋

扣合思路：从谜面本意看，好像是描述桃花盛开的景色。但谜面中有数量“百万”，一百乘一万得“兆”，谜面里刚好有个“桃”字，把“兆”从“桃”里“花掉”，得“木”字；加上“满枝”的开头（氵木），重新组合就是谜底“淋”。

十四、补漏法

定义：“补漏法”是通过查找谜面故意缺漏的字，由谜底来指出所漏之字加以补充的扣合方式。又叫“漏补法”“漏字法”。

漏字的方式有两种：一是明漏，谜面漏字用空格表示。二是暗漏（隐性漏字），谜面没有空格，虽然漏了字有时也能成文句。

【例1】○木皆兵（字一）芜

扣合思路：“草木皆兵”是人们所熟知的成语，谜面的空格显然是故意漏去“草”字（明漏）。所以谜底要将“草”字加上提示漏字特点的字眼，来表达“漏去

'草'字"的意思。经过试探要选择"无"字作为附加字,谜底由"无草"组合成"芜"字。此题是明漏。

【例2】金银铜铁(江苏市名一)无锡

扣合思路:人们通常将"金银铜铁锡"五种金属合称为五金。因谜面漏掉了"锡"(暗漏),故谜底指出"无锡",别解为"(谜面上)没有'锡'字"。此题是暗漏。

特征:谜面通常是人们所熟悉共知的名词和固定词组,或罗列一些约定俗成的同类词,或借用有一定规律的词语及现成文句,其中总要故意漏掉个别字或词。

要领:从谜面中发现故意缺漏的字词,即抓住了解谜的关键字词,以此为基础,加上表示缺漏特征的字词就能准确扣合。常见的表示缺漏含义的字或词有:"少、欠、缺、漏、遗、失、无、差、没、节、光、不、没有、不见"等。

为了使谜面成文,有规律的词语漏字后的剩下的部分字序可能被打乱。

【例】学工农兵(穴位)少商

扣合思路:本来"工农兵学商"是一个完整的词组,谜作者故意把"商"字漏掉,构成"少商"的谜底。"商"字漏后并调整顺序,使谜面的意思完整,好像在说"学习工农兵"。

十五、题外暗扣法

定义:此法通常应用于即景谜中。即景谜属于应时即景、即兴之谜,因此也称为即兴谜。猜射这类谜除了根据谜面的含义外,还应附加一些有关的题外内容来暗中相扣。如猜射时的日期,地点、场合、对象,谜面引文的出处与作者,甚至该谜条的作者(如果谜条上注明的话)等内容都可能涉及。

【例1】(2020年制谜)新春新志向(2字电脑器件)鼠标

扣合思路:新春又称新年,2020年是鼠年,"志向"是"目标",故而扣出谜底"鼠标"。此谜是根据时间暗中相扣。

【例2】“众人皆醉唯我独醒”(打现代作家一/制谜者为朱××)朱自清

扣合思路:这是根据制谜者姓名暗扣的谜。“自清”与谜面题意扣合,“朱”暗扣制谜者本人,谜底别解为“唯有我朱某一个清醒”。

特征:谜面中不直接出现几月几号的数字或某个城市地名或人名等,而是以“今日、今年、去年、明年、此时、此地、我”等字样表示。

要领:扣合时要结合谜面文字隐含的特殊指定内容,在猜射时应根据具体情况,具体分析对待。通常根据时间、场合和对象等暗扣的谜,谜底会出现“日期、地名、姓名”等与事实相关的文字。

十六、即物赠谜

定义:即物赠谜是专门猜射物品名称的,它的特点是谜目不标明哪些物品,由猜者自己从谜面中悟出,而且猜中什么谜底,就赠给猜中者什么物品。

【例】几人同时打哑语(即物赠)一块手表

扣合思路:打哑语就是用手势表达(“手表”),几个人同时就是“一块”。因此谜底是“一块手表”。猜中者将获赠一块手表。

特征:谜目里直接标注“即物赠”谜,谜底通常为某一物品,现在已扩充到人体动作,但仍用“即物赠”来泛指。

要领:因为要赠送物品,这类谜通常谜底会带有数量词,且赠送的物品体积不会非常大,通常是主持人随身携带的。因此扣合时尽量要往合理的物品及数量上思考,能较快探得谜底。即使赠送的是动作时,也要考虑会带数量。

【例】独自窝囊搂成团(4字即物赠)一个熊抱

扣合思路:“独自”扣“一个”,“窝囊”扣“熊”,“搂”扣“抱”。得出谜底“一个熊抱”。

这种谜新颖别致,当场兑现奖品,趣味很浓,特别适合灯谜抢猜比赛中使用,调节紧张气氛。

第四节 借代法

借代，是一种修辞手法，顾名思义便是借一物来代替另一物出现。借代一般是类似于以小见大，用小事物来反映大的局面或情况，使句子形象具体。通俗地说，借代是一种说话或写文章时不直接说出所要表达的人或事物，而是借用与它密切相关的人或事物来代替的修辞方法。被替代的叫“本体”，替代的叫“借体”。例如叶圣陶《多收了三五斗》中一句“先生，给现钱，袁世凯，不行么?”，句中用借体“袁世凯”代替本体“印有袁世凯头像的银元”，二者之间有明显相关性，是借代。

灯谜中的“借代法”是会意法的特殊形式，与修辞中的“借代”运用是不同的。借代修辞中的“本体”是不出现的，用“借体”来代替。而在灯谜“借代法”扣合关系中，“本体”和“借体”要出现在同一条谜中，“本体”在谜面，“借体”在谜底，以成呼应。

定义：“借代法”，又称“假借法”或“替代法”。“借代法”是以借用人和事物的多种名称、相关事物之间的对应关系、或与之相关、互为包容的名称来相互替代的一种扣合方式。

灯谜“借代法”具体运用中，有时也借用事物的泛指名称来替代特指名称。要特别注意：等同的概念可以互相借代；而有大小之分的概念，必须小概念在谜面，大概念在谜底，不能倒吊。一般情况是谜面只体现部分，谜底引出全体；谜面点明特殊，谜底延伸到一般；谜底含义的范围更大，要能够包容谜面。

在会意类灯谜中，“借代会意”所占的比例很大。这类谜常在谜面中巧妙隐藏事物名称，收到“言在此而意在彼”的艺术效果。“借代法”运用很广，主要有两大类：一是人和事物本身的多种名称互相替代；二是约定俗成的相关事物之间的对应关系相互替代。常见的有人名借代、地名借代、物名借代、生肖与地支借代、符号与名称借代、五行与方位对应借代等多种形式。

一、人名借代

人名借代是灯谜别解法门中比较常见的一种手法，又称“姓同法”。实际运用中扣合的范围除了姓和名之外，还有其他称号如字、号、谥号、官名、诨名、籍贯及专有自称等。主要有：以姓氏代人名或字，名与字互代，外号（别称）与名字互代，小名与大名互代，还有以官衔、职务代人名等方式。如：宋时文人秦观，字“少游”，“少游”可用其姓氏“秦”替代，也可用其名“观”替代。

【例1】弃疾延年须有道（字一）辩

扣合思路：“弃疾”即南宋著名爱国词人辛弃疾，以姓氏“辛”来替代；“延年”即东汉诗人辛延年，也以姓氏“辛”来替代；“道”别解为“说”，会意扣“言”（讠）；这三个部件合成为一个字。

【例2】浪子回头（电影片名一）燕归来

扣合思路：谜面是一句成语。《水浒传》中梁山泊好汉燕青的诨号是“浪子”，所以借“浪子”代“燕”。“回头”会意扣“归来”。

特征：谜面含有人名或某个具体人的各种名号，谜底则含有同一人物的其他名号或姓氏。

要领：同一个人的名字与他的各种名号可以互相借代，不论在谜面还是在谜底都可以任意互扣。而名字（或名号）与姓氏借代相扣时，只能名字（或名号）在谜面，姓氏在谜底，不能颠倒。

常见名人雅称见附录二。

二、地名借代

灯谜中的地名借代主要有：全称与简称、古地名与现地名、别称与本名的互代；国名简称代首都、省名简称代省会等方式。

如：四川简称“川”，古称“蜀”，全称、简称与古称可以互相替代。

【例1】蜀语(字一)训

扣合思路:"蜀"是四川省的简称之一,以另一简称"川"来借代。"语"会意扣"言"。"川"与"言"二字可以合成为一个字。

【例2】根在上海(摩托车品牌一)宗申

扣合思路:上海简称"申",谜底别解为"祖宗出生在上海"与谜面吻合,以"申"替代"上海";这就是地名借代。

特征:谜面含有地名或某个具体地名的各种别称,谜底则含有同一地名的其他别称或简称。

要领:地名与这个地名的各种别称可以互相借代,不论在谜面还是在谜底都可以任意互扣。地名(或地名别称)与简称借代相扣时,一般来说地名(或地名别称)在谜面,简称在谜底。而首都与国名借代相扣时,只能首都在谜面,国名在谜底。

三、生肖与地支借代

天干地支,简称为干支,源自中国远古时代对天象的观测。远古的天皇时代,已有干支历法及岁时的雏形。"干支"古称"岁"。据《盘古王表》与《三命通会》等记载:"天皇始制干支之名以定岁之所在"。十干曰:阏逢、旃蒙、柔兆、强圉、著雍、屠维、上章、重光、玄黓、昭阳。十二支曰:困顿、赤奋若、摄提格、单阏、执徐、大荒落、敦牂、协洽、涒滩、作噩、阉茂、大渊献。

简化后的天干地支是两组传统用作表示次序的符号,这两组符号经常搭配使用。

天干——甲、乙、丙、丁、戊、己、庚、辛、壬、癸

地支——子、丑、寅、卯、辰、巳、午、未、申、酉、戌、亥

十天干和十二地支依次相配,组成六十个基本单位,两者按固定的顺序相互配合,组成了干支纪元法。天干地支的发明影响深远,至今依旧在使用天干地支,用于历法、术数、计算、命名等各方面。

灯谜中常用传统的十二生肖与同它相对应的十二地支互相借代,见下表。

相对应的生肖与地支，无论哪个在谜面、哪个在谜底都可以互相替代。如：生肖“鼠”用它所对应的地支“子”替代，生肖“牛”用“丑”替代等。

古代将一昼夜分为十二时辰，每一时辰相当于现代的两个小时。

十二时辰还有一种天色纪时法，更具本源意义，分别命名为夜半、鸡鸣、平旦、日出、食时、隅中、日中、日昳、晡时、日入、黄昏、人定。十二时辰制，西周时就已使用，是古代汉族劳动人民根据一日间太阳出没的自然规律、天色的变化以及自己日常的生产活动、生活习惯而归纳总结、独创于世的。

在灯谜中，时辰（及更）可用地支借代。如：谜面中的“夜半”或“三更”，谜底中用“子”替代。

表1　地支、时辰对应表

地支	子	丑	寅	卯	辰	巳	午	未	申	酉	戌	亥
生肖	鼠	牛	虎	兔	龙	蛇	马	羊	猴	鸡	狗	猪
十二时辰	夜半	鸡鸣	平旦	日出	食时	隅中	日中	日昳	晡时	日入	黄昏	人定
时间	23:00—1:00	1:00—3:00	3:00—5:00	5:00—7:00	7:00—9:00	9:00—11:00	11:00—13:00	13:00—15:00	15:00—17:00	17:00—19:00	19:00—21:00	21:00—23:00
更时	三更	四更	五更								一更	二更

【例1】庚午年怀孕（东南亚海峡一）马六甲

扣合思路：借农历“庚午年”代对应的生肖“马”年。古代把女子怀孕称作身怀六甲，所以“怀孕”可会意扣“六甲”。

【例2】马歇尔（生活行为）午休

扣合思路：谜面马歇尔是二战时美国将军，此处谜面别解为“马歇息”，以地支“午”来扣对应的生肖“马”，“休”与“歇”同义字替代，得出谜底“马歇尔”。

特征：谜面含有十二生肖名词（指相关动物名）或地支名称，谜底则含有与谜面相对应的地支名称或生肖名词（相关动物名）。

要领：解谜先从生肖与地支对应关系互相借代入手，再按其他各种谜法的要领进行扣合就会更加明晰。

除生肖与地支名互相借代外，十二时辰或更时也可用地支名称或生肖借代。

【例1】半夜忘敲梆(词牌)更漏子

扣合思路:以地支“子”来借代对应的时辰“半夜”。敲梆子就是打更,所以谜底“更漏子”可会意别解为“子时遗漏了打更”来扣合谜面。

【例2】三更时分(2字化学名词)离子

扣合思路:借“三更”代对应的地支“子”。“分”和“离”是同义字,所以谜底“离子”可会意别解为“子时分离”来扣合谜面。

四、符号与名称借代

现实中,人们为了节省时间方便书写,习惯上经常要使用一些简单的符号来表示特定的意思。

常用符号:对(V√)、错(×);是(+)、非(—);

数学符号:加减乘除(+—×÷);正(+)、负(—);

其他符号:阴(—)、阳(+)等。

在灯谜中,各种符号与它所对应的名称可以互相借代。

【例1】乘除少一点(字一)文

扣合思路:数学中乘的符号是“×”,除的符号是“÷”。运算名称用符号借代,“×”与“÷”合起来再减少一个“点”(丶),就成为“文”字。

【例2】阴阳之法(建筑名词)土方

扣合思路:阴阳符号(+)、(—)合起来可为“土、士或干”,根据谜目为建筑名词,可以扣出谜底“土方”。“方”就是方法、办法。

特征:谜面含有各种常见的符号或符号名称,谜底则含有与谜面相对应的符号名称或各种符号。

要领:各种常见的符号与对应的符号名称可以互相借代,不论在谜面还是在谜底都可以任意互扣。

五、年龄与雅称借代

年龄称谓是古代指代年龄的称呼，古人的年龄有时候不用数字表示，而是用其他称谓来表示。年龄称谓大多是记载在书籍之中，然后被沿用至今。例如。垂髫是三四岁至八九岁的儿童（髫，古代儿童头上下垂的短发）。总角是八九岁至十三四岁的少年（古代儿童将头发分作左右两半，在头顶各扎成一个结，形如两个羊角，故称“总角”）。豆蔻是十三四岁女子（出自唐·杜牧《赠别》诗：“娉娉袅袅十三余，豆蔻梢头二月初。”故特指女孩子十三四岁）。及笄指女子十五岁，语出《礼记·内则》“女子……十有五年而笄”。“笄”，谓结发而用笄贯之，表示已到出嫁的年岁。束发是男子十五岁（到了十五岁，男子要把原先的总角解散，扎成一束）。弱冠是男子二十岁（语出《礼记·曲礼上》“二十曰弱冠”。古代男子二十岁行冠礼，表示已经成年。因为还没达到壮年，故称“弱冠”）。而立是男子三十岁（语出《论语·为政》“三十而立”。立，“立身、立志”之意）。不惑是男子四十岁（语出《论语·为政》“四十而不惑”。不惑，“不迷惑、不糊涂”之意）。知命是男子五十岁（语出《论语·为政》“五十而知天命”）。花甲是六十岁，以天干地支名号错综参互而得名。古稀是七十岁，语出杜甫《曲江》诗：“酒债寻常行处有，人生七十古来稀。耄耋指八、九十岁。鲐背之年指九十岁，出自《诗经·大雅·行苇》：“黄耇台背，以引以翼”（台通鲐）。由于老年人背部的褶皱如同鲐鱼的斑纹，因而引申为“高寿老人”之意。

古代还有其他常用的年龄雅称。

六十六岁：顺寿；七十七岁：喜寿；八十八岁：米寿；九十九岁：白寿；一百零八岁：茶寿……

《礼记·工制》：“五十杖于家，六十杖于乡，七十杖于国，八十杖于朝。”所以：“杖家”指五十岁，“杖乡”指六十岁，“杖国”指七十岁，“杖朝”指八十岁。

《礼记·曲记篇》：“人生十年曰幼，学；二十曰弱，冠；三十曰壮，有室；四十曰强，而仕；五十曰艾，服官政；六十曰耆，指使；七十曰老，而传；八十九十曰耄……百年曰期颐。”意思是人生以百年为期，所以称百岁为“期颐之年”。

当然,古代年龄称谓并不止这些,还有许多散见于各类古书中,因较少使用而未被流传下来。上面所述这些因使用频率高,生命力强而被后人沿用了下来。有些还已经进入了我们的日常交际之中,如:“三十而立”。在灯谜中,年龄与雅称可以互相借代。

【例1】白居易年已五十(成语一)乐天知命

扣合思路:孔子说他自己“五十而知天命”,因而五十岁又称“知命”之年。此例借“年已五十”以别称“知命”代;唐诗人白居易字“乐天”。“乐天知命”本义是“安于自己的处境,由命运安排”,谜中别解成“白乐天已到知命之年”而与谜面相扣。

【例2】而立夫妻驾出租(印刷名词)三十二开

扣合思路:此例借“而立”以年龄“三十”代。夫妻是二人,谜底“三十二开”别解成“三十岁的二人开出租”而与谜面相扣。

特征:谜面含有年龄数字或年龄的雅称,谜底含有与谜面相对应的雅称或数字。

要领:各种常见的年龄雅称与对应年龄可以互相借代,不论在谜面还是在谜底都可以任意互扣。此外,数字二十可以扣“廿”或“艹”。

【例】次子年属弱冠(7笔字)芫

扣合思路:弱冠为二十岁,扣“艹”字头,次子为“二儿”,组合得到谜底“芫”。

六、时间借代

月份、日期、节日名称与其别称等相互借代。

此法是用同一时间的古今不同叫法,或约定俗成的节日时间进行假借的方法。如古代十二为纪,三十曰世,五十曰艾,百年为期。农历初一为“朔”,十五为“望”,公历“六一”是儿童节,“十一”是国庆节,等等。我国古代将正月初一到初七分别称为鸡日、狗日、猪日、羊日、牛日、马日、人日。

表2　月份与别称对应借代关系表

月份	正月	二月	三月	四月	五月	六月	七月	八月	九月	十月	十一月	十二月
季节	孟春	仲春	季春	孟夏	仲夏	季夏	孟秋	仲秋	季秋	孟冬	仲冬	季冬
别称	端	花	桐	梅	蒲	暑	瓜	桂	菊	阳	葭	腊
别称	陬	如	炳	余	皋	且	相	壮	玄	阳	辜	涂

上表列出的是灯谜中常用的月份借代名称。事实上每一个月份的别称均有多个，例如一月称正月、端月、初月、嘉月、新月、开岁、陬月等，参见附录四。

传统节日别称参见附录五。

【例1】仲春(字一)娟

扣合思路：农历“二月”又称“花月”“如月”，唯“如”与“月”可组合成字。此谜为月份借代。

【例2】月怕十五(成语)望而生畏

扣合思路：俗语有“年怕中秋，月怕十五”，每月十五为“望”，“怕”是“畏惧”之意。此谜为日期借代。

【例3】国庆荡舟(汉字冠笔画数)十一划船

扣合思路：国庆是10月1日，扣“十一”，“荡舟”是划船，谜底“十一划船”本应读作“十一划/船”，即“船字笔画数为十一”，现顿读为“十一/划船”，别解为“十一国庆节划船荡舟”来扣合谜面。此谜为节日借代。

特征：谜面含有月份、日期、节日名称或别称。

要领：月份、日期、节日名称与其别称等相互借代，不论在谜面还是在谜底都可以任意互扣。

七、物名借代

大凡动物、植物或用物一般有几个别名、代名或简称，有的是因为时间、地域不同，同一物品的称呼也不一致。如“龙眼”有的地方称为“桂圆”，古人将“月亮”称为明镜、玉兔，还有玉盘、蟾宫、婵娟、嫦娥、玉轮等别名；谜面中的“君子”，有时可指代竹，有时可指代兰(君子兰)，有时又可指代荷花，因为《爱莲说》中说“莲，花之君子者也”。荷花又有几个别名：菡萏、芙蓉、莲花、芙蕖；“相思”有时可借代为“豆”，有时又可借代为“鸟”或“树”，或作为病名“相思病”；“桃花”借代“马”，“梅花”借代“鹿”。太阳别称金乌、赤鸦、火轮；毛笔别名：玉管、霜毫、毫锥、管城子、中书君等；钱别名青蚨、孔方兄、阿堵物等。猜谜时可以互为借代相扣运用。

灯谜中以具体物名来扣合这一类事物的统称还有很多。常见的有：

君子——兰、竹、莲；相思——豆、鸟、树、木；谜——虎；虎——风；云——龙；美人——鱼；富贵——牡丹；春山——眉；秋水——眼；和平——鸽；贝、孔方——钱；鱼——书；雁——信；含羞——草、车前——草、千里——马；干将、莫邪——剑；嫦娥、玉兔——月；英雄——花、树；等等。

【例1】玉兔与金乌（时间用词一）一月一日

扣合思路：传说，月宫里有玉兔捣药，太阳里有三足乌，因而月亮别称“玉兔”，太阳别称“金乌”。此谜系物名与别称借代相扣。

【例2】这相思海枯石烂（3字食品）豆腐干

扣合思路：“相思”借代为“豆”，红豆也叫相思豆，唐诗有：“红豆生南国”，“此物最相思”的诗句。“烂”扣腐烂的“腐”；“枯”会意为“干”枯。构成谜底“豆腐干”。

特征：谜面和谜底有对应的事物别名。

要领：动物、植物、自然现象、事件等事物名与其别名、代名或异称可以互相借代。

八、朝代、年号与帝王的姓氏借代

利用朝代、帝王姓名、年号等互相借代，使谜面与谜底相扣合。

【例1】唐代瑰宝（古代医学家名一）李时珍

扣合思路：唐朝帝王姓李，朝代“唐”以帝王姓氏“李”来借代。谜底“李时珍”别解为“李唐时期的珍宝”。此谜为朝代与帝王姓氏的借代。

【例2】光武中兴（2字歌星）刘欢

扣合思路：光武是刘秀的谥号，以帝王姓氏“刘”来借代。谜面“兴 xīng”别读为“xìng”，取“高兴、欢快”的意思。此谜为谥号与帝王姓氏的借代。

特征：谜面中出现朝代、年号、皇帝姓名、谥号等字样。

要领：以皇帝姓氏代朝代名，以年号代朝代名，或以年号代皇帝姓氏，如：刘/汉，李/唐，赵/宋，朱/明，贞观/唐，开元/李等。历史年号与朝代借代扣合，朝代宜在谜底。朝代与帝王的姓氏借代扣合，帝王姓氏宜在谜底。

九、通假借代

通假字，是泛指中国古书的用字现象之一，“通假”就是“通用、借代”的意思，即用读音相同或者相近的字代替本字。通假字所代替的那个字称作“本字”。

例如《曾子杀彘》中一句：“女还，顾反为女杀彘。”句中“女”就代表“汝”。通假字本质上属于错字或别字，但这属于正常的文言现象。灯谜通假借代是利用古代汉语中本字与通假字借代关系而扣合的方式。常见的通假字有：华通花，说通悦，亡通无，精通净，莫通暮，蚤通早，册通策，奉通捧，孰通熟，贾通价，羊通祥，载通再，属通嘱，女通汝，威通畏，芳通放，成通诚，火通伙，政通正，秋通愁，然通燃，台通怡，张通胀，申通呻，得通德，象通像，反通返，通通同，知通智，陈通阵，竟通境等。

通假字灯谜的谜底由字和它在古汉语里可以通用的字组成，中间以“通”“同”“通假”等词连接。

【例1】归心似箭（数学名词一）反切

扣合思路：古汉语中“反”通“返”。此例以“反”借代“返”，谜底别解为“返回的心情很迫切”来扣合谜面。此谜通假字在谜底。

【例2】秋分（成语）不欢而散

扣合思路：谜面是一个节气名，但要解此谜得把“秋”通假成“愁”来解释。愁意思“不欢”，“分”同义“散”，这样此谜成立，谜底扣合谜面。此谜通假字在谜面。

【例3】不死之事岂有真（通假字）无亡通假

扣合思路："无"和"亡"是通假字，但此处将谜底中"通假"别解为"通通是假的"，谜底解释为"没有死亡全是假的"以扣合谜面。

关于通假借代补充一点，灯谜规则中有一条，底面不能相犯。有一种情况叫通假相犯，这也是不允许的。灯谜制作中，谜面、谜底用一对通假字对扣、释义的，有如"底面相犯"，也是一种谜病，称为"通假相犯"。比如，开花结果（猜作家名）华而实。面和底虽然没有完全相同的字，但花和华通假，意思相同，这也属于犯面。

通假字还需注意一点，从借代关系上看，通假字与被通假字有单借和互借之别。所谓单借，是指甲能借乙，乙却不能借甲。比如：屈伸的"伸"能借用诚信的"信"来替代，而诚信的"信"却不能借用"伸"字来替代。有些字互为通假，所谓互借，是指甲字和乙字可以互相替代，即甲为本字时乙为借字，乙为本字时则为借字。例如"尚"与"上"互为通假。古书用字的通假现象以单借为多，互借较少。猜制谜时不能把通假字中的本字反过来借代其通假字，如"千里之行览神州"猜成语"走马观花"，谜底中的"花"必须是借代成"华"才能扣谜面，神州会意为中华，但"花"是本字，"华"是通假字，如此借代就是本末颠倒，即是灯谜中通假倒吊，是错误的。

十、五行与方位、四季的借代

五行学说的实质，认为世界是由木、土、火、金、水五种最基本的物质构成的，自然界各种事物和现象（包括人在内）的发展、变化，都是这五种不同的物质不断运动、相互作用的结果。

（一）五行与方位的对应关系

道家讲阴阳之说，混沌生阴阳，阳清为天，阴浊为地。阴阳之内有五行，分别为木金火水土；天地之内有五方位，分别为东南西北中，五行与五方位一一相对，形成对照表。五行是阴阳的"内容"，阴阳是五行的"形式"。阳代表天、阴代表地,同样作为天地“内容”代表天地的五方位自然也与代表阴阳的五行密不可分,甚至相互之间存在着自然关联。

五行与五方有密切的对应关系;“木”具有生发、条达的特性,属东方;“火”具有炎热、向上的特性,属南方;“土”具有长养、化育的特性,属中央;“金”具有清净、收杀的特性,属西方;“水”具有寒冷、向下的特性,属北方。

十天干与五行五方是一一对应的:甲乙五行属木,对应东方;丙丁五行属火,对应南方;戊己五行属土,对应中央;庚辛五行属金,对应西方;壬癸五行属水,对应北方。

(二)五行与五脏的对应关系

在中医里,用五行描述人体五脏系统的功能和关系,五行学说是根据金、木、水、火、土相生相克,互相制约的关系来指导中医辨证施治。是我国古代朴素的唯物辩证理论。

五脏:木性为肝脏;火性为心脏;土性为脾脏;金性为肺脏;水性为肾脏。五脏之间相生相克。例如肝生心就是木生火,如肝藏血以济心。

(三)五行与季节的对应关系

五行原来的意义是天地阴阳之气的运行,即五个季节的变化。《吕氏春秋》把五行直称为“五气”,意义更为明显,五行即一年中的五个节气,或五个季节。

古人用十月历法将一年平均分成五季,每季时间相等。按一年360天计,则每季有72日,其中也将长夏单独分为一个季节,一年五季配五行。在五行学说中,木、火、土、金、水五行对应春、夏、长夏、秋、冬五季,同时也对应生、长、化、收、藏五化。

(四)五行与颜色的对应关系

依照《黄帝内经》五行与五色的搭配关系是:东方木,在色为苍;南方火,在色为赤;中央土,在色为黄;西方金,在色为白,北方水,在色黑。

以上借代在灯谜中均可使用,见下表。

表 3　五行对应表

五行	金	木	水	火	土
五方	西	东	北	南	中
五季	秋	春	冬	夏	长夏
五色	白	青	黑	赤(红)	黄
五脏	肺	肝	肾	心	脾
五音	商	角	羽	徵	宫
天干	庚辛	甲乙	壬癸	丙丁	戊己
四象	白虎	青龙	玄武	朱雀	黄龙

【例】中秋赋(字一)诸

扣合思路:中为土,秋为白色,合起来为者,赋是"诵读;吟咏"之意,扣言字旁,则为谜底"诸"。

特征:谜面中含有五行、五色、五方、五季等元素的名称,谜底则必然含有与谜面相对应的某一种元素的名称。

要领:有五行、五色、五方、五季等,其中对应关系的元素可以互相借代,不论在谜面还是在谜底都可以任意互扣。

十一、八卦与自然的借代

《易传·系辞上传》:"易有太极,是生两仪,两仪生四象,四象生八卦。"八卦是中国古代人民的基本哲学概念,是古代的阴阳学说。所谓八卦就是八个卦相,八卦是由太昊伏羲氏画出的。八卦其实是最早的文字,是文字符号。它是中国文化中与阴阳、五行一体用来推演世界空间、时间各类事物关系的工具。

八卦选择了世界上存在的八种物,即实象,这也是古人观察自然界得出的结果,分别用天、地、水、火、山、泽、风、雷八种自然现象,并为其各取了新名:天为乾,地为坤,水为坎,火为离,山为艮,泽为兑,风为巽,雷为震。

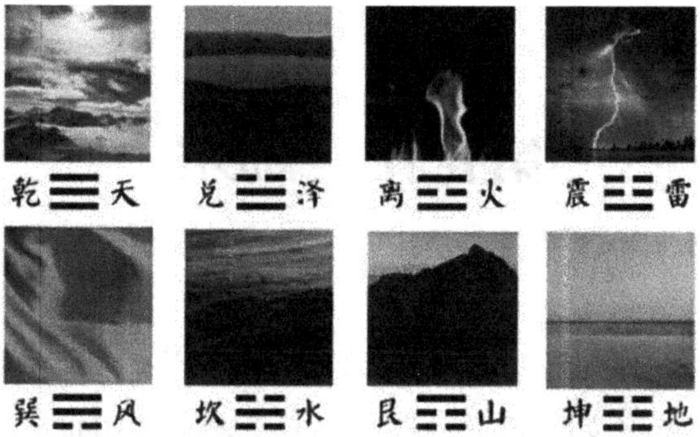

图4 八卦象征

灯谜中用这八个字和八种自然事物互扣。

【例1】天道兴旺(历史人物一)乾隆

扣合思路:天为“乾”,“隆”是兴盛的意思,故扣合。此为卦名扣自然现象。

【例2】“腹内孕乾坤”(电视栏目)体育天地

扣合思路:天为“乾”,地为“坤”,“体育”别解为“体内孕育”,故扣合。此为自然现象扣卦名。

十二、其他特殊借代

除此之外尚有许多已约定俗成的扣法,如以“春”扣“酒”“曲”(古诗有“玉壶买春”);“山南”“水北”为“阳”,“山北”“水南”为阴。以“东”扣“主”,以“西”扣“宾、客”。迎宾揖客后主人上东阶(也叫阼,阼阶),宾客上西阶(也叫宾阶)。于是后来宾客乃尊称为“西宾、西席”,主人则称“东人、东主、东家、东翁”。看古书或今人用文言雅称时,把新老朋友叫作“今雨”(或“新雨”)、“旧雨”,它们来自杜甫的诗文序言。

【例】客场发火主场败(4字工程)西气东输

扣合思路:东借代主场,西借代客场;此谜运用了特殊借代方法。

总之,借代多种多样,相当一部分来自古汉语文学诗词或典故。上边列举的这些都是常用的借代,更多的借代参见附录六。

第五节　象形法

象形文字(Hieroglyphic)是由图画文字演化而来的,是一种最古老的字体。与表音文字不同,象形文字属于表意文字。学习和使用难度较表音文字大,但信息密集度高于单纯的表音文字。埃及的象形文字、赫梯象形文、苏美尔文、古印度文以及中国的甲骨文,都是独立地从原始社会最简单的图画和花纹产生出来的。

值得一说的是,中国最初的文字就属于象形文字,汉字虽然还保留象形文字的特征,但经过数千年的演变,已跟原来的形象相去甚远,所以不属于象形文字,而属于表意体系的语素文字。

因此灯谜中所使用的象形法,并不是纯粹使用象形文字。此法是通过谜面把谜底字的整体或其中的一部分结构元素,以形象思维巧妙地联想,将其比拟作某种形象化的东西,从而达到以形状物,合理借代,底面相扣的目的。

一、定义和特征

定义:"象形法"是将文字或字的某个部件(偏旁、部首、笔画)的形状想象成某个物体的形状,通过象形描绘来扣合的方式。

【例】平地盖起楼三层(字一)且

扣合思路:"平地"象形为底下"横"的笔画(一);三层"楼"房的形象相似"月"的字形;"且"字的整体结构就像是一座在平地上盖起的三层楼房。

特征:把谜底文字的整体或其中的一部分巧妙地比作某种形象化的东西,即把文字或字素看成是某种实物形象的简笔画。象形法有全部象形的,也有部分象形的。

一般是用常见的实物的形态来比拟文字或偏旁、部首、笔画的形态。如

“干”字像“蜻蜓”，“且”字像三层“楼房”，笔画“丶”像“水珠”“子弹”或“星星”等。

要领：纯象形法制成的谜，仅是拟物形象描述，没有文义扣合成分，不需考虑谜底的文字意义，而要发挥丰富的想象力，用形象思维来联想扣合出形象化的谜底。

二、常用笔画与字素的象形

（一）“一”的象形

“一”的笔画形象犹如：房梁、桥梁、钢丝、板凳、棍棒、道路、日光灯、地平线等。

【例】二人走钢丝（字一）丛

扣合思路：谜底“丛”字底下的“一”，象形钢丝。此例只是部分象形。

（二）“丨”的象形

“丨”的笔画形象犹如：针、笔、箭、树干、桅杆、电杆、直尺、道路、墙面等。

【例】一树两个杈（字一）丫

扣合思路：“丨”象形树干，“丷”象形树上的两个枝杈。

（三）“丿”的象形

“丿”的笔画形象犹如：刀、剑、篙、桨、针、鞭子、柳丝、雨丝、月牙儿、眉月、斜月、新月等。

【例】风里来，雨里去，一篙相伴（字一）希

扣合思路：“风”字的里头是“×”，“雨”字的里头去掉余下“帀”，一根“篙”象形“丿”，“×、帀、丿”合成“希”字。

（四）“丶”（含“·”）的象形

“丶”（含“·”）的笔画形象犹如：星星、雨点、水滴、泪珠、浪花、斑点、球、小

鸟、药丸、粟粒、豆粒、子弹等。

【例】三人踢球，一人倒钩（字一）似

扣合思路："丶"象形"球"；"レ"象形"人"字倒过来的样子。

（五）"乚"（含"亅"）的象形

"乚"（含"亅"）的笔画形象犹如：弯月、小船、倒卷的尾巴、曲线、钩子、弯路、钓钩等。

【例】倒钩射门，连进三球（7笔字）闷

扣合思路：倒钩象形"乚"，三球象形三个点，与门字组合为闷。

（六）"口"的象形

"口"字可象形方、格、框、洞、眼儿、嘴、包围圈等。

【例】四面围墙门不闭（6笔字）团

扣合思路："囗"象形四面围墙，"门不闭"，用减字法得"才"。合成"团"字。

（七）"冖"的象形

"冖"的笔画象形桥梁、帽子。

【例】几处小桥流水（7笔字）沉

扣合思路："冖"象形"小桥"，流水用"氵"替代，几字为本字，合成"沉"字。

（八）"冂"的象形

"冂"的笔画象形墙、帽、网、球门、高桥等。

【例】高桥流水聚一方（9笔字）洞

扣合思路："冂"象形高桥，"口"象形方，流水用"氵"替代，合成"洞"字。

（九）"厶"的象形

"厶"的笔画象形鼻子、远山等。

【例】鼻子下面胡须翘（少笔字）允

扣合思路："厶"象形鼻子，"儿"象形翘起的胡子，合成"允"字。

（十）"辶"的象形

"辶"的笔画象形舟、船等。

【例】前乘龙船去迎春（9笔字）柳

扣合思路：龙船用"辶"象形，"去"做减号用，"春"字用五行借代为"木"，前"乘"为丿，迎－辶+木+丿=柳。

象形法灯谜通常是以谜面对谜底文字的形象进行描述的，也有用谜底对谜面文字的形象进行描述的偶例。猜纯象形法制成的谜，可以不考虑被视为象形的那个文字的意义，关键要带着形象思维的观念来透视谜面，并进而想象出谜底文字的拟物形象。实际灯谜作品中纯象形（全部象形）的不多，局部象形的占大多数，因而象形法常与其他谜法配合使用。

三、常用数字与字母的象形

（一）常见字母象形

A：塔；b、d：半把剪刀；B：弓；c：象形残月；D：弓、半圆（如半个月亮）；H：单杠；h：靠背椅子；I：棍棒、直道等；i：棒球；J：钓钩；M：山谷、连山；m：双门洞；n：单门洞；O：圆形景物，如球、圆月、洞等；P：象形旗帜；Q：象形断线的气球、带藤的瓜、彩云追月；S：象形蚕、龙、蛇、弯路；T：象形锤子；t：钓钩；V：山谷、曲线、胜利、倒立的人；W：曲线、波浪等；X：双桨、错、未知数、爱克司、乘；Y：幼苗、杯子、竹叶、三岔口；Z：象形鹅、鸭等。

（二）常见数字象形

1：小棒；2：小鸭；3：耳朵；4：小旗；5：秤钩；6：勺子；7：镰刀、锄头；8：葫芦；9：勺子；0：同"O"的扣合方法。

【例】高塔之旁双旗扬（3字手机软件）App

扣合思路：以字母A象形"塔"，以字母P象形"旗"而扣合。

【例】一对蛋鸭产鸭蛋（公元日期）20200202

扣合思路：以数字2象形“鸭子”，以数字0象形“蛋”而扣合。

（三）常用文字的象形

除简单的笔画外，有些独体字也有象形约定的成熟扣法。例如：

四围山色扣“田”，漫画梅枝扣“女”，淡描菊蕊扣“品”，翩翩蝴蝶扣“亦”；

款款蜻蜓扣“干”，孤帆远影扣“虫”，雁阵成行扣“人”，雁阵成行扣“一”；

桥通两岸扣“工”，为郎颠倒扣“食”，挺枝荷叶扣“甲”，远山叠叠扣“幺”。

【例】残月映水蝴蝶舞（12笔字）湾

扣合思路：“弓”“习”可扣“残月”（这是灯谜约定俗称的扣法，即“月”字残缺不全成为“弓”字或“习”字），“亦”象形“蝴蝶”而扣合。

象形字素或字非常多，不再一一枚举，更多象形字素参见附录七。

四、综合字形法

“字形扣合法”灯谜，绝大多数都是综合运用“增损离合”等形扣手法制成，因而猜射时，要并驾齐驱地运用前述法门，方能降龙伏虎。

【例1】草长曲径掩人迹（6笔字）芨

扣合思路：“曲径”象形，草扣艹字头，“人”字用本字，交叉组合成“芨”字。此谜用了象形法和加字法。

【例2】情急无心垂钓钩（字）静

扣合思路：“钓钩”象形，“无”做减号，情－心（忄）=青，急－心=刍。青+刍+亅=静，此谜用了象形法和加减字法。

【例3】求出正方形，除非加直线（字）匪

扣合思路：“正方形”象形，“直线”象形，假设谜底字除去非，加条直线，就是正方形。列式子：谜底－非+｜=口，解得谜底为“匪”。此谜用了象形法和假设法。

【例4】湖畔鹤游，堤后花残（日用品）汤匙

扣合思路：“花残”象形“匕”，“鹤”象形“㔾”，“湖”畔为“氵”，“后”表示方

位，“堤”后为“是”。重组为两个字“汤匙”。此谜用了象形法和方位法。

【例5】三桥重叠映清辉（9笔字）骨

扣合思路：“清辉”借代“月”，如杜甫《月圆》诗：“故园松桂发，万里共清辉。”三个“桥”象形，合成“骨”字。此谜用了象形法和借代法。

上述谜例，都是将谜面中的某字（词）象形为笔画或文字，还有一种象字法，即指联想字形相似的字来扣合的方法，需要附加：像、如、似、若、仿佛、宛如等衬字。

【例6】冈（4字薛之谦歌曲）像风一样

扣合思路：“冈”和“风”是形近字，谜底别解为：像“风”字一样。

这种象字法，源于古代的亥豕格。

第六节　拟声法

拟声法谜体属于字音扣合类，汉字的字音丰富多彩，谐音、象声、古代的反切、现代的拼音，这些语音类的使用方法也被应用到灯谜之中，形成字音扣合的一个类型。这类谜材越来越多，而且增加了部分英语发音，别有趣味。

字音扣合类是以模拟声音、象声词或字词拼读声、韵和音调的特点作为扣合手法的类型。常用的有三种扣法：谐音法、象声法、声韵法。也有人将别读会意法列入字音扣合类，称为“异读法”。

一、谐音法

定义：“谐音法”是利用谜面与谜底字词之间读音相同（或相近）的关系来扣合的方式。

“谐音”指的是字词的音相同或相近。

【例】枝杈（成语一）一念之差

扣合思路：谜面“枝杈”(zhīchà)与谜底中的“之差”二字的读音和声调完全相同，谜底别解为“(枝杈)一念出来就是‘之差’的音”。可见谜面与谜底是用字词读音相同的关系来进行扣合的。

特征：谜面或谜底带有“读、念、说、声、音、言、听、闻”等表示读音、听音的字词。

要领：观察谜面，注意发现其中某个字词可与谜面以外的另一个字词读音相同或相近的线索，从中找出扣合的契机。

“谐音法”灯谜的扣合只与读音有关，与形、义无关，谜面或谜底必定带有提示读音或听音的字眼，作为提供谐音扣合的线索。应当注意的是，汉字之间的谐音相扣，一般要求拼音与声调完全相同；如拼音相同而声调不同，必须在谜面或谜底有所提示；不允许把拼音不同的字作为读音相近来扣合。所谓“读音相近”只能放宽用于汉字与外语、曲谱之间的谐音扣合。

二、象声法

“象声”是模拟事物的声音。自然界的鸡叫狗吠、鸦鸣鹊噪、虎啸狼嚎、风呼雷鸣……都有各自特点的声音。在汉语中有很多常用的象声词，如用“哈哈”“咯咯”表示笑声，用“呱呱”表示鸭叫或乌鸦叫，“喵喵”表示猫叫，“阁阁”表示蛙叫，“呢喃”表示燕语，“啁啾”表示很多小鸟叫，“淙淙”表示流水声，“吱吱”表示老鼠叫，“咚咚”表示鼓声，“得得”表示马蹄声等。其中有些象声词并不很像发声的对象所发出的声音，但已经是约定俗成的，人们习惯上都在沿用。

远古时期，原始人类模仿动物的叫声和各种事物的声音，逐渐演变成灯谜中的音扣，成就了事物谜中的摹声和文义谜中的谐声。我国第一部诗歌总集《诗经》，使用拟声词的地方有120多处。《诗经》305篇中，有拟声词的53篇。如“坎坎伐檀兮，置之河之干兮”，“鼓钟将将，淮水汤汤”，“习习古风，以阴以雨”，“南山烈烈，飘风发发”等，这种运用拟声词模拟水声、虫声、鸟声、风声、玉声、金铁之音、车马之音、钟鼓之音的表现手法，常见于后世的谜语。

定义:“象声法”是利用谜面提供的表示事物声响的文字提示去联想出相应象声词的扣合方式。

【例】格格听到伐木声(饮料一)可可

扣合思路:“听到伐木声”是象声扣合部分,“伐木”的象声词为“丁丁”。如《诗经·小雅·伐木》有“伐木丁丁,鸟鸣嘤嘤,出自幽谷,迁于乔木”之句。“格格”形扣“口口”,与“丁丁”组合成为“可可”。

特征:谜面具有某种事物声响的内容,用以提示象声扣法。

要领:根据谜面提示发声对象的特点,寻找相应的象声词。约定俗成的象声词和模拟象声词均可用于象声法扣合。如不适宜扣合或无约定俗成的象声词,则应寻找模拟象声词进行扣合。

三、声韵法

定义:“声韵法”是根据汉字注音的特点,选择声母、韵母搭配拼读而扣合的方式。

汉字的注音方法主要有两种:传统的反切法与现在的拼音法。“反切”就是用两个字来注另一个字的音,简言之“上字取声,下字取韵和调”。例如“塑,桑故切”,被切字的声母与前一字相同(“塑”字声母和“桑”字声母相同,都是“S”),被切字的韵母和声调与后一字相同(“塑”字韵母和“故”字韵母相同,都是u韵母,都是去声)。拼音法即是现在通行的汉语拼音。灯谜中的“声韵法”也称作“拼音法”,即把反切法和拼音法的规则用于灯谜的扣合中。

【例1】古韵钟声东方来(字一)主

扣合思路:谜面“古韵钟声”类似于“反切”拼读,即提示谜底的字与“钟”字同声母(zh),与“古”字同韵母、同声调(ǔ)。声母zh与韵母ǔ拼出读音为zhǔ的字,有:主、拄、煮、渚、褚、嘱、瞩等多个字。再以“东方”(别解为:主人这一方)从释义上来确定谜底是“主”字。

【例2】离人千里忧思切(少笔字)一

扣合思路:谜面前半部为拆字法,“千”里面离开“人”,则为“一”字。后半部为反切，即提示谜底的字与“忧”字同声母(y)，与“思”字同韵母、同声调(ī)。声母y与韵母ī拼出读音为yī的字，结合前半部离合思路，确定谜底为“一”。

特征：谜面通常有“声…韵”或“切”的字眼出现，以提示声韵反切扣合。若谜面只有“声”或“韵”单独出现，则有可能用以提示读音声调或声母、韵母的取舍作用。

要领：按谜面提示找准相关字词的声母或韵母，注意正确使用声、韵母扣合，以及利用声、韵关系与其他谜法的结合使用。由于同音字多，所以往往谜面中会提义。“声韵法”常与其他谜法结合，从一音多字中确定唯一的谜底。

还有一类特殊的拼音谜，它是要求根据拼音声调来确定谜底。拼音声调是指普通话中的声调，通常叫四声，即阴平(第一声)，用“ˉ”表示，如lā；阳平第二声，用“ˊ”表示，如lá；上声(第三声)，用“ˇ”表示，如lǎ；去声(第四声)，用“ˋ”表示，如：là。这类谜的制作思路和谜面表述基本相同，通常都是在谜面中出现“几声”等字样，谜底中含有数字。

【例】风几声，雁几声，马蹄声声又声声(乘法口诀)—四得四

扣合思路：“风几声”别解为风字是第几声调，于是“风几声”扣“一”，喻第一声；类似地，“雁几声”扣“四”，“又声”扣“四”。“马蹄声”用象声词“得”表示。组合出一句乘法口诀“一四得四”。

除了拼音声调，还有用音阶声调猜制的灯谜。

宫商角徵羽指的是中国传统的五声调式。五声调式广泛存在于中国古代和民间音乐中，并且在这个基础上形成了中国民族调式的种种变化和完整的音乐理论体系，常被称为“中国调式”或“民族调式”。

【例】闷宫(成语)—声不响

扣合思路：谜面“闷宫”原为象棋术语，现将“宫”字别解为五音中的第一声，因而扣出“一声”；“闷”就是“声音不响亮”。

四、异读法

异读，是指一个字在习惯上具有的两个或几个不同的读法。异读法是20

世纪50年代兴起的用以取代“系铃”和“解铃”两格(简称“铃格”)的谜法。它包括本字的声调变异、声母或韵母的一方变换和声韵母各异三个基本内容。谜中的字,经过异读,都会引起字义的变化。用改变一个字词的读音来表示不同的意义或者不同的词性。

定义:“异读法”就是利用多音字的异读特点,加以别解,使得谜面与谜底相互扣合。

【例1】阑尾手术第一刀(病症俗称)拉肚子

扣合思路:谜底拉肚子是腹泻的俗称。“拉 lā”字异读成“lá”。意思变成用刀割,从而与谜面扣合。此例声韵母都未曾变,只在音调上起了变化,就使字义随之改变了。

【例2】一脉相承(猜国产电影片名)奇袭

扣合思路:“奇”本读 qí,作“奇异”解,异读为 jī,作“单数”解,即以“单脉传继”会意题面。此例韵母未变,声母和声调都起了变化。

特征:谜底或谜面的字有多音字,需要异读。

要领:谜底或谜面的字不读本音,需读别音后引起字义的改变方能扣合。异读法的特点是不触及字形,仅靠音变异读来促使字义的变化。它对谜底的改造功能仅次于别解。

第七节　混扣法

混合相扣类是两种以上扣合类型综合用在同一条灯谜中的表现方式。如:双扣法、拆字提义、拆字提音、多重复扣等谜法。

一、分扣法

有些灯谜,谜面和谜底没有直接联系,正反会意、夹击或拆字都猜不出,这时不妨试着把谜面分成若干段，断章取义分别求出其解，然后再合成一个谜底，这就是分段扣合猜谜方法。

定义："分段扣合法"是把谜面进行分段（分成两段或多段），每段分别与谜底对应部分相扣的扣合方式。简称"分扣法"。

【例】陈后主避隋军，郑成功驱荷虏（四字石油勘探名词）钻井平台

扣合思路：这条谜面两句风马牛不相及，分别讲述了两个不同朝代的故事。第一句"陈后主避隋军"讲的是南北朝陈国后主叔宝骄奢淫逸，迷恋张孔二妃，待隋军攻破皇城时无处藏身，竟携二妃钻入景阳宫井中躲藏，后被隋军搜出做了俘虏，是为"钻井"。第二句"郑成功驱荷虏"讲的是郑成功驱荷兰侵略者平定宝岛台湾之事，是为"平台"，连起来便是谜底"钻井平台"。

特征：谜面的含义与谜底的含义没有直接完整的联系，谜面与谜底不可能整体会意连贯相扣。

要领：把谜面按一定的理解进行分段，每段扣合谜底中的一个部分，将几个部分组合起来才是完整的谜底。

分段扣合的灯谜往往不止用一种谜法制成，因此各段可能要运用不同的方法来扣合。

【例】十分佩服（字一）衬

扣合思路：谜面分成两段"十分／佩服"。第一段"十分"若别解为长度，可会意扣"寸"；若看成是钱，则可折合为一"角"。第二段"佩服"，"佩"是动词起加合作用，"服"别解为服装，会意扣"衣"。取"寸"才能与"衣"（衤）组合成"衬"字。

此谜用了两种谜法，第一段用会意法，第二段用离合法。

分段扣合时，每段扣出的底可以打乱顺序组合。

【例】有所广益（礼貌用语）大家好

扣合思路：谜面是一句常用语。此谜将谜面分成3个单元，谜底"大"扣"广"，"家"扣"所"（居所、住所），"好"扣"益"，参差相扣。

二、双重扣合法

定义："双重扣合法"是谜面接连两次与谜底完整扣合的方式，也叫"双扣法"。

【例】水大多发电，水电要大上（字一）淹

扣合思路：谜面前句言外之意是指"水（氵）大"又多了个"电"字，组合起来是个"淹"字。谜面后句别解为"水（氵）电"要加上个"大"字，也可以组拼成"淹"字。谜面两次完整扣合"淹"字，本例属拆字双扣。

特征：谜面文字可分为两个部分，每个部分都可独立与整个谜底扣合。

要领："双扣法"谜很像是把两条谜底相同的灯谜合在一起，但要求谜面两个部分的语意一定要连贯，能够融合为一体。

双扣又分成"拆字双扣""会意双扣""综合双扣"三种。

【例】装作春归去，怀若秋未来（二字李云小说）盛夏

扣合思路：本则灯谜为会意双扣。谜面装、怀，皆有盛的意思。春归去，是夏；秋未来，亦是夏。谜底李云小说《盛夏》发表于《人民文学》2018年第1期。

"双扣法"谜面多是两句，一般是每句都可独立与谜底扣合。谜面若只有一句，则要注意发现双扣的迹象，通过顿读将谜面正确分成为两段，让各段独立扣合谜底。

【例】要案破后客心宽（陕西市名一）西安

扣合思路：谜面分为两段"要案破后 / 客心宽"，前半段拆字扣出"西安"二字，后半段借代会意扣"西安"，形成拆字会意双扣合的方式。

三、拆字提音法

"拆字提音法"是双扣法中的一种特殊形式，谜面同时描述谜底的字形和读音。这样的表现形式可加大谜面的内涵，丰富灯谜的表现力，对猜射来说它也是一种障眼法，更耐推敲，也更有趣味。

定义："拆字提音法"是谜面以拆字的方式与谜底扣合之后还附加提示谜底读音的扣合方式。

【例】寒梅半放自吟诵(字一)宋

扣合思路："寒梅半放"是拆字部分，"寒"与"梅"各取其半合之为"宋"；"自吟诵"提示谜底读音，点明这个字吟(念)起来与"诵"同音。拆字部分得出的"宋"恰与"诵"同音，从读音上再次确认扣合的准确性。

特征：谜面可分为两部分，两部分的语义前后关联，一气呵成。主体部分通过"拆字"方法扣合谜底的字形，附加部分多用别解的方式提示谜底(字或词)的读音，以辅助认证谜底。

要领：先从"拆字"部分入手初步扣出谜底，再用"提音"部分来检验准确与否，如果二者读音相同，便可证明扣合准确。关键在于从谜面发现提示读音的成分，并将谜面正确分段，尤其是单句谜面并且需要顿读分段的情况。

四、拆字提义法

定义："拆字提义法"是谜面以拆字的方式与谜底扣合之后还附加提示谜底语义或属性的扣合方式。

【例】一贯用心，习以为常(字一)惯

扣合思路："一贯用心"是拆字部分，扣合字形，"一个'贯'字用上'心'(忄)"成为"惯"字。"习以为常"是"提义"部分，用以提示谜底字义，"惯"的本义恰是"习以为常"，从字义吻合上再次确认扣合的准确性。

特征：谜面可分为两部分，两部分的语义前后关联，一气呵成。主体部分通过"拆字"方法扣合谜底的字形，附加部分多用别解的方式提示谜底(字或词)的语义或属性(特征和作用等)，以辅助认证谜底。

要领：先从"拆字"部分入手初步扣出谜底，再用"提义"部分来检验准确与否，如果二者语义或其外延(如特征和作用等)有相通之处，便可证明扣合准确。

"拆字提义法"的结构与"拆字提音法"很相似，谜面同时描述谜底的字形和语义。关键在于从谜面发现提示语义的成分，并将谜面正确分段，尤其是单句谜面并且需要顿读分段的情况。还应当注意，灯谜的“提义”与“会意”不完全等同，“提义”的外延更广，可以提示谜底文字的准确释义，也可以提示特征、性状和作用等。

五、会意提音法

“会意提音法”与“拆字提音法”所制作的字谜结构基本相同，是双扣法中的一种特殊形式，谜面同时描述谜底的字义和读音。这也是一种故意将谜作表现形式复杂化的手法，当然也是为了增加猜射的难度和谜作的韵味。

【例】万紫千红燕声里(字一)艳

扣合思路：此例前半部用会意法，“万紫千红”，颜色丰富，合成“艳”字，后半部分“燕声”提示读音为yàn。“艳”的读音与“燕”相同，说明谜底确已猜中。

特征：谜面由两部分组成：主体部分以“会意法”扣合谜底；另一部分用来提示谜底的读音。

要领：猜这类谜时，应当通过观察谜面先区分出“会意”和“提音”两个部分，而后根据“会意”部分初步猜出谜底，再用提音部分来检验谜底的读音，如二者所读之音相同，说明谜底确已猜中。

六、多重复扣法

定义：“多重复扣法”是谜面反复多次(三次或三次以上)与谜底扣合的方式。

【例】进取一生，开拓一生，终其一生，奉献一生(字一)牛

扣合思路：此例纯用离合扣法，谜面四句每句都可单独扣合一个“牛”字，系四重复扣之谜。

特征：“多重复扣法”是“双重扣合法”的扩展形式，因而它兼具双重扣合法、拆字提音法、拆字提义法的各种特征，多种扣合方法并用。

要领:观察谜面,注意发现音、形、义扣的提示词,从各段扣合结果的吻合程度来确定扣合的准确性。

"双重扣合法"的谜面仅限于两次扣合谜底;而"多重复扣法"的谜面要能够反复多次(至少三次或三次以上)扣合谜底,在扣合手法上可以纯用一种,也可以多种并用,丰富多彩,令人应接不暇。因为多重扣合,制作复杂,所以"多重复扣法"多用于字谜,词语谜极少见。这类谜一般谜面的文字都较长,由多句组成,一句(或两句)一重扣合,尤其要注意一字多音和一字多义在扣合中的应用。

【例】听其声,感到怪,不可大意(字一)奇

扣合思路:谜面以"其"(qí)提音,"其"与谜底"奇"同音;以"怪"提义,"奇"与"怪"同义;"不可大意"用增损离合法拆字得出"奇"字。此例亦系音、义、形三重复扣。

第八节　特殊扣合法

特殊扣合类是除了字形扣合类、字义扣合类、字音扣合类、混合相扣类之外的一些其他特殊扣合方式。如:抵消法、简繁代换法、叫入叫出法等。

一、抵消法

定义:"抵消法"是把谜面(或谜底)上一些可以互相抵消的字或词先自行抵消后,再将剩余的文字(即"等效谜面"或"等效谜底")用常规谜法来扣合的方式。

抵消法可分为"谜面抵消法"和"谜底抵消法"两种类型。

【例1】大油田出油(字一)奋

扣合思路:"出"表示减损,谜面上"出油"二字提示将前面"大油田"中的

"油"字排除,"油"与"出油"自行抵消后,谜面等效于只有"大田"二字,可用"积木法"拼合成"奋"字。本例是谜面自行抵消方式。

【例2】一米(八字常言一)来也匆匆,去也匆匆

扣合思路:"去"表示减损,谜底中"去也匆匆"四字提示将前面"来也匆匆"中的"也匆匆"三字排除,"去也匆匆"与"也匆匆"自行抵消后,谜底等效于只有一个"来"字。谜面"一米"用"积木法"拼合即是"来"字。本例是谜底自行抵消方式。

特征:"谜面抵消法"的谜面上必定有重复出现的字(或词),并且还有明显的表示抵消之意的词。"谜底抵消法"的谜底中必定有重复出现的字(或词),并且还有明显的表示抵消之意的词。提示抵消特征的字词常见的有:"出、省、去、下、无、少、废、飞、开、不见、没有"等。

要领:先简化谜面(或谜底),把能够互相抵消的字(或词)全都抵消掉,再用简化后的"等效谜面"(或"等效谜底")来进行扣合。

二、简繁代换法

繁体中文和简体中文之间存在字形、词汇以及存在时间等方面的差异,因为简体字是汉字演变的逻辑结果。汉字从甲骨文、金文变为篆书,再变为隶书、楷书,其总趋势就是从繁到简。

20世纪50年代开始,我国政府在繁体中文的基础上所做的汉字简化形成了新的中文书写标准,即简体中文。汉字简化后,传统中文中已被简化字代替的汉字被称作繁体字,而未经简化并在简体中文中沿用下来的汉字则被称作传承字。简体字实施之后,许多人看不懂前人的书画、古籍以及古迹上的题字,这将造成文化断层的现象,于是提倡"识繁用简"。也就是鼓励写简体字,但是要多认识繁体字。

灯谜中的部分离合谜或混扣谜,是利用了简化字所对应的繁体字的字形而制作出的。

定义:"简繁代换法"是借助繁体字作为灯谜字形离合变化的中间环节过

渡使用的扣合方式。

【例】老赵奔走在异乡(字一)绡

扣合思路:“老赵”别解为“古老的‘赵’字”,即繁体字“趙”。“趙”奔去了“走”,剩下“肖”;“异乡”别解为“‘乡’字有些异样”,近似于“纟”;“肖”与“纟”拼合即成“绡”字。

特征:谜面带有“古、老、故、旧、繁”等字,用以提示谜面某个字必须使用古老或旧时的写法(即繁体字)来参与扣合。

要领:通常是以选定的繁体字为基础,去掉其中某些部件,再加上一些其他部件来扣合谜底。

我国现在使用的文字是简化汉字,现在的字典和词典中简化字后面虽附有繁体字,只是供古今字形对照用。灯谜不提倡用繁体字,简繁字法灯谜所涉及的繁体字仅限于在中间环节起过渡作用,只是扣合的一种手段,繁体字本身并没有在谜面或谜底表现出来。

三、叫入叫出法

定义:“叫入叫出法”是通过对谜面加上(或减去)某个字素能够成为另一个字的过程描述而扣合的方式。又叫“呼入叫出法”,或者“跳入跳出法”。

【例1】仑(文学名词二)引言、结论

扣合思路:本例是叫入法,谜底说明叫入过程。别解为“仑”字加上“言”字成为“论”字。

【例2】昙(成语一)拨云见日

扣合思路:本例是叫出法,谜底说明叫出过程。别解为“昙”字减去“云”字成为“日”字。

特征:谜面多为单字,谜底的结构是“加×成×”(或“减×成×”)的形式。谜底带有“与、生、合、共、加、增、连、入、得、多、充、有、上”等表示加合的字词,或带有“出、无、行、开、退、解、放、少、别、下、分、落、不”等表示减损的字词。

要领:观察谜面,从谜面给定的字发现其加上一个字会形成另一个字(或减去一个字会形成另一个字)的扣合契机,把这个过程用别解的语言描述出来就是谜底。

叫入叫出法本质上是一种特殊形式的会意法。

“叫入叫出法”与“假设法”的扣合过程是互逆的。“叫入叫出法”的谜面相当于“假设法”的谜底;而“叫入叫出法”的谜底相当于“假设法”的谜面,是用谜底来描述假设的过程。

第九节　花色谜

“花色灯谜”是灯谜的特殊形式,其特殊性表现在谜面和猜射的方法上。传统灯谜谜面纯粹是文字组成,猜射时根据其中隐藏的另外含义来得出谜底。而“花色灯谜”就是利用其他艺术形式(如书画、音像等)对谜面进行装饰,或将谜面实物化、立体化。猜射时要将谜面和内容和形式结合起来,才能得出谜底。

花色谜丰富了灯谜的表现手法,扩大了灯谜的猜制范围,增强了灯谜的趣味性。随着科技文化水平的提高,灯谜文化这枝奇葩也不断派生出新的枝蔓,花色品种不断增加,令人耳目一新。花色谜在谜面、谜底和猜射的方法上与一般灯谜都存在着很大差异,花色谜花样种类繁多,有画谜、实物谜、哑谜、动作谜、魔术谜、印章谜、邮票谜、音像谜、彩字谜、电报谜、象棋谜、无字谜、拼音谜、书法谜、数学谜、故事谜,等等。下面以最常用的几种为例做介绍。其他花色灯谜见附录八。

一、图片类谜

画谜,顾名思义,它是以图画入谜的。它的谜面就是一幅图画。这种谜是花色谜中数量最多的。

关于画谜，明代徐祯卿《翦胜野闻》曾有这样一段记载："太祖尝于上元夜微行京师，时俗好为隐语，相猜以为戏。乃画一妇人赤脚怀西瓜，众哗然。帝就观，因喻之日：'是谓淮西妇人好大脚也。'甚衔之，明日，召军士大戮居民，空其室。盖马盾，淮西人，故云。"当然，这则画谜引来的杀身之祸是个悲剧；但也从一个侧面反映出画谜的历史可谓久矣。

画谜究竟最早何时出现尚有争议，有人认为可以追溯到唐代。在莫高窟321窟的南壁上，有一幅壁画，名叫《宝雨经变》，画的是印度大神薄伽梵（毗瑟拿神的尊称）在伽耶山上，为七万二千僧众说法的故事。壁画的场面是薄伽梵正在说法，千奇百怪的宝贝如雨纷纷降落，在"宝雨"的上方，有云涛一段横亘全面，云中伸出一双巨手，两手一擎太阳，一擎月亮，犹如怕日月随同诸宝物一齐陨落下来似的。多少年来考古人员对云手日月的含义一直茫然不解。敦煌文物研究所史苇湘先生认为，日月当空是一个"曌"字，是武则天当政时（690—705），给自己创造的御名专用字，在她被撵下皇帝宝座以后，这个字也失去了用场而被人们遗忘。但是这幅画被解开，从而也说明了它是则天大皇帝时代的遗物，它是一幅在我国历史上最早的画谜。

我国的文化源远流长，画谜的源头是否就止于此还得进一步研究。这犹如探查河源，随着人们辛勤的劳动和时间的推移而有更深刻的理解。

画谜是吸收我国民间"吉祥画"寓意的特点，把所隐寓的文义融合在图画中。猜射时通过对画面表达的寓意进行联想，推出谜底。画谜可以带表性词"图、画"，也可以不带表性词。

【例】画谜 见图5(a)(成语)相提并论

扣合思路：此画是两个人共同提着一个旅行包在边走边谈。根据这一特点联想成一句话，"他们互相帮助提拿着，并且在谈论"，扣出"相提并论"这一成语。

近年来的照片谜，本质上也是画谜。

在画谜的基础上还演变出瓷盘画谜、圆圈谜和格子谜等，扣合时需加入适当的字词方可扣。

【例】照片 见图5(b)(西药名一)四环素

扣合思路：照片中共有四只手镯（圆环形状），根据归纳法和物名借代，扣出“四环”二字。手镯颜色是白的，扣一个“素”字。合成谜底。

【例】瓷盘画 见图5(c)（日用品一）盘香

扣合思路：瓷盘中画的是引来蝴蝶的鲜花。其中“鲜花”用特征法扣出一“香”字。再加一个“盘”字代表磁盘，合成谜底“盘香”。

猜瓷盘画谜与画谜的方法基本相同，所不同的是，瓷盘画谜的谜底中，大都含有“盆、盘、皿”等字样。

(a)画谜　(b)照片谜　(c)瓷盘谜

图5　花色谜例一

【例】圆圈谜 (广西)（食品一）桂圆

扣合思路：广西简称“桂”，加一个“圆”，合成谜底“桂圆”。

【例】格子谜 [张昭]（纺织品一）格子布

扣合思路：人名借代，张昭字子布；外边是方“格”，合成谜底“格子布”。

利用邮票的画面与邮票的特点制成的谜称为邮票谜。邮票谜基本上是画谜和邮票特点的相结合。因此，猜时除考虑邮票的画面外，有时还必须考虑和邮票有关的名词术语及其象形等。

【例】邮票如图6(a)（二字金融名词）票号

扣合思路：根据此枚德国邮票上的乐器可以扣出一个“号”字，再结合这是一张邮票，合成谜底“票号”。

二、书法印章类谜

印章谜就是用刻出来的图章，盖在纸上作谜面。也称印谜、金石谜。

中国最早把谜面刻在印章上制成的"印谜"，是南宋著名词人姜夔(约1155—1221)的印文。据南宋周密撰的《云烟过眼录》记载，姜夔的印文是"鹰扬周室，凤仪虞廷"。这八个字便是隐语，内中隐含着他的姓名。此印用了两个典故：

"鹰扬周室"说的是吕尚辅佐周文王的故事。吕尚字子牙，本姓姜，他的祖先封于吕，从吕姓，民间叫吕尚为姜太公。《诗经·大雅》中歌颂吕尚说："维师尚父，时维鹰扬。""凤仪虞廷"说的是虞帝舜用音乐教育人民，治理国家的事。有一个名叫夔的人，被重黎推荐给舜做乐正。当舜的韶乐制成十分之九时，凤凰飞到朝廷里来听音乐了。《书·益稷》中有"箫韶九成，凤凰来仪"的记载。姜夔用前一个故事隐示一个"姜"字，后一个故事隐示一个"夔"字，合起来就是他的姓名"姜夔"。

猜印章谜时，先根据印文内容猜射出有关谜意，然后根据谜目要求，选择加上某个表现印章特点的字眼，如：印、章、玺、鉴、朱记、印信、戳记、图章、图记、钤记、印鉴、金石等，与制作过程有关的：刻镂、雕、治、盖、钤、铭、铸、凿、琢等，与印材有关的：金、石等，与印型有关的：长、方、圆等，与印色有关的：朱、白、阴、阳等，与印文有关的"篆"等组合成完整的谜底。

书法谜是一幅书法，上书文字。在书写谜条时，书法谜用的纸张(谜笺)比一般谜条大得多，而且纸的质量纹纶也要好一些，这样便于突出它的与众不同，以便引起猜者的注意和识别。其次，有的书法谜在书写上用与其他谜条不同的字体，如行书、草书等。当然，通常书法谜的谜条都注明"书法谜"三字以避免猜者搞错。在猜射时需加上与书法或字体相关的字眼，如书、草、行等。

书法印章谜的书法印文用作谜面，除必须遵守灯谜的规则，即不能露面，要成文等以外，还一定要与"书法""印"有所联系，否则就不能成为"书法谜"或"印章谜"。

【例】印章迷如图6(b)，印文"秋雨乃下"(泊人一)石秀

扣合思路：推理法"秋雨"扣"禾"字，与"乃"合成"秀"字。根据印章的材料，再考虑水浒好汉的姓名含秀字的，自然是"石秀。"

【例】书法迷如图6(c)(曲艺形式一)山东快书

扣合思路：鲁迅别解，地名借代，鲁是山东的简称，“迅”会意为“快”，这是一幅书法字，加上一个“书”字，合成谜底“山东快书”。

(a)邮票谜　　(b)印章谜　　(c)书法谜

图6　花色谜例二

除书法谜外，还有类似的美术字谜、彩字谜等。

在书写谜条时，用黑色的墨汁来写的，这是一般灯谜的写法。彩字谜是指在书写谜条时不是用墨汁，而是用其他色彩的颜色来写，如红色、黄色、绿色、蓝色……

【例】林(用黄色书写)(猜树木名一)黄连木

扣合思路：彩字谜的猜法，可以先不管谜面的颜色，先按一般的常规猜法去猜，使谜底有了一个初步的印象以后，再联系谜面的颜色。谜面“林”扣“连木”二字，由于用黄色书写，所以谜底为“黄连木”。

谜面文字为艺术字或称美术字，文字经过装饰美化后，具有创意性和特殊性，字体整齐、醒目、美观、易认，是开展宣传、教育不可缺少的工具，艺术字是一种新兴的艺术创造，艺术字谜新谜种由此应运而生。

【例】 道窄水少河不美 (世界名画冠流派)立体派小丑

扣合思路：谜底顿读为：立体/派小/丑。道窄水少的河就是“派小”，不美就是“丑”。立体是美术字谜附加词(立体字)。

三、音像动作类谜

(一)哑谜

哑谜就是猜的人不说话，用动作来揭示谜底。

哑谜在民间有不少流传的故事。如某年元宵节花灯盛会，有一个人，在当地的衙门前设了一则谜，他不是写字，而是在一个钉子挂着一串铜钱和一只假面具，下面写着：猜俗语一句。后来有个人跑来，一句话也不说，把钉子上的一串铜钱取下就走。旁观的人很惊异，但出谜的人却笑笑说，他猜对了。原来，这条谜是讽刺衙门里的老爷贪赃枉法，意即“要钱不要脸”。

【例】桌子上放着一朵红色的小花（要求猜《红楼梦》人名二）小红、花袭人

扣合思路：《红楼梦》里姓花的人不多，首先想到的当推“花袭人”，而“袭”可以“袭击”来解释，《红楼梦》里面正好有一个叫“小红”的丫环。这样，便自然想到了一个动作：拿起小红花，向任何一个人轻轻掷去。谜底就是“小红，花袭人”。顿读作：小红花，袭人。

（二）动作谜

动作谜是出谜的人自己（或别人）做一个或几个动作，然后请人猜。这一点，正好与猜哑谜相反。

【例】某人怀抱吉他，边弹边奏从室内走向室外。（要求猜成语一句）挑拨离间

扣合思路：猜动作谜也要注意别解。挑拨离间别解为挑拨着琴弦离开房间之意。此处间由原来的“间隙”别解为“房间”。

动作谜中还有一种魔术谜，它将灯谜和变魔术联系起来，使谜增加了一些趣味。

【例】一位魔术演员，从助手的盘子里拿起了一封信，他交给观众看了一看，然后点着火当众烧掉，再把烧的灰装进一只箱子里，并加上锁，这时，他拿起发令枪，“砰”一声响。然后，再用钥匙打开箱。当众取出一封信交给原来的观众看，观众确认还是原来的那一封信。（要求猜四句成语）信手拈来、付之一炬、一鸣惊人、原封不动

扣合思路：观察情节时要注意细节，将魔术过程中的物件和动作的关键字词找出来，如用手拿起了一封信，就要往带“信”和“手”字的成语上联想，很容易得出第一个成语谜底：信手拈来。此处信原意是“随便”，此处别解为

"信件"。

(三)音像谜

音像谜就是利用电视屏幕(或电影银幕)上的一段情节或是几个连续镜头,或是一个"定格"镜头作面。因为既有图像,有时又有声音故称音像谜。

【例】电视屏幕上正在播放一场精彩的排球比赛,一方的一个队员正跳起来大力扣球,而另一方的二名队员也在同时跳起来进行拦网,突然,荧屏画面不动了。(要求猜服装名称一)双排扣

扣合思路:二名就是"双",服装名词可以联想到"扣"字,为二名队员跳起排开扣来的球,浓缩成"双排扣"3字。

随着通信技术大发展,音像谜呈现出增长的势头,在各类灯谜竞赛活动中也时有出现,以调节气氛,增加趣味。

四、故事谜

故事灯谜,就是将灯谜纳入故事情节中,使得趣味增加,内容丰富。编写灯谜故事的人先选择一些可以利用的灯谜,然后再虚构一些情节,使得它们更富有思想性、趣味性。

【例】有位老华侨回国观光旅游,他看到祖国翻天覆地的变化,感到无比自豪。回到家后,他孙子问他参观过那些城市。他笑逐颜开地说:"久雨初晴、雪消冰融、船出长江口,风平浪又静,四季花开,海上尽绿洲,八月飘香满园,流萤点点,真是一路平安,双喜临门!"孙子说:"爷爷,我问您参观过哪些城市,您怎么做起诗来了?"老华侨说:"我的每句诗中都暗含一个地名,十句诗就是我参观过的10个城市。"聪明的小孙子想了一下,把10个城市都猜出来了。

扣合思路:本例实际上是十条灯谜,猜10个城市地名:贵阳、开封、上海、宁波、长春、青岛、桂林、昆明、旅顺、重庆。

猜这类灯谜故事只要抓住其中关键性的词句,其他情节可以不去管它,用猜一般灯谜的方法来猜,都是可以猜中的。

五、其他花色谜

（一）连环谜

连环谜就是出一个谜面，根据这个谜底又可以作为下一个谜的谜面。连环解谜是把前一次解谜结果作为下一次解谜的元素，环环相扣，依次解谜的玩法。解谜过程中只要有一个环节错误，整个解谜过程将失败。可以让解谜过程更具趣味性和挑战性。

【例】①一棒子打弯狗腿（打一字）②上题谜底（打一成语）③上题谜底（打一2字体育名词）

扣合思路：本谜其实就是三条灯谜。第一条谜底是“龙”。此谜用了象形法，“犬”字的最后一笔变成乚，再加横扫一棒子“丿”，就成了“龙”字。第二条谜底是“充耳不闻”，此谜用的是叫入法，“龙”字加上“耳”字就聋了。第三条谜底是“射门”，用的是减字法，需要加衬字“射”。

连环谜中还有一类叫循环谜，也就是最后一条的谜底是第一条的谜面。例如：①莫言（灯谜名词）隐语→②隐语（四字常言）说不出口→③说不出口（电脑名词）声卡→④声卡（作家）莫言。这类灯谜制作难度较大，较少见。

（二）电报谜

电报谜就是用电报稿中的一段电文作谜面。电报谜其实很简单，它是用常规的方法去猜电文，然后在谜底中再加诸如“电、报、拍、发”等字。

【例】电文是“请于十月一日来”（4字常用词）节约用电

扣合思路：十月一日是国庆节，谜底之意即为“在节日里约会”。因为是电报约会，故称之为“节约用电”。

（三）梅花谜

是一底多面或一面多底的灯谜，用梅花图案表现出来。一底多面的，花瓣上标明谜面，花心为谜目。一面多底的，花心为谜面，花瓣为谜目。也可以花心为谜底，花瓣上为征面的。

【例】

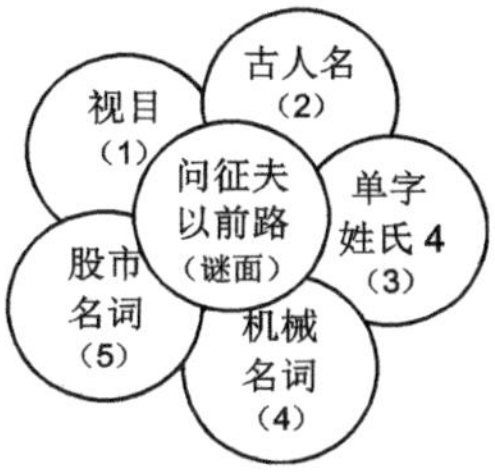

扣合思路：以《归去来辞》中的一句“问征夫以前路”作谜面，五片花瓣内各标一个谜目，应梅花分瓣之数，分别扣：

①（打电视剧名一）人生旅途，谜底顿读：人/生/旅途，“生”别解为“陌生”

②（打古人名一）程不识

③（打单字姓四）陶、义、解、程，作者是陶渊明，扣姓“陶”

④（打3字机械名词一）方向盘，“盘”别解为“盘问”

⑤（打4字股市名词一）走势不明

（四）辐射谜

辐射谜是由一个谜面或谜底为中心向各个方向沿着直线伸展出去求底或征面的一种灯谜形式，它同梅花谜既有相同之处，又有不同之处。相同的是两种形式都是横展式辐射，不同的是梅花谜只征求5个谜面或谜底，而辐射谜伸展的直线数量比较自由。

【例】

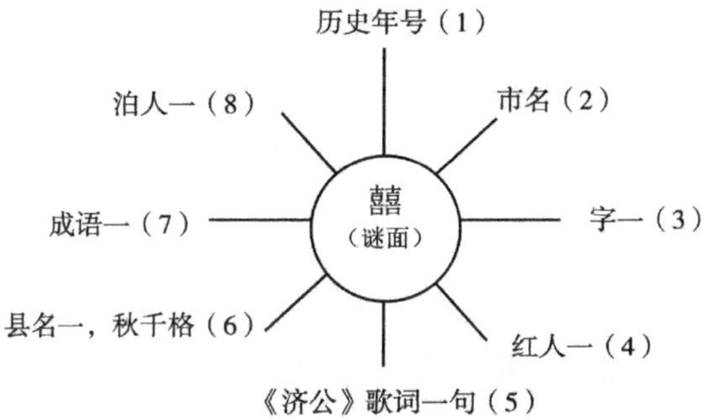

扣合思路：由于谜面是“两个喜”的意思，故谜底应多从“喜、乐、快、悦、欢、

兴、陶”以及“重、复、合、同、双、加、多”一类的词中联想，能较快寻到谜底。谜底分别为：

①（打历史年号一）同庆

②（打市名一）重庆

③（打字一）筷，“筷”字拆开为“个个快”

④（打《红楼梦》人名一）同喜

⑤（打电视剧《济公》歌词一句）乐呀乐

⑥（打县名一，秋千格）乐都，谜底依秋千格法读为“都乐”

⑦（打成语一）喜上加喜

⑧（打水浒人一）乐和

（五）塔形谜

塔形谜又称山形谜、宝塔谜，它是由叠字组成宝塔形状的灯谜，分为一目一底和多目多底两种形式。这类谜的谜面多用数个叠字，因此不强调谜面的意思必须完整。

【例】

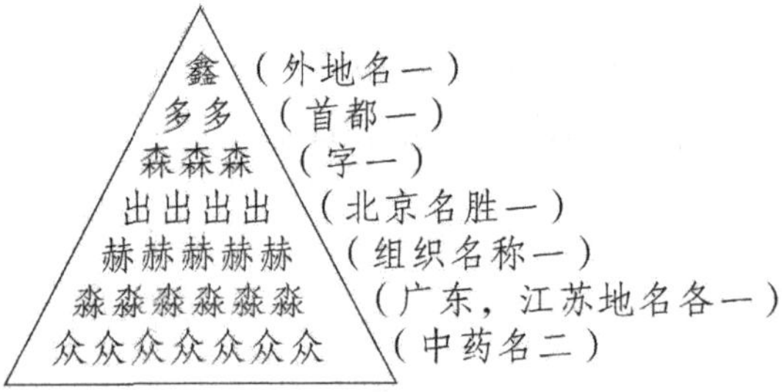

扣合思路：这种谜谜面新颖，猜射时，必须仔细推敲每个（组）叠字的结构，谜底多数嵌入数目字，与谜面相扣。有的在猜射时还需附加上“塔”等表性字。

鑫（外地名一）金三角；

多多（首都一）开罗；

森森森（字一）杂，“杂”字拆开为“九个木”；

出出出出（北京名胜一）八达岭；

赫赫赫赫赫(组织名称一)红十字,赫字拆开为两个“赤”字,赤就是红色;

淼淼淼淼淼淼(广东,江苏地名各一)三水、六合;

众众众众众众众(中药名二)三七、人参,“参”别读为cān。

(六)射覆谜

“射覆”是古代的一种猜射游戏。现代的“射覆谜”是一种构词联想式的填字游戏,射覆谜是以隐含文字为主,属于文义谜的一种。在猜射时,以上一字与下一字彼此关联,这种“用上覆下”的猜射方法,还留有古代射覆的痕迹。“射覆谜”的谜面字数不限,但必须成文,或有所专指。猜的人依据要求填入恰当的谜底,使其与谜面的文字连贯成特定的含意。虽然射覆谜并非常见的花色谜,这种谜语为许多严肃文人所不屑,认为是小儿科。但四大“闲书”作者,却对此津津乐道,其中特别是曹雪芹。

《红楼梦》第六十二回《憨湘云醉眠芍药裀 呆香菱情解石榴裙》中写宝玉、平儿过生日,宴席上玩酒令游戏,平儿拈了个“射覆”,宝钗说:“把个酒令的祖宗拈出来。射覆从古有的,如今失了传,这是后人纂的,比一切的令都难。”

到了晚清,虽然射覆谜由“覆器”射演变为填字游戏,但它的覆射方式还保持着原来的特点。吸取了猜灯谜的方法与特点,和灯谜结下了不解之缘。由于很多学生喜爱填字游戏,下面举例介绍射覆谜。

射覆谜也有它的谜格。是使覆底词与“挂面词”在不同的条件下重新组合、调整,使之更巧妙地扣合,更富有神秘感,以提高射谜者的兴趣。根据“挂面词”上的空白位置,按覆底词的不同组合,不同安排,形成了多种格式,主要有正格、反格、悬露、卷帘四种。

1. 正格

格式是“●□□●”。

【例】李□□广

“李广”是中国古代名人。要求在中间空格填入我国著名电影演员的名字,并使前两字为唐代人名,后两字为隋代人名。

谜底是白杨。李白是唐诗人,杨广是隋炀帝。

2. 反格

格式是“□●●□”。

【例】□方化□

“方化”是电影演员名。要求在空格中填入教育界常用语,并使前两字为数学名词,后两字为一学科名。

谜底是开学。开方是数学名词,化学是学科。

3. 悬露格

格式是“●□●□”。

【例】长□江□

“长江”是我国河名。要求在空格中填入一香烟牌名,并使前两字为我国东北地名,后两字为我国一文学杂志名。

谜底是春城。长春是吉林省会,《江城》是杂志。

4. 卷帘格

格式是“□●□●”。

【例】□军□士

“军士”是常用名词。要求在空格中填入一明代人名,并使前两字为一军事名词,后两字一国名。

谜底是海瑞。海军是军事名词,瑞士是中欧一国家名。

(七)征面谜

一般猜谜是从谜面出发,在谜目范围内去探得谜底。征面谜却是反过来,根据谜底和谜目征求不同文体的谜面。和制谜不同的是,征面谜是把这个拟面的工作改由猜射的一方去做。以底求面也要求别解,征面谜对智力的开发,并不亚于猜底谜,因而同样是值得提倡的。现在很多大型的谜会谜赛,都设有征面谜。

征面谜可分为亮底和不亮底两种。

①有底征面:就是“与虎谋皮”的制谜方法,见第五章第二节;

②隐底征面:第一个人先出一面,注明是求同底谜。猜者不能直接报底,

而要按猜出的谜底，另作一个谜面对上。隐底征面谜要比以底求面多一个先猜谜的环节，因此融猜谜和制谜于一体。

【例】甲：此时无声胜有声（2字电影名一）

乙：风萧萧兮易水寒

丙：姑娘诗稿火中化

丁：终岁不闻丝竹声

戊：此曲有意无人传

扣合思路：原来隐的底是“绝唱”。这里绝字可作“最后一次”“隔绝”“没有”“独一无二”等释义，谜路甚广，这个谜底比较适宜拟面。征面谜不必太苛求韵律和字数的对应，“四面楚歌”“一曲到黄泉”“梅兰芳蓄须明志”“无丝竹之乱耳”等等谜面，也是和谜底“绝唱”扣合的。

第十节　谜格

“格”是格律、规则的意思，所以“谜格”无非是有关灯谜猜制的某种格律、规则。其实，灯谜的格律、规则在灯谜本身中已有所存在，谜格的提出是人们对文义谜某些特殊规律的总结和扩充。

谜格是根据汉字的音、形、义的特点创制出来的。它的作用在于对谜底的结构进行新的组合、调整、排列；有的把字音变读，有的把字形分拆，有的将字位调换，使之更严谨、更巧妙地扣合谜面。所谓“格助谜活，格为谜用”，为了充分运用汉语言文字材料来制作灯谜，使一些本来不能入谜的题材成为谜材，使谜面与谜底能贴切地相扣合，并且广开了谜路。

一、谜格的历史

在谜格名称出现之前，已有带格谜出现，最早的谜格应属曹娥格。清光绪四年刊行的徐宾华《韵鹤轩笔谈》下卷有云："灯谜有十八格，曹娥格为最古，次莫如增损格，增损即离合也。"清朝顾录撰《清嘉录》则说："考灯谜有二十四格，曹娥格为最。"所以一般人都认为，"谜之有格，自曹娥碑之'黄绢幼妇外孙齑臼'始也"（薛凤昌《邃汉斋谜话》）。

谜格名称的正式出现并被广泛运用，可以追溯到宋元时期。关于"谜格"最早记载，是明代李开先的《诗禅》。《诗禅》的1555年《诗禅序》、1562年《诗禅后序》、1563年《诗禅又序》中，介绍了自宋至明代中叶出现的谜格40种，有照影、卷帘、跳涧、三翻等。到了明末，扬州马苍山总结出"广陵十八格"。广陵十八格，被公认为中国最早的谜格。（备注：随着古代灯谜资料的发掘和谜格研究的深入，相传的广陵十八格"首创谜格"说已被严重质疑。陆滋源在《〈诗禅·序〉七发》中说："就'明末首创广陵十八格'来说，通过'序'，看来也不对。一、首创不在明末；二、地点不一定在广陵；三、数量不是十八。"）古今谜书，凡介绍谜格，必然提及。"广陵十八格"的提法一般认为最早见于《韵鹤轩笔谈》。如清代徐宾华《隐语鲭腴》说："灯谜相传有'广陵十八格'。"杨小湄《围炉新话》说："隐语旧有'广陵十八格'。"民国韩振轩《增广隐格释例》也说："《韵鹤轩笔谈》载有'广陵十八格'。"其实，早在明人张云龙《广社》中，就已经有了"广陵各格"之说，所载的谜格为无缝锁格、滑头禅格、连理枝格、两来船格、玄明伞格、玉连环格、挟山夹海格等，但是不足十八之数。据说此书系明代内府本，一向为明末清初广陵谜家所推崇，"广陵十八格"之说可能即渊源于此。

广陵十八格据说由明末扬州谜家马苍山所创（此说法尚有争议质疑），通常认为是指：会意、谐声、典雅、传神、碑阴、卷帘、徐妃、寿星、粉底、虾须、燕尾、比干、钩帘、钓鱼、含沙、鸳鸯、碎锦、回文等谜格。广陵十八格极尽文字的歧义与腾挪变化之能事，它的创设不但增添了谜趣，而且扩大了谜材，增加了灯谜的容量，因而当时受到人们的喜爱，马苍山自此被尊为"谜格之祖"。以后人们竞相效仿，谜格越来越多且越来越奇。到了晚清时期，俞越又总结出了"射虎二十四格"，《拙庐谈虎集》记谜格六十种，《谜格释略》记谜格二百余种，1926年同昌韩英麟《增广隐格释例》记谜格多达四百零七种。

历代迷格不断创新，越到后来，谜格越来越多，而且越分越细，以致有格名几百余个。其中有不少是重复或类似的格,也有一些因过于深奥而不受欢迎的格,随着谜格的合并重整,谜格名又逐渐减少。当然谜格精简并不排斥创新,如"骊珠"格就是后来提出,现仍被广泛使用的新格。

需要说明的是,谜格是制谜者处理面底扣合不十分贴切时所采用的一种补救手段,是一种不得已而为之的做法,正如近代著名灯谜家张起南所说:"谜之用格,终嫌做作;纵极灵巧,究失天然。"因此历来谜家都强调"谜贵天然",尽管带格谜之中不乏精巧传神之佳作,但一用格往往难免有削足适履之虞。所以,一般来说,与"天然去雕琢"的无格谜相比,有斧凿痕迹的带格谜无疑略逊一筹。所以制谜时能够不用格就尽量不用;从方便于大众猜射来说,也应该如此提倡。

谜格使用原则:(1)可用可不用时尽量不用;(2)不使用较生僻的谜格;(3)不允许将两种以上谜格混用于一谜之中。

二、常用谜格

谜格有上百种,按大类分也有10多种,分为谐声别读类、音韵异读类、象形相似类、拆字离文类、并字合文类、半字相掩类、增添文字类、删减文字类、移动字序类、多重复义类、对偶联语类以及其他特殊类。随着灯谜的发展,人们在猜谜实践中不断创新、不断提高,逐渐合并和淘汰了一些牵强附会、怪僻艰深、实用价值不大的谜格,有些尚沿袭不衰。目前常见的谜格有几十种,最常见的仅有二十几种。下面介绍当今谜坛常用的几类谜格。

(一)移字类谜格

移字类谜格,又名移读类谜格,通过变动谜底中一个或几个字的位置来与谜面相扣。

移字类谜格包括:秋千格、卷帘格、上楼格、下楼格、上下楼格、掉首格、掉尾格、双钩格、辘轳格、蕉心格、垂柳格、螺旋格等。

1. 卷帘格

别名：倒读格。因诗有“倒卷珠帘上玉钩”，词有“帘卷日长人静”，取倒卷珠帘形似定名。

格法：谜底须用三字以上的词（组词）、成语或句作倒读。谜底文字由下向上读，将原文变义为有效。

【例】师范（打一学科·卷帘格）仿生学

扣合思路：谜面别解为教师示范，谜底“仿生学”，倒读成“学生仿”，扣合题意。

卷帘格是灯谜最常见谜格之一，被视为“热门格”。陈天尺《灯猜丛话》云：卷帘一格最妙，然制之甚难，而猜之亦不易。一、成句倒读须顺口。二、成语之可作回文者有限。三、底面均须圆润，稍有艰涩，则败笔矣。故余以为卷帘谜之佳者，殆所谓“文章本天成，妙手偶得之”，非敷衍所能蒇事也。新时期以来，卷帘格是所有带格谜中创作量最多的谜格，卷帘格被冠以“格中之王”“谜中第一格”之美誉。

2. 秋千格

别名转珠格。谜底后一个字调到前面来读，就像荡秋千一样，秋千格因之得名。

格法：谜底限定二字，倒读。将原文变义为有效。

【例】问苍茫大地（地质名词）土质

扣合思路：用会意法成谜，谜底倒读成“质土”扣合谜面。

秋千格乃是从卷帘格中分设而出，进入新世纪，秋千格基本不再标注格名，因为汉语中存在主谓倒装、宾语前置等语言现象，这就使得秋千格不必冠格。

3. 调首格

别名：掉首格、调头格、掉头格、睡鸭格、乙上格、低首格等。

格法：谜底须三字以上。格法是将谜底的第一、第二字互调位置与下面字连读扣谜面。

【例】丘（打《岳阳楼记》一句·调首格）山岳潜形

扣合思路：谜底第一、第二字互调成“岳山潜形”，别解为“岳”字隐去“山”字，利用减损法，则得“丘”字。

4. 调尾格

别名：乙下格、掉足格、调尾格等。

格法与“调首”相似。谜底需三字以上，不同之处在于把谜底最后两字位置互调。

【例】谢绝儿童参观（打一五字口语·调尾格）不要小看人

扣合思路：谜底末尾两字互换位置后读作“不要小人看”，扣合谜面意思。

5. 上楼格

上楼格又称登楼格、踢斗格。

格法：谜底须用三字以上的词（组词）或成语，谜底末一字移置在首字前连下读。

【例】笔墨纸砚（出版名词一·上楼格）工具书

扣合思路：谜底末一字移至最前面，与下文贯通读作“书工具”，别解为“书写工具”，意思是笔墨纸砚均为书写的工具。

6. 下楼格

别名低头格。

格法：与“上楼格”相似，谜底须用三字以上的词（组词）或成语，不同之处是将谜底的首字移位到底末。

【例】群芳争艳（打一词曲牌名·下楼格）斗百花

扣合思路：谜底首字移至末尾，读作“百花斗”，“百花”对应“群芳”，“斗”扣“争”。与谜面意思吻合、顺序一致。

7. 上下楼格

格法：谜底需四字以上，首末两字互换位置后读。

【例】自称“万事通”（打一成语·上下楼格）知无不言

扣合思路：万事通指什么事都知道的人，也叫百事通。谜底首字末字对调，读作“言无不知”，别解为“说没有不知道的”，与谜面意思吻合。

8. 双勾格

别名:己巳格。

格法:谜底字数限定四字,扣面时须将前两字与后两字位置对调。

【例】满座皆曰去(成语·双钩格)言行一致

扣合思路:将前两字与后两字位置对调读作"一致言行",别解为"一致都说要去",扣合谜面意思。

9. 蕉心格

又名调腰格、调中格、中转格、乙中格、卷心格等。因有诗句"一卷芭蕉细裹心",故格名取"芭蕉卷心"之意。

格法:谜底字数为四字或四字以上的偶数,将谜底最中间两字位置互换后与谜面相扣。

【例】京师(成语一·卷心格)千军万马

扣合思路:谜底中间两字互换后读为"千万军马","京",古代作为数词,表示10000000。

(二)谐音类谜格

谐读类谜格,又称谐音类谜格、谐声类谜格,是通过谜底中的一个、几个或全部字的谐音变义来与谜面相扣。

谐读类谜格包括:梨花格、围棋格、玉带格、白头格、粉颈格、赤颈格、丹心格、榴裙格、朱履格、双皓首格、丹顶格、粉底格等。

1. 梨花格

此格名借取唐代诗人岑参《白雪歌送武判官归京》诗句:"忽如一夜春风来,千树万树梨花开"之满眼皆白的意境,用以表示谜底的字全部读为谐音字。"白",喻指谐音字。

梨花格又名白冰格、白水格、白雪格、别字格、飞白格、粉面格、缟素格、会声格、借音格、梅花格、全白格、全谐格、石灰格、谐声格、谐音格、玉冰格、玉人格、全谐音格、玉壶冰格、分袂赠芍格、妙手空空格、杏苑摘花格。

格法:谜底须用两字以上的词语,将谜底的每个字根据谜面所表达的意思，全部变成谐音字，再扣合谜面。

【例】速写（打一称谓职务·梨花格）会计

扣合思路：谜底别读作“快记”（快速记录），扣合谜面。

2. 白头格

又名素冠格、皓首格、粉面格、寿星格。

格法：谜底字数须在两字以上。猜时谜底首字读谐音，用别字代替扣谜面。

【例】废品（打水浒人名一·白头格）吴用

扣合思路：“吴”字读成谐音作“无”，“无用”即是“废品”。

3. 粉底格

别名：素履格、素袜格、立雪格、踏雪格、履雪格、履霜格、白足格。

格法：谜底须用两字以上的词或组词，末一字谐读作别义。

【例】黑旋风扯诏（秦人名·粉底格）李斯

扣合思路：“黑旋风”扣“李”（李逵）。谜底最末一字“斯”，应谐读作“撕”，全句连读成“李撕”。别解为“李逵撕诏书”。

4. 素心格

陶潜《移居诗》中有一句：“闻多素心人”。“素心”是心底洁白之意，所以谜底中间的字是白字叫素心格，又叫玉腰格、夹雪格、银腰格、玉带格、花腰格、素腰格。

格法：谜底须三字以上奇数，并且须将中间一字读谐音扣合谜面。

【例】万古流芳（三字经一句·玉带格）香九龄

扣合思路：“芳”扣“香”。谜底中间一字“九”谐读作“久”，别解为“长久”之义。

（三）半读类谜格

半读类谜格，通过对谜底中的一个或全部字只读一半，即去掉一个或全部字的偏旁部首来与谜面相扣。

半读类谜格包括：徐妃格、摩顶格、折巾格、折翼格、折屐格、踦履格、半面格等。最常见的是徐妃格。

徐妃格名自《南史·卷十二·列传第二·后妃下》中徐妃的故事。因徐妃常化半面妆,唐李商隐诗有"只得徐妃半面妆",故又称半妆格。

格法:谜底须用两字以上的同旁部首字的词或组词。扣合时摒除谜底每个字的左边或右边的同旁字。

【例】急死人(词汇·徐妃格)憔悴

扣合思路:"憔悴"二字去掉相同偏旁(竖心旁)后成为"焦卒"二字,"焦"扣"急","卒"扣"死",切合谜面。

(四)对偶类谜格

楹联亦称楹帖、春联、对联,俗称对子。春联有着悠久的历史,汉代应劭《风俗通义》记有在桃符版上写"神荼、郁垒"的故事,这很可能是对联最早的雏形。每当春节或喜庆的日子,我国民间都爱在门上贴对联,红纸黑字,更增添了浓郁的节日气氛,它也是中国独特文化的一个主要组成部分。

灯谜同样是中国自古特有的文艺形式,也能在节日中烘托气氛、增添乐趣;对联与灯谜,两者能有机地结合在一起,形成对偶类谜格。对偶类谜格,又名楹联类谜格、对联类谜格、对称类谜格,谜面谜底如同对联的上下联一样相扣。

对偶类谜格包括:求凰格、遥对格等。

1. 求凰格

又名凤凰格、求偶格。格名取"凤求凰"之意。

格法:像对对联,以谜面为上联,谜底为下联。谜底文意除和谜面成对仗、分平仄外,要在谜底的前面或后面,加上含有成双成对的附加字,如:对、配、比、双、和、齐、偶、交、会、匹、伍、缘、连、联、朋、相逢、相会、鸳鸯等。

【例】玉门关(打李白诗一句·求凰格)金銮锁鸳鸯

扣合思路:"金銮锁"与"玉门关"对仗,"鸳鸯"是附加词。

2. 遥对格

别名锦屏格、楹联格、菱花格、鸳鸯格、流水格。

格法：谜底一般不少于两个字，谜底字数同谜面字数成对偶句式，底和面，字音平仄分明，字义相对工稳。如对联中的“小对句”一般。

民间文学研究对联中有一种很奇特的应对方式，叫作“无情对”。遥对格与无情对相同，“以词义近而意远者为上乘。”，也就是谜底与谜面意思差得越远越好。

灯谜遥对的形式本起于对联，往往是以上句作谜面，下句作谜底。

鲁迅先生曾从师于寿镜吾，一日对课，寿出题为“独脚兽”，鲁迅慎重思考后，以《尔雅》中的“比目鱼”对之，并得到先生的称赏。

陈寅恪先生是清华大学的著名教授，他曾给学生出对，前联为“孙行者”，学生中没有一个对上的，原来它的佳对是“祖冲之”。

以上两对不仅平仄协调、对仗工整，于谜来说，也是不可多得的遥对式灯谜。

近年来谜界对“平仄协调”的要求适当放宽：在遥对格中，末字必须平仄相对，平对仄或仄对平皆可；其他位置的字要尽可能平仄相对。

【例】青山（打一地名·遥对格）秀水

扣合思路：“青山”对“秀水”，底面对仗工整。秀水县在今浙江嘉兴市。

（五）分读类谜格

分读类谜格通过将谜底中的一个或几个字分拆为另外几个字来与谜面相扣。

分读类谜格有曹娥格、虾须格、蝇头格、折履格、解领格、展翼格、蜂腰格、燕尾格、蜓尾格、�稍格、筠垫格、蟾足格、宝塔格、碎锦格等。

1. 碎锦格

别名：堆金格、破镜格、集锦格。

格法：本格规定谜底至少要有两个字，依格法字字都要拆开读；所拆的字素不拘上下左右，也不拘一字只拆成两个字素。

另外，前面提到的曹娥格是碎锦格中的特例，在清末民初谜格泛滥时，曹娥格谜也曾一度踵事增华。由于曹娥格规定每个字只能拆成两个字，而后起的碎锦格格法更具灵活，因此曹娥格也多作为最古老的谜格而存世，很少再被谜人沿用。

【例】众口一辞（猜邮电用物·碎锦格）信筒

扣合思路：按格法将“信筒”拆成“人言个个同”，照应题面“众口一辞”。

2. 虾须格

虾须格谜格即由形似虾须而得名。别名鸦髻格、丫髻格。

格法：本格规定谜底至少要有两个字，依格法将第一个字作左右分拆，成为两个字，从而解释谜面。

【例】神仙会中皆诸葛（猜成语·虾须格）从长计议

扣合思路：按格法将“从”字拆作两个字“人人”，连读成“人人长计议”。“长”别读作zhǎng，“擅长、特长”之意。

3. 燕尾格

别名燕剪格、鱼尾格。

格法：本格规定谜底至少要有两个字，依格法将最末一字作左右分拆成两个字。

【例】耕田使用拖拉机（猜农业名词·燕尾格）农作物

扣合思路：按格法将“物”拆作两个字，连读成“农作勿牛”。

（六）含目类谜格

1. 隐目格

隐去“谜目”而不标出，故称“隐目格”，属加字类谜格。

格法：只有谜面而不标谜目，只标“隐目”二字作为提示；猜谜时要将“谜目”连同谜底一并猜出，谜底字数不限；“谜目”与谜底，须文义贯通，以扣合谜面。

其特点是谜面文字由两部分组成，前一部分隐示谜目，后一部分扣合谜底。面句前部分是以小类目隐示大属目，起到“底面双牵”的作用。

【例】迎春晚会（隐目）花，夜合

扣合思路：此谜的“迎春”本义是“迎接春天”，也别解作一种具体的花名，猜出谜底“花”;又以“晚会”的本义射出“夜合”。

2. 骊珠格

骊珠格曾取名探骊格。探骊格是产生于20世纪20年代末的一类饶有意趣的灯谜品种。此类谜典出《庄子•列御寇》之“探骊得珠”故事,传说黑龙颔下的宝珠叫骊,必须探海自取。据潮州灯谜名家谢述心先生的《浅谈骊珠格》一文说:“此格开始定名为‘藏头’,继改为‘带目’,再改为‘隐目’。……后复更改为‘藏珠’”。而后,潮州解颐谜社饶隐乐先生“触类旁通,受成语‘探骊得珠’的启发,遂定名为‘探骊’”。

格法:要求谜面上不标谜目,只标明谜格,让猜者按谜面文字意义联想推测,射出谜底带出谜目。

【例】洞长一千五百米(骊珠格)穴位,足三里

扣合思路:“穴”扣“洞”,古时一里是500米,一千五百米就是“三里”。谜底中“穴位”是谜目,“足三里”是穴位名。合起来别解为“洞穴长度足有三里”。

在统称为“骊珠谜”大类的谜中,又按照“骊(目)”与“珠(底)”的数量和位置的不同,创作出多种形式的“骊珠谜”来。一“骊”一“珠”的称为前骊单珠,其他还有:

(1)前骊双珠:谜底由一骊二珠组成“骊(目)+ 珠(底)1 + 珠(底)2”形式。

【例】劳歌一曲解行舟(前骊双珠)泊人•乐和、时迁

扣合思路:“泊人”是隐藏在谜底中的谜目,与底中之底“乐和、时迁”共同组成完整的谜底“泊人/乐和时/迁”,通过别解会意,与谜面扣合。

(2)前骊三珠:谜底由一骊三珠组成“骊(目)+ 珠(底)1 + 珠(底)2 + 珠(底)3”形式。

【例】细谈婚后岁月(前骊三珠)小说•家、春、秋

扣合思路:“小说”是隐藏在谜底中的谜目,与底中之底“家、春、秋”共同组成完整的谜底“小说/家春秋”,“小”与“细”同义,别解为“细说成家后的春秋岁月”,通过别解会意,与谜面扣合。

后骊类谜原名“反探骊谜”,是近年来在传统“骊珠谜”的基础上衍生出的变体。反探骊格与探骊格相近,只是用谜底/谜目形式扣面。根据“珠(底)”的

数量可分为三种形式。

(1)后骊单珠:谜底由一珠一骊组成"珠(底)+骊(目)"形式。

【例】穷当愈坚(反探骊2+2)寒露·节气

扣合思路:"寒"扣"穷",谜底顿读作:寒/露节气,扣合谜面。谜底"寒露"在前,谜目"节气"在后。

(2)后骊双珠:谜底由二珠一骊组成"珠(底)1+珠(底)2+骊(目)"形式。

【例】广告征婚(后骊双珠)周扬、巴人·作家

扣合思路:"作家"是隐藏在谜底中的谜目,与前置的底中之底"周扬、巴人"共同组成完整的谜底"周扬/巴人作家",通过别解会意,与谜面扣合。

(3)后骊三珠:谜底由三珠一骊组成"珠(底)1+珠(底)2+珠(底)3+骊(目)"形式。

【例】九子登科,权倾一时(后骊三珠)四儿、五儿、多官儿·红人

扣合思路:"红人"是隐藏在谜底中的谜目,与前置的底中之底"四儿、五儿、多官儿"共同组成完整的谜底"四儿五儿/多官儿/红人",通过别解会意,与谜面扣合。

中骊类谜原名"骊龙戏珠谜",是近年来新兴的创新"骊珠谜"。其特点是谜底中"骊(目)"位于两组底中之底"珠(底)"的中间。根据"珠(底)"的数量常见有"双珠、四珠"两种形式。此外,还有"六珠、八珠"者,但谜作很少。

(1)中骊双珠:谜底由一骊二珠组成"珠(底)1+骊(目)+珠(底)2"形式。

【例】八戒大战流沙河(双龙戏珠)亥豕·格·卷帘

扣合思路:谜面典出《西游记》第二十二回,八戒在流沙河大战卷帘将的故事。"格(谜格)"是隐藏在谜底中的谜目,底中之底"亥豕、卷帘"分置于谜目前后。目底连缀一气组成完整的谜底"亥豕格卷帘",通过借代会意,与谜面扣合。

(2)中骊四珠:谜底由一骊四珠组成"珠(底)1+珠(底)2+骊(目)+珠(底)3+珠(底)4"形式。

【例】六宫粉黛无颜色,朝中美女劳作忙(中骊四珠)李乐、杨仪·三国人·何曾、干休

扣合思路：谜面前句出自白居易《长恨歌》，后句自撰。“三国人”是隐藏在谜底中的谜目，与分置于前后的底中之底“李乐、杨仪”和“何曾、干休”连缀一气组成完整的谜底“李乐杨仪/三国人/何曾干休”。“李乐杨仪”与谜面前句扣合；“朝中美”谓之“三国”，“三国人”与“朝中美女”扣合；“何曾干休”反扣“劳作忙”。

探骊格是由“隐目格”演变而来。此类谜的规定与“隐目格”有相似之处，也须将谜目与谜底一并猜出。只是它隐去的谜目，不在谜面明示。此类谜目底浑成，目和底无须分两部分扣合，而是由猜者从谜面的文义联想中探出谜目，寻出谜底。

骊珠格近年较流行，这是因为它具有一定的“悬念”，能引人入胜，其格法特点是“藏目于底”，猜射时须“目底并揭”，使人有更多思考余地。它比一般谜格难度稍大，号称灯谜中的“没面目”。

3. 游目格

格法：游目格只标谜面和谜格，不明标谜目，但谜目含在谜面中。

【例】“怎知他是水浒人”（游目）何清

扣合思路：谜面中“水浒人”即提示了谜目，要求猜一水浒人。“何清”别解为“怎么知道”扣合“怎知”。

对其他谜格的简单介绍见附录九。

有时灯谜的谜格不单独在谜目中标出，而是巧妙地附在谜面上，作为谜面的组成部分。这种叫作“藏格法”。

【例】荡秋千容易（电视剧）变脸

扣合思路：谜面中“容易”别解为“面容变化”，就是“脸变”。由于谜面有“秋千”二字，起到秋千格的作用。“脸变”逆读为“变脸”。

三、有格化无格

谜格，固然对制谜者扩充谜底有好处，然而对猜谜者而言，无疑设置了不少障碍。因为猜射者需熟悉各种谜格的解法和规矩，否则只能望谜兴叹，一筹莫展。谜格限制了灯谜的通俗化、大众化，限制了灯谜这一文化活动的参与者的层次。在1984年举办的庐州谜会上，温州谜家柯国臻、金瓯与合肥谜家吴仁泰共同提交了《关于统一谜格的建议》，为后期灯谜创作减少谜格的使用起到了导向的作用。

谜格是谜语无法完善而采取的一种补充手段，制谜能不用格，尽量不要用格，除了在特别的范围里把谜格当作研究或提高灯谜水平时应用外，在一般场合还是不宜频繁使用谜格制谜。灯谜中有“无格胜有格”之说，后来又发展出“有格化无格”的做法。

一些善解人意的灯谜作者，慧心独运地将需用谜格方可制作的谜底材料，巧行谋划，使它即使不用谜格也可成为底材，配置出相应的谜面，让人猜乐。

先来看看需要调动字序方能成为谜底材料的例子。比如有一味中药叫“牛黄”，如果逆读成“黄牛”就是很好的材料，当然得标示“秋千格”才行。现在不用谜格，仅在谜面文字中隐示猜者须要倒过来扣合，猜者如能领悟此意，谜底也就昭然若揭了。

【例】掉头看见票贩子（打二字中药名一）牛黄

扣合思路：谜面前四字“掉头看见”，分明在暗示解谜时须逆向看，“票贩子”俗称“黄牛”，逆向（掉头看）便见“牛黄”，正是谜底。在此自然省却标注“秋千格”。

有的谜格是巧用谐音的，现在很多谜作者别出心裁，利用在谜面中提音的方法省却谜格。

【例】闻道对枰已失利（打香港影星一）舒淇

扣合思路：在谜面上用“闻道”二字拈出解谜须听字音的关键，而后五字“对枰已失利”是说下围棋已经输掉，也就是“输棋”之意，此二字字音相同者为“舒淇”，故而相扣。在此自然省却标注“梨花格”。

四、特殊类格字谜

有些新谜种，在谜目标注上别具一格，或在谜面中巧设注解，在创作和猜测时要套用一定的格式，但他又不是严格意义上的用格谜，只是类似于用格的形态，称之为“类格灯谜”。

（一）离合字谜

离合字谜是20世纪80年代开始盛行的一种特殊形式的字谜。离合字是口述汉字结构的一种表现方式，也是一种传统的学习汉字的辅助方法，譬如我们介绍某人姓“zhāng”，往往会补充一句“弓长张”或“立早章”。离合字谜正是以这些口述汉字结构的特殊词组为谜底的一种新谜。

【例】大意不得（打离合字一）心勿忽

扣合思路：这种谜的谜底是一组字，相互之间有着字素包容关系，如本例的“心”与“勿”，两个字，恰可合成“忽”字，连贯成“心勿忽”，解释为“心中不要疏忽”与谜面相扣。

离合字谜的谜底有三种离合形式：“先离后合型”（即子子母型）、“先合后离型”（即母子子型）、离在两边合在中间型（即“子母子型”）。

【例】少林圣境耸入云端（打离合字一）嵩山高

扣合思路：少林寺在中岳嵩山，“耸入云端”言其高，由此会意得出谜底“嵩山高”。母字和子字贯成一气以应和谜面之意。此例是“先合后离型”。

【例】眼底山山黄叶飞（打离合字一）目瞅秋

扣合思路：母字“瞅”字可分离成“目”“秋”两个子字，将子字分别置于母字两边，形成谜底“目瞅秋”，解作“眼看着一片秋天的景象”以应面。此例是“子母子型”。

当代作家用拆字方法起名的颇多，有些就用了离合字法。比如老舍原名舒庆春，他自己更名为舒舍予，把名字“舍予”合起来就是“舒”；香港作家金庸，原名查良镛，他的笔名“金庸”就是把“镛”拆来而得到的。

（二）方位字谜

方位字是用来表述某字的某部位为某字的谜。母字是可拆解的字。方位字要求谜底要有意义。

方位字谜与离合字谜有些相似，都是在谜底中拆字，同时会意扣合谜面。

不同的是,方位字谜的谜底一般由三部分构成:(1)母字;(2)方位字:如前后左右上下、东南西北、内外中;(3)方位字指向母字的构成部分。

【例】提起主场失利就生气(方位字,4字)谈东北火

扣合思路:主场为"东",失利为"北"。"谈"字的东北部为"火"字。谜底解作"谈起主场败北就发火"以应和谜面。

方位字谜除了目前比较通行的单个母字、单个示位词和单个子字的情况外,还有"多子字方位字谜、多母字方位字谜、多示位方位字谜、中分方位字谜"等。对于这几种方位字谜,除"中分方位字谜"外,子字、母字、示位字三者的排序没有硬性要求,但猜射时要保证其连读后能扣面。

【例1】孰为效颦者(方位字)东施人也

扣合思路:典故问答法,东施效颦,"施"为母字,"东"为示位字,"人、也"为子字。谜底别解为"是东施这个人"。此为双子字方位字谜。

【例2】分赐秀清与朝贵(双示位方位字)班东王西王

扣合思路:谜底别解为"分别为东王杨秀清与西王萧朝贵"。按方位字理解为,班是母字,东边是子字"王",西边是子字"王"。此为"双示位方位字谜"。

【例3】代代相传(中分方位字)后人从前人

扣合思路:谜底意思与谜面扣合,从方位字角度来分析,"从"字的后面是人,"从"字的前面也是人。母字"从"在中间,此为"中分方位字谜"。

灯谜大类可分为"会意""拆字"两大部分,而方位字谜合拆字、会意于一体,除面底扣意之外,另于底中巧构拆字机关,可谓别有妙趣。

(三)形近字谜

形近字是指字形、结构相近的字。形近字成谜有两种形式:直陈式和连接词式。

【例】长期有债不还(形近字一对)久欠

扣合思路:长期为"久",有债不还为"欠"。组合成谜底"久欠",解作"久久不还"以应和谜面,且"久"和"欠"两字字形相近,符合谜目要求。这种谜就是直陈式,即直接在谜底陈列出形近字。

【例】远的不说(形近字)曰近日

扣合思路:反扣法,远的不说,就是说最近的事儿。曰为"说";谜底"曰近日",解作"说近日的"以应和谜面,且"曰"和"日"两字字形相近,符合谜目要求。这种谜就是"连接词"式,即用"近""似""形近"等连接几个形近字,其中以"近"字用得最多。

需要注意的是,制作这类谜时,底字要确实相近。

(四)通假字谜

通假字是泛指中国古书的用字现象之一,古书中用音同或音近的字来代替本字,这个音同或音近的字叫作通假字。古人在做记录时,一时想不出本字而用了别字代替,清代的赵翼在《陔余丛考》一书中指出:"字之音同而异义者,俗儒不知,辄误写用,世所谓别字也。"第一个人这样写固然是前面所说的写了别字,但后人都这样效仿以后,便成了"合法"的通假字了。

通假字谜,谜底由字和它在古汉语里通用的字组成,中间以"通""同""通假"等词连接。"通"和"同"是有区别的,"通"一般是指通假字。"同"是指古代的很多异体字。比如孔乙己曾经说过的"回"字的四种写法,这四种写法之间就可以说A同B。

【例】死了万事空(通假字)亡通无

扣合思路:文言文中"亡"是个通假字,通无,谜底"亡通无"解作"死亡了万事通通空无"扣合谜面。

【例】合力奉养(通假字)共同供

扣合思路:共,古同"供","供"是供奉、供给的意思。谜底"共同供"解作"共同合作供养"以扣合谜面。

(五)离合音字谜

"离合音字谜",是在分解汉字音韵结构的基础上,以字代音,求得切扣的一种字谜品种。这种谜和"离合字谜"好似一对孪生姐妹。"离合字"是从字形入手,拆"字部"而拼合;"离合音字"则是从字音入手,拆"声韵"而拼合。由于二者取底皆采用离合手法,有相似之处。"离合音字"谜底由两、三个子字、一个母字组成。猜制方法是，先将母字的读音分解成能独立表示声母和韵母读音的子字，然后再按表声子字在前、表韵子字在中、母字在后的顺序连缀起来，构成能表达一定意义的短语或句子作为谜底，去扣合谜面。这些字连缀起来组成的短语应做到自然通顺，言之有意。

【例】先生育人情似海(离合音字)师恩深

扣合思路：谜底中的"师"是表声子字；"恩"是表韵子字；"深"是母字。"师恩深"解作"老师的教育恩情深似海"以正面会意扣合谜面，并以"表韵子字+表声子字+母字"的形式排列。

(六)同音四声字谜

同音四声字谜是灯谜发展中产生的新事物，拓展了制谜和猜谜的领域。在汉语中，音节是由声母和韵母组成的，一个音节就是一个单字。汉语的一个音节可以读出不同的音调，普通话的四种声调是"阴平、阳平、上声、去声"，不同的声调又拥有一些形义不同的单字。如果将这些同音不同调的单字串读成一句意思完整、立意顺畅的短语，把这个短语作为谜底，再配合上一个扣合贴切的谜面，这就是同音四声字谜。同音四声字谜除了四个字的读音要相同外，声调必须从第一声至第四声顺序排列，这就是同音四声字谜的基本规则。

【例】救死扶伤树新风(四声字)医仪已易

扣合思路：谜底解作"医生仪容风貌已经更新"，应和谜面，谜底四个字"医仪已易"，音节都是yi，声调不同，读音分别是"yī(阴平)yí(阳平)yǐ(上声)yì(去声)"。

除了同音四声字谜外，灯谜中还有一种逆同音四声字谜，和同音四声字谜唯一的区别就是声调是从第四声到第一声逆排序的，即"4、3、2、1"。

【例】"明日落红应满径"(逆同音四声字)堕朵度多

扣合思路：谜底解作"堕落的花朵估量应该有很多"来应和谜面，谜底四个字"堕朵度多"，音节都是duo，但四个字读音声调顺序是逆序排列的。

同音四声字的读音抑扬顿挫、平仄有致、富于变化，从而体现了汉字跌宕起伏的韵律美；并且内容具有和谐统一的审美效应，堪称声情并茂，故这类谜深为谜众喜欢。

第十一节　猜谜技巧

掌握灯谜基本规则和各种扣合方法,是猜谜和制谜的基础。若要想把灯谜猜得更快更准,还必须了解猜谜的一般步骤和掌握一些具体技巧,才能够更有效地运用各种扣合方法为猜谜服务。

一、猜谜的基本技能

灯谜根据文义的联想而成立,所以猜谜的首要关键在于联想。联想对头就容易探到谜底,否则就会一头雾水,误入歧途。例如:鲁迅全集(猜一种文艺形式)。看到这个谜面,就应该联想到许多字或词,可用下表归纳:

表 4　谜面联想字词示例

谜面	鲁	迅	全	集
联想	莽	快	满	合
	愚	速	完	册
	粗	疾	齐	聚
	山东	立即	一切	书

一旦把这些与谜面相关的字词联想出来后,就要在谜目的指引下选择恰当的字来。因为是文艺形式,因此很容易归纳出"山东快书"四个字来,其他被联想出来的字词无法组合出符合谜目的字句。

联想的词有两类:

①同义词联想:这是最基本的一类。如上例中的"迅"和"快"。

②替代词联想:就是借代的方法。如上例中的"鲁"和"山东"。

二、猜谜的六个要诀

由于每个人猜灯谜的思路和方法不一定完全相同，因此猜谜的套路虽然不可能是一个固定的模式，但还是有一定的规律可循。一般来说，猜谜要把握运用好六个要诀：

理解谜面、辨别谜体、寻找谜眼、运用谜法、借助资料、验证谜底。

（一）理解谜面——谜面要吃透

谜面是猜谜的根据，只有吃透谜面才有可能猜谜。怎样才能“吃透”呢？首先要正确理解谜面本义，如果以成句为谜面的，还要弄清它的出处和作者，以及与上下文的关系，有时还要了解原作品的写作背景，这对猜谜很有帮助。其次对谜面的每一个字、词、句，都要反复地推敲，看它能不能别解，有几种别解的可能？还要注意字形、字音等。吃透了谜面，就会比较容易找到猜谜的突破口。

【例】“入竹万竿斜”（4字反腐倡廉用词）不正之风

扣合思路：本条谜面是成句，引用唐朝李峤《风》的诗句，全诗为“解落三秋叶，能开二月花。过江千尺浪，入竹万竿斜”。根据诗题可知，谜面是吟咏“风”的句子，而“风”字在谜面上隐而不露，谜底很可能带有“风”字。

而由谜面的“斜”字，自然联想到“不正”，因此，可得谜底“不正之风”。

（二）辨别扣法——类型要认准

判断扣合类型是猜谜中最重要的一步。猜谜时判断扣合类型的根据只有谜面和谜目，主要是先从谜面上发现特征，初步判断出扣合类型。如果从初步判断的扣合类型入手一直猜不出的话，就得考虑是否属于其他类型。判断灯谜扣法，主要应分清是离合类还是会意类这两大类型，其他类型单独存在的情况较少，常与这两类扣法配合使用。有时根据谜面不易分辨扣合类型，不妨先当作离合类来试猜，如果不可猜，则当作会意类（或其他类）再行试猜，直至猜出。

【例】山盟虽在，锦书难托（成语）言而无信

扣合思路：谜面使用成句（陆游《钗头凤》词句），一般来说以会意类成谜为多。并且谜面没有方位词和表示增或损的字眼，看不出离合类的特征，可以基本断定是会意类。由“书”自然联想到有“信”字，“难托”说明没有信，因此就应思考可能包含“无信”二字，再看谜面中的“盟”是“誓言”的意思，因为是成语，自然就会想到谜底“言而无信”。

【例】吕后歹横至绝，要斩韩信之首（古代交际用词）名讳

扣合思路：谜面用的是西汉时期吕后斩杀韩信于长乐宫钟室的历史典故，一般来说典故谜多以会意法成谜。但用会意之法猜射总是不着边际，则必须改变思路，重新仔细观察谜面，不仅有方位词“首”还有表示减损的字眼“至绝”与“斩”，离合类的特征已经发现，猜射就不难了。

吕后扣“口”，“歹横至绝”别解为“歹”字去掉一横，扣“夕”，合为一个字“名”；“韩信”二字的首（前部）去掉，则为“讳”字；由此得到谜底。

（三）寻找谜眼——谜眼要抓住

谜眼是指灯谜扣合中最关键的字或词，它通常巧妙地隐藏在谜面或谜底中，稍一疏忽，便会漏过。因而寻找谜眼是猜谜的关键所在。从猜谜的角度来说，寻找谜眼就是从谜面中找出关键字或关键词来作为突破口。一旦找准谜眼，扑朔迷离的谜题就会豁然开朗，谜底也就容易被锁定。

【例】公款豪宴真可怕（成语一）大吃一惊

扣合思路：谜眼是“豪宴”，宴会肯定与“吃”有关，“公款豪宴”当然就是“大吃大喝”，因此推断谜底中有“大吃”二字，害怕的同义词有“惊恐”。因为是成语，所以自然想到谜底是“大吃一惊”。

（四）运用谜法——谜法要熟练

运用谜法，就是从谜面出发，按照灯谜的扣合方法和规律来探出谜底。许多灯谜往往不止使用一种谜法制成。因此，猜谜不仅要掌握各种谜法，还要能够融合各种谜法灵活运用。具体到某一条灯谜，有可能以一种谜法为主，还有兼用它法的因素，要正确地猜出谜底，则必须考虑多种因素，综合使用多种谜

法来破解谜题。要有解决复杂问题的心理准备，才能自如应对猜射复杂灯谜。

【例】首都之旅(《水浒传》诨名一)行者

扣合思路：此例从谜面上看，属何种谜法不是很明晰。“首都”会意为“京”，而取方位可扣“者”。具体该如何选择，则由剩下的“旅”来决定，离合无迹，取“旅行”的本义扣“行”，可与“者”组合成为“行者”，符合谜目要求。求出确底方知此例为离合、会意兼用。

(五)借助资料——资料要善用

因为百科知识皆可入谜，灯谜牵涉面很广，而人们所涉猎的知识却十分有限，所以要善于借助相关资料来解谜。如查阅必要的工具书、专业资料、专业词典，还可以使用电脑网络来查寻资料，有助于破解较难的谜题。对某些不熟悉的专业灯谜，应该及时查考有关资料。尤其是用“典”的灯谜，有时只要弄清典故，谜底就不攻自破。有些看起来无从下手的专业术语灯谜，而找到专业资料一查，问题马上迎刃而解。

【例】“要改狂奴固态难”(4字物理名词)光稳定性

扣合思路：猜这条谜首先要知道“狂奴故态”和谜面的出处。“狂奴故态”这个典故出自《后汉书·逸民传·严光》，汉朝严光(字子陵)与光武帝刘秀、侯霸三人结为非常要好的朋友。刘秀当上皇帝后，严子陵十分讨厌做官，有时故意刺激光武帝刘秀，但刘秀仍很尊敬他。侯霸当上大司徒以后，专门去请严子陵叙旧，他写信回绝，刘秀骂他是狂奴故态。谜面出自袁枚《题严子陵像》。通过查资料理解谜面的典故后可以判断谜底应该是带有一个光字的物理名词。既然是改固态很难，说明他的性格是稳定的。谜底就是“光稳定性”(是指材料对光化学反应的稳定性)。

(六)验证谜底——谜底要扣准

谜底猜出后，必须进行验证以判断正确与否。首先，要验证这个谜底是否存在。对于不熟悉的谜底，有时虽然猜出了个大概，但没法确定表达是否准确，有没有这种说法。切忌想当然，必须查阅相关资料来验证有没有这样的名词，从而进行确认和修正，以避免所猜谜底的细小失误而功亏一篑。其次，要将谜底与谜面互相印证来检验扣合是否完整到位。具体来说就是：谜面所有的内容要全部体现在谜底（即谜面文字没有“抛荒”的现象），谜底的所有内容都要能从谜面上找到根据（即谜底文字没有“无根”的情况）。

【例】日上三竿（河北县名）高阳

扣合思路：此例用会意法，扣“高阳”“阳高”均可，吃不准哪个是对的。经查地名资料，“阳高”是山西县名，“高阳”才是河北县名。所以谜底必为高阳（位于河北省保定东部）。

三、谜面中的提示词

灯谜的谜面总是在故弄玄虚，但在离合类灯谜中，谜面主要就是由两类词构成的，一类是基本词，另一类是提示词。有些谜面除了基本词、提示词之外，还附加有衬词。简而言之：谜面=基本词+提示词（+衬词）。提示词往往巧妙地隐藏在谜面上，它与基本词互相依存，可以对猜谜起着提示的作用。关键是要能够识别它，并把它迅速找出来，这样猜谜就容易多了。

（一）基本词、提示词和衬词

谜面中的基本词：指被提示词所作用的词，也称中心词。一般由名词构成。

谜面中的提示词：指作用于基本词的词，也称指示词。一般由动词、方位词等构成。

谜面中的衬词：指只起语气帮衬作用的词，它不参与变化，也不起提示作用。一般是由在别解时可化解为不表示实义的实词或虚词构成的。

一条离合类灯谜的谜面通常是由一个或几个基本词与提示词的组合构成的，有时还附加有衬词。在离合类灯谜中，基本词与提示词二者是不可或缺的，以基本词为基础，在提示词的作用下，即由提示词对基本词施加增、损、离、合等各种方法而引起字形产生变化（或形成新的组合形式），由此产生的结果就是谜底。而衬词则是可有可无的，因此有的谜作含有衬词，有的谜作没有衬词。

【例】为父让爷得宽心(5笔字)节

扣合思路:“父”和“爷”是基本词,“让”是提示词,提示“父”从“爷”字中退让出来,余下字素“卩”。还有“宽”也是基本词,“心”是提示词,提示“宽”字的中心部位(是字素“艹”);“得”也是提示词,提示前半所余字素“卩”还要得到“艹”部,于是“节”字可成。而“为”字在谜面上不起提示作用也不参与变化,是衬词。

这是多个基本词和提示词并加衬词的例子。

(二)提示词的种类

提示词在离合类灯谜中是使用最多、最灵活的成分,起着提示字素方位、字形笔画增减、移位、组合等各种变化的重要作用。提示词主要有三类:字素方位的提示词、字形变化的提示词、综合变化的提示词。

1. 字素方位的提示词

汉字是方块字,在灯谜中,人们习惯按照汉字字素书写的顺序或字素所在的位置用方位词来提示相关的字素,还经常套用地图表示方位的习惯来提示字素的所在位置。可以用“东、西、南、北、中”的方位将一个汉字的各部分进行分解,如“燕”字各方位的字素如右图示。

北(廿)
↑
(丬)西 ← 燕 → 东(匕)
↓
南(灬)

结合汉字书写顺序和地图方位的表示方法,灯谜中表示字素具体方位的提示词大体有以下几种:

取上方部位的提示词:上、北、首、头、前、高、梢、始、端……

取中间部位的提示词:中、内、心、里、间、深处……

取下方部位的提示词:下、南、底、尾、末、脚、终、后……

取边上部位的提示词:左、右、东、西、前、后、边、侧、旁、畔……

取外围部位的提示词:外、周、围、圈、表……

取左边部位的提示词:左、西、前、头、初、始、先……

取右边部位的提示词：右、东、后、末、尾……

【例】清明前后来分田（字一）湖

扣合思路："前后"是方位提示词，"清明前后"指"清"字前半（氵）和"明"字后半（月）。"田"字分开则为"十口"。合成谜底"湖"字。

2. 字形变化的提示词

增添笔画、部件的提示词：加、多、有、收、入、归、增、添、上、和……

减损笔画、部件的提示词：减、少、无、离、流、失、去、开、除、下、解……

笔画、部件移位的提示词：改、移、动、易、变、调整……

字形整体变化的提示词：残、破、缺、背、倒、转……

笔画、部件组合的提示词：聚、合、并、连、相依、不分、结伴、进入、相会……

【例】妇女解放翻了身（字一）山

扣合思路："翻"一义为"翻转"，是表示转动的提示词。"妇女解放"用减损法可扣"彐"，"翻"用以提示将"彐"字转动一个角度成为"山"字。

3. 综合变化的提示词

在许多灯谜作品中，可能包含有各种不同类型的指示词，即有方位变化、字形变化，还会有增损变化，有时某些笔画在移位的过程中同时还包含着旋转，因此不能呆板地认为一谜只有一法。猜谜时必须要准确判断指示词来揣度出谜作者的意图，从而快速组合出谜底。

【例】一夫当关形势变（11笔字）凑

扣合思路：此例"形势变"是表示字形变化的提示词，此处的变化是综合的，既有笔画移位的变化，也有部件旋转的变化，"关"字上面的两点旋转左移。

四、猜会意类灯谜的技巧

（一）抓住谜面故意回避的字词

有些灯谜的谜面往往不用人们最通常的表述方法，而另取一些不是很直白的说法。如把"手"叫"掌"，以"唇"说"嘴"；用"缰""鞭""驾""紫骝"等来说

"马"的意思。再如称呼三国里的张飞,偏叫他"张翼德"等,这不完全是为了增加谜面的文采而使用书面语,有时就是为了防止"露面"违规不得已而代用的。其实,这种回避或代用是欲盖弥彰的,一旦谜面故意回避某一字眼,谜底很可能就有这个字眼。

【例】楚人求剑(美术名词)水印木刻

扣合思路:谜面来自寓言故事。有位楚国人渡江,在船上不慎把剑落入江内,他便在船上刻个印记,以示剑落水之处,到岸以后却在船的印记处下水摸剑。这一典故,已有成语"刻舟求剑",现改为"楚人求剑",那么谜底会不会含有"刻"或"舟"字呢?根据常识,美术名词有"雕刻、木刻"等,再结合谜面,就能猜出答案为:"水印木刻"(在船的木头上刻上水的印记)。

(二)以谜面人物和地名为线索寻找借代词

灯谜作品中谜面以人物和地名为叙事中心的占有较大的比例,如以历史题材和典故进行创作的,绝大部分与人物或地名有关。猜谜时首先要从谜面上的人物或地名入手,将人物的姓、名、字、号进行借代试探,或将地名的简称、别称、古称、美称进行借代试探,就有可能发现扣合的契机,由此切入并延伸猜出谜底。

【例】囚禁张学良(元代戏剧家一)关汉卿

扣合思路:"西安事变"是现代史上震惊中外的大事件,1936年12月爱国将领张学良兵谏迫使蒋介石与中共合作抗日,后来遭受蒋介石报复被软禁几十年。此谜源于这一历史事件。张学良字"汉卿",名与字借代相扣,谜面"囚禁"对应谜底"关"字。显然抓住张学良字"汉卿"这个线索,谜底就呼之即出了。

(三)以谜面描述的主要事物为线索寻找特征字眼

谜面上着意描述的主要事物是猜谜的主要线索,尤其要注意从主要事物中推敲出特征字眼。找准了特征字眼,就是找到了突破口,"拔出萝卜带出泥",相关语词就会连带而出,谜底也就豁然开朗了。

【例】手持面条待水开(成语一)等而下之

扣合思路：谜面描述的是日常生活中准备煮面条的情景，要围绕着煮“面条”来找出特征字眼。人们习惯上把面条放入汤锅中的动作叫作“下面条”，因此谜底很可能有特征字“下”。由“待水开”可知尚须要“等”会儿。“下”与“等”一出，谜底“等而下之”就不攻自破了。

（四）以比较容易猜出的字词为线索继续延伸猜射

猜谜就是将谜面演绎成谜底的过程，猜谜的根据是谜面，而谜面上总会有某些部分比较显豁易猜的，先从比较易猜的字词入手，很可能就抓住了谜底的一两个字，然后再继续延伸补充猜射，就不难得出完整的谜底。

【例】破墙而入，盗窃一空（成语一）凿壁偷光

扣合思路：“盗窃”通俗的讲法就是“偷”，“盗窃一空”说明全被“偷光”。由“偷光”一词很容易联想到“凿壁偷光”。再延伸看谜面前句，“墙”与“壁”正好同义相扣，可以判定“凿壁偷光”正确无疑。

（五）要注意变换新的角度以适应新的别解思路

灯谜是一种文字别解的艺术，灯谜作品中新的思路、新的别解层出不穷，往往言在此而意在彼，让猜者晕头转向落入陷阱。猜谜既要执着，又不能执迷不悟。所谓执着，就是要有毅力，不能浅尝辄止，知难而退。不能执迷不悟，是指在具体猜谜思路及猜谜方法上，要善于主动求变，不可只在一条道上跑到黑。猜谜过程中，发现此路不通，就要另辟蹊径。一旦苦思不得其解，要及时反思是否思路和方法被误导了，立即变换新的角度，寻找出新的思路。这个字扣合不上，就迅速更换另一个字，直到猜出准确谜底。

【例】不同意放在最后（成语一）摇头摆尾

扣合思路：按猜谜人的经验和直觉，首选就是用反面会意法破解——不同意放在最后，那就应当允许放在前边。语义比较接近的是“名列前茅”，但是“名”无从说起，似是而非。变换角度，按正面会意的一般思路来猜，“不同意”是“否决”“否定”的意思，仍然难以找到合适的成语。必须再换新的思路，这条谜的独特思维在于“不同意”三个字，人们习惯上用点头和摇头动作来表示认可与否，“不同意”就是“摇头”，于是乎“摇头摆尾”的别解义就浮出水面了。

（六）要注意把所有的条件（包含相关背景）都用上

灯谜讲究扣合紧切，就是要做到扣合完整而准确，避免谜面和谜底出现闲文剩义。因此猜谜时，要对谜面上的字仔细推敲，每个字都不可轻易放过。会意体灯谜是运用汉字一字多义别解而成谜，有许多字的义项多达几十种，有的字不仅有今义，还有古义，这些字义都存在入谜的可能性。因此，不仅要注意字的各种含义，而且还连虚字也不能放过，灯谜中常有出人意料之外的虚字实用的手段。有时只把谜面所提供的条件全用上还不够，必须把谜面出处、作者、上下文、写作背景等相关因素也要考虑进来。

【例】"俗子胸襟谁识我"（离合字三）秋心愁、何人可、悟吾心

扣合思路："胸襟"为"心怀"，"谁"是"何人"，"我"即"吾"辈，一读谜面这些常用的扣法就会相继冒出来。与这些所会意的字眼相关的谜底组合"何人可、悟吾心"是熟底，又恰能够与谜面相扣，可以初步采用。谜底才出三分之二，谜面之意已尽揽无余，怎么办？只能从谜面相关背景寻找扣合契机。谜面加双引号，说明是成句，系近代女革命家秋瑾《满江红·小住京华》词中之句，表达了烈士不一般的情怀，引入人物与襟怀，便又可扣出"秋心愁"的组合，立意得到提高，谜底也猜完整了。

思考题

1. 灯谜主要的扣合方法是哪两大类？请各举一例说明。
2. 俗称的拆字法，具体又有哪些种类？
3. 字义扣合类谜法主要有哪些具体方法？
4. 字音扣合类谜法主要有哪些具体方法？
5. 谜格的作用是什么？

第五章　灯谜艺术创作

灯谜被称作“最短小的文艺作品”，制作灯谜是一种文艺创作。灯谜作品源于现实生活。从现实生活到灯谜作品，这中间要经过灯谜作者的劳动。这种劳动就是创作实践。从本质上说，灯谜创作也就是一定的社会物质生活移入灯谜作者的头脑并加以改造的过程，即灯谜作者对客观现实生活进行艺术概括的过程。灯谜艺术作品既要有表现力、感染力和创作力，同时要结合灯谜艺术的特点而遵循一定的规律和规则。

第一节　制谜基本法则

一则灯谜，寥寥数语，却能独立成章，是一种最简短的文学作品。不少谜作取材于古典文学名著、历史典故、历史故事等，又常选用古典诗词或名句为面，所以显得很有文采，猜谜时可以受到文学的熏陶。

由于灯谜具有文学性、知识性、教育性、趣味性等特性，加上开展活动比较简便，它不受时间、地点、空间的限制，因此，无论工厂、机关、学校、商店，也无论在室内、走廊、街头、广场，只要把铁丝（或绳子）一拉，谜笺往上一挂，就会吸引许许多多观众参与，往往会出现男女老少踊跃猜射的动人情景。

因此灯谜制作（包括评优）要结合以上的特点，制定相应的要求和标准。

制谜和猜谜是两个互逆的过程。制谜者制谜过程就是对底材进行分析和寻求别解而埋设玄机的过程；通俗地说就是“挖坑”。而猜谜者就是根据谜目提供的范围,通过分析谜面的线索,识破制谜者所掩藏的玄机。

汉字蕴藏着无穷的玄机,汉字是取之不尽、用之不竭的谜材。制谜者首先要树立起“字词百科皆可入谜”的理念,天下百科皆为我用;不怕做不到,就怕想不到。

但灯谜艺术创作也要满足符合性和适用性两方面的要求。

一、符合性要求

符合性要求指的是制谜要符合灯谜的一般规则。按照灯谜规则的要求,才有可能制作出合格的灯谜。制谜的符合性要求主要有以下几点。

(一)面底不能相犯

谜面要避开谜底所有的字,谜底任何一个字都不能在谜面上出现,这是制谜最基本的要求。

【错例】要扫除一切害人虫(3字数学用词)除得尽

此谜是会意扣合,初看会意基本准确,扣义并无问题。仔细一看,存在“除”字面底相犯之弊,是病谜。制谜时要认真审视,避免此类错误。可将相犯的字词用另一个同义字词替代。

【正例】要扫灭一切害人虫(3字数学用词)除得尽

将原谜面中的“扫除”替换成“扫灭”,避开“除”字,此谜成立。

面底不能相犯,底不重字,同样包括经过变化的字,这些错误较为隐蔽。关于通假相犯前面已介绍,此处不再重复,下面看另一种情况:

【错例】法官进羊圈(城市名·梨花格)沈阳

梨花格是全为同音别字,“沈阳”粉“审羊”,这个“羊”字重复相犯了。

【正例】假装断案(城市名·梨花格)沈阳

谜底“沈阳”粉“审佯”,“沈、阳、审、佯”这四个字在谜面中均未出现,没有犯面。

（二）面底都要成文

谜面要遵守语言文字规则，每一个字必须是规范字；谜面和谜底都应当是由字、词或文句很自然地构成的。

【错例】玉口（国际组织）联合国

谜面显然是为了能够扣合谜底而杂凑起来的，虽然从离合法来说扣合成“国”字，加上衬字“联合”，方法正确，但“玉口”二字不知所云，是病谜。此谜将联合国三字进行了别解，思路可取。修改如下：

【正例】玉带格（国际组织）联合国

“玉带格”是一种谜格，谜面有实义。扣合时谜面中“格”象形“口”，“玉”和“口”“联合”得到“国”字。谜底扣合正确。

（三）要有别解成分

灯谜不能直解。也就是说灯谜必须要别解。如果谜面和谜底不能产生别解那么也就缺少了趣味，谜味来自别解。可以这么说：别解方成谜。

【错例】巨杉（歌曲）好大一棵树

谜面和谜底的语义吻合度比较高，会意并无差错。但将面与底的意思一对照，就可发现形同词语解释，没有别解成分，没有谜味，不能称之为灯谜。可以对谜底中的“好”字进行别解，重新配一个谜面。

【正例】小松不喜欢（歌曲）好大一棵树

此谜修改后，运用反扣法，谜底别解为“喜欢大树”扣合谜面。谜面和谜底的语义反差较大，有别解成分，产生谜味。

（四）扣合必须准确

谜面与谜底要做到准确扣合，必须要注意以下几个方面：

1. 不得生造字义

要尊重字、词固有的释义。灯谜中不按词典所载的字词各种义项正确使用，乱用、滥用字词的弊病时有所见。

【错例】夜半三更盼天明（外国市名）巴黎

单个“黎”字可解为“众多”“黑色”“徐徐”等，但并无“黎明”（拂晓）之义。在“黎明”中，“黎”仅作“徐徐”解；而作为“拂晓”“天明”用则是谬误的。

【正例】四川群众（外国市名）巴黎

注：四川，古称巴蜀之地。黎，众多的意思。

2．谜面不可抛荒

谜面文字要做到丝丝入扣融入谜底，不能有多余的字词。如果谜面上的个别字、词落实不到谜底上去，成为面上的闲字，术语称“抛荒”。

这在借用成句入谜的作品中极易出现。“抛荒”又有尚可捎带和无可捎带的区别：凡在一句中是主语或处在骨干位置上的词，“抛荒”是不允许的，是为无可捎带；反之则可捎带。

【错例】淡扫娥眉朝至尊（化工品）轻粉

面句选自唐张祜《集灵台》诗，说的是虢国夫人不施粉黛去朝见君王，面句典雅。用“淡扫蛾眉”扣合“轻粉”，颇见传神；但“朝至尊”三字没着落，抛荒了。

【正例】淡扫娥眉（化工品）轻粉

用“淡扫蛾眉”扣合“轻粉”，别解为“轻视涂脂抹粉”，扣合严谨。

谜界有“好谜字字不落空”的说法，这是有一定道理的。因为闲字一多，既显得累赘，又分散思路，一些闲字常常使人猜射时误入歧途，百思不得其解；揭底后钻“牛角尖”，对灯谜作品质疑。

3．谜底不能无根

除了谜面避免出现闲文剩义外，还要注意谜底不能够有无法扣合的字词。谜底中若存在从谜面上找不到扣合根据的闲字，就是“无根”，称为“谜底踏空”。

【错例】谢客（陈子昂诗一句）后不见来者

“谢客”即不愿见来访者，可扣合谜底的“不见来者”。但“后”字却无着落，踏空了。可以在谜面中适当增添字词，弥补谜底的“无根”。

【正例】王夫人谢客（陈子昂诗一句）后不见来者

“王夫人”别解为“君王的夫人”即“后”，这样面底扣合贴切，无懈可击。

4．面底切忌倒吊

“倒吊”是灯谜术语，又称“倒葫芦”。所谓“倒吊”就是指把谜面和谜底概念的种属关系颠倒，通俗讲就是不合逻辑。因为有种属关系的概念，其外延不是完全等同的，其范围有大小之分。比如可以说“马是家畜”，但不能说“家畜都是马”，这里的“马”是“种”，即小概念；“家畜”是“属”，即大概念，二者之间是“种属关系”。正确的用法是：“种”（小概念）放在谜面，“属”（大概念）放在谜底。一旦倒置会使该事物失去逻辑的必然性，如果出现这种情况，即谓之“倒吊”。

【错例】不同凡响（打中草药名一）神曲

曲调是一种响声，但响声不一定都是曲调。所以响声是大概念应放在谜底，曲调是小概念应放在谜面。这条谜颠倒了种属关系，犯了“倒吊”的毛病。如果将谜面和谜底对调后就符合灯谜的规律。

【正例】神曲（打一成语）不同凡响

“神曲”，当然是“不同凡间的响声”，面底扣合正确。

5．字形字音准确

汉字中，有许多字形相差无几，稍有不慎极易相混。如“巿”和“市”，“七”和“匕”，不能混淆。

【错例】江城（字一）沛

“江城”意为“水市”，但“沛”字右边乃“巿”（fú，4笔），不是“市”（5笔）。

【正例】瀑布半天上（字一）沛

“瀑布”各取一半得“三点水”和“巾”，天上取“一”，得“沛”字。

灯谜，也可以说是从某种角度来研究文字的一种活动，如果把研究对象任意改变，使之符合自己的主观要求，这不是研究的本意。曾经有人为了迎合谜底，生造一个字。如：宫（京剧一）二进宫。谜面这个字纯属杜撰，谜自然不能成立。为了保证汉字的纯洁，一定要纠正不讲文字规范化的倾向。

制作“谐音类字谜”时要保证提音正确，不仅读音要正确，声调也不能有误，否则就是病谜。

【错例】新春前后听莺声（字）音

“新”之前(立)“春”之后(日),组成“音”字,这是形扣;“听莺声”,这是音扣,目的是从另一角度锁定谜底,并增加谜句的文采情趣。然而,莺(yīng)与音(yīn),却不是同一读音。

【正例1】新春前后(字)音

利用方位法,“新”的前是“立”,“春”的“后”是日,合成“音”字。此谜不需要提音,也可扣合得底。上例谜面中“听莺声”提音错误,反而画蛇添足。

【正例2】庭前举头听莺声(字)应

利用方位法,“庭”的前是“广”,“举”头取“举”的上半部,合成“应”字。“应”与“莺”字读音相同,验证谜底。

以上这类错误甚至出现在公开出版的谜书中,切不可人云亦云跟风仿效。还有其他方面的错误,如若发现应当大胆质疑,不可盲目跟风。

6. 谜目标注正确

谜目也是灯谜的重要组成部分,谜目标注要正确,谜目不宜混杂。

【错例】话到嘴边又咽下(外国首都)塞舌尔

塞舌尔不是首都名,而是“国名”。它是印度洋中西部的岛国,首都名为维多利亚。

【正例】话到嘴边又咽下(国名一)塞舌尔

塞舌尔是国名,全名“塞舌尔共和国”。将固定名词“塞舌尔”别解为“口舌堵塞”,扣合谜面。

一条灯谜如果包含两个或多个不同种类的谜目,由于谜目杂乱,往往给人一种非驴非马、不伦不类的感觉,从而使猜射的趣味性大为减弱。因此谜目不宜混杂。

【错例】“成也萧何,败也萧何”(打爆破器材一、邮政名词一)引信、死信

谜面是一句有名的成语,意思是说,韩信之所以能统帅三军,乃得力于萧何的引荐;因而“成也萧何”,可扣合“引信”,“败也萧何”可扣合“死信”。本谜扣合虽贴切,可惜两个谜目风马牛不相及,猜射起来总令人感到不够畅快。

【正例】“成也萧何、败也萧何”(金融名词二)信用、信息

此谜用典自然,谜底两个名词都属于金融名词,将韩信被用到被害的过程

与谜面前后半句对应，连读起来意思连贯。相较上例，谜目整齐简洁，谜底通顺成文，因是同一类名词，联想猜射也较为容易。

因此，制谜者应努力杜绝谜目混杂的现象，给猜射者创造一个和谐舒畅的意境。

此外，谜目范围要适当，谜目是破谜的钥匙，太宽则太难猜中，太窄则没有挑战性。猜俗语或常用词最好标明字数，猜药物的要标明中药、西药，猜古人名最好注明朝代，猜科技名词要注明学科，等等。

（五）事例符合事实

谜面不仅要成文，而且事例应符合事实。灯谜是文学作品中用字最少的一种体裁，成文的谜面隐含多种含义，让人去猜射。如果谜面记事，那么所列的事例必须符合事实。如果谜面与事实不相符合，就会使猜射的条件和意义丧失，谜就不能成立。如：

【错例】正月无初一（字）肯

此谜不符事实，正月怎么会无初一呢？这只是为了“正”字少“一”而乱造所致；可以适当修改，使得谜面意思成立。

【正例】正月初一了（字）肯

增加一个“了”字，别读为liǎo，做“完毕、结束”意思解释，就起到“减法”的作用。“正月”去掉一横，则得到“肯”字，底面扣合正确。

需要说明的是，引用一些现成的诗句、词句或戏剧、相声中的夸张、虚构的语句或名称来制作灯谜，是允许的。如“关公战秦琼（体育术语）打时间差”。谜面是取自相声《关公战秦琼》而制成的；关公是汉末人，秦琼是唐代人，两人相遇是不可能的。但它是灯谜艺术加工和袭句的用法，不能认为“事不符实”。

（六）一谜不能多底

一条灯谜只能有一种谜底，如果可以猜出多种谜底，说明该谜制作不严谨。遇到这种情况，一般可运用制谜的技术手段，诸如在谜目中标出笔画数、在谜面上加入限制条件或综合运用其他谜法等措施来补救。实在无法挽救的多底谜，就当废之不用。

【错例】半推半就（字）扰

此谜面运用半字法，由于“取半拼合”存在有不确定性，既可猜“扰”，也可猜“掠”，明显多底。要设法“限底”，可以修改谜面或谜目。

【正例1】半推半就（7笔字）扰

由于“掠”笔画11笔，因此此谜底只能是“扰”字。此为修改谜目的方法。

【正例2】半推半就拢相近（字）扰

由于谜面加入了“拢相近”三字作为限制条件，就排除了猜“掠”的可能。此为修改谜面的方法。

（七）一字不可复用

一字两用是指在扣合谜底时，原谜面无完全入扣，无形中应增加谜面中的某一字，重复使用。

【错例】游乐（电影名）流水欢歌

谜面若作“游得很快乐”，则为“流水欢”；若作“一边游一边奏乐”，则为“流水歌”。而今底为“流水欢歌”，又快乐，又奏乐。使得“乐”字，一字两用，既读“lè（欢乐）”，又读“yuè（乐曲）”，很明显触犯了“谜规”。

【正例】“且唱迎春乐”（2017年春晚节目一）欢歌

谜底中的“欢”字做“欢乐”的意思，“歌”做“歌唱”的意思。两个字分别对应到谜面“乐”和“唱”字。

（八）不可当头用典

所谓“当头用典”是指以其人其事为面，而谜底转入此人此事，原典扣合而无别解之功者。当头典本质上就是“直解”。

【错例】孔明抚琴退仲达（京剧名）空城计

诸葛亮抚琴使司马氏退兵，就是用的“空城计”。底面用解释与被解释的关系，有违谜理。

【正例】孔明抚琴退仲达（4字商品词）真空包装

谜底别解为“装作是空的，真就是空的”，反映虚而示虚的疑兵之计，与谜面的故事相符合。

（九）不可重门

重门是指谜面谜底扣合要经过多层转折，隐之又隐，使人无法窥其门径。通俗地说，重门是二次转义，即A转义为B，B转义为C，于是用A去扣合C。

【错例】日语（打一交通名词）公路

“日”转义为“阳”（都有“太阳”的意思），“阳”转义为“公”（都有“男人”的意思），于是拿“日”扣“公”；“语”转义为“道”（都有“说话”的意思），“道”转义为“路”（都有“道路”的意思），于是拿“语”扣“路”。这是不允许的。

“回互其辞”是灯谜的最大特点，但如回互太甚，多层转折，一隐再隐，猜者将难以揣度。此类谜作的扣法近似谜格中“重门”的扣合方法，所以这种谜病被称为“重门扣合”。虽然灯谜有重门格，“重门格”谜的“意多一转”，并没有明确的限制，多凭制者一厢情愿，成谜最为难猜。用此格制谜少有可人之作，重门格谜已不受欢迎。

【正例】雄关大道（打一交通名词）公路

此谜将上面病谜中间转义的意思组成谜面，“雄”扣“公”，“道”扣“路”。就避开了重门的错误。

以上这些规则，是制谜时必须遵守的。它不仅影响谜艺的好坏，而且关系到整个灯谜水平，影响灯谜在文学中的地位。

此外，还有一些建议的规则。主要有：

第一，隐显要得当。

灯谜讲究“隐”与“显”。隐就是把谜底藏起来让人猜；显是告诉猜者一些线索和条件，使其有迹可循，顺藤摸瓜。隐不能过深，避免使人如堕五里雾中，只有望谜兴叹的份儿；显也不能太明，以免清汤寡水，失掉谜味。隐而不晦，显而不露，才是上乘。例如：

①都晓得（应用文体）通知

②无边落木萧萧下（字）曰

例①显得太明，缺乏了一种曲径通幽的谜味。

例②隐得太深，过于晦涩。谜门重重，难以解读。经常被拿来作为“脚趾动"谜的典型案例。

所谓"脚趾动"谜，是指过于曲折隐晦、钻牛角尖的灯谜。谜面扣合谜底一般只需转一个弯即可，如转两三个弯，就过于晦涩难懂，令人丈二和尚摸不着头脑。"脚趾动"谜这个概念，首先是清代小说家李汝珍通过《镜花缘》里一段谜论提出来的："大凡做谜，自应贴切为主；因其贴切，所以易打。就如清潭月影，遥遥相映，谁人不见？錞那难猜的，不是失之浮泛，就是过于晦暗。即如此刻有人脚趾暗动，此唯自己明白，别人何得而知。所以灯谜不显豁，不贴切的谓之'脚趾动'最妙"。例如这条谜："无边落木萧萧下"（打一字），谜底是"曰"。作者是采用南朝宋，齐，梁、陈历史顺序的典故，齐朝和梁朝的帝王都姓萧，用"萧萧"扣"齐梁""萧萧下"就是"陈"了。陈的繁体字是"陳"，"无边"是去掉"陈"的"阝"，"落木"再去掉"東"之"木"，就剩下"曰"字了。这条谜的弊病，就是谜面线索埋得太深，转弯太多，过于晦涩。对于谜面"萧萧"二字就是暗喻齐梁二帝王之姓氏，"此唯自己明白，别人何得而知"。因此，说这条谜是"脚趾动"谜典型之一，看来并非过分。除却"脚趾动"，此谜还涉嫌多底，猜"日"也可以。

第二，谜面忌空泛。

在灯谜创作中，一底多面情况是相当多的，但必须取材不同，刻画各异。同一扣法的面句，最好是特定的一字不能更改的词；反之，同一取材，若既可用这句，又可用那句，都同样相扣，则必定乏味。这种情况一般称为谜面太泛。如：

四加四（字）积

"四加四"和是八，再由"和八"拼成"积"字。应该说此谜是相扣的。但除了"四加四"外，五加三，六加二，七加一，和都是八，故谜面仍属太泛。若把谜面改为"七一"，虽扣法不变，但已赋予了新的含义（中国共产党的诞生纪念日）。这样就比原谜高出一筹了。

再如"我先走（数学名词）不等""下班（中草药名）当归"，都是谜面太泛无味之谜。

第三，拟面要文雅。

谜面成文是成谜起码要求，要制好灯谜还必须在遣词用句上刻意求工，既使谜面扣底准确，又使其词句优美生动，富有文采，这样的灯谜才具有艺术欣赏价值。故历来的制谜者都爱选用成语或诗、词、文句来做谜面。例如：

①太阳才升起来（电影演员名）刚晓光

②邮件太重（三字口语）不轻信

上面两条谜，面底扣合虽然贴切，但谜面都还可以作进一步修改。例①如用“晨曦”作谜面，就比原来精练；例②若借用杜甫诗句“家书抵万金”反扣“不轻信”，则既增强文学性，又更加耐人寻味。

二、适用性要求

适用性要求是从灯谜使用的角度提出的。灯谜文艺作品，多用在公开场合活动，灯谜不仅是一项增知益智、饶有趣味的文化娱乐活动，更重要的是发挥宣传教育作用，因此要特别注意以下问题。

（一）不能低级趣味

谜面应该积极向上，以传播知识为主，要脱离低级趣味。不能将色情低俗的内容纳入谜面谜底，更不可在大庭广众下使用。近年来网络灯谜蓬勃发展是件好事，但灯谜良莠不齐，由于网络低俗词语不断被创造传播，极少部分灯谜涉黄或隐晦涉黄，制谜者切不可习以为常、跟风仿效。网络语言粗鄙化需要治理，规范网络语言的必要性正在得到全社会认同，相应地，网络灯谜可以“俗”，但绝不可以“低俗”，使用网络敏感词语要慎重，防止污染了灯谜这一片文化天地。

【错例】背水一战（网络新词）逼格

此谜将谜底别解为“被逼迫而格斗”，扣合没问题。但网络新词“逼格”，造词格调不高、品位低下，不适合作为谜底。

【正例】背水一战（科技新词）北斗

根据五行借代“北方壬癸水”，“斗”扣“战”，分扣而得谜底。将谜底换成

"北斗",不仅扣合没问题,而且以中国自行研制的全球卫星导航系统制谜,思想性比上面的谜例高得多。

(二)避免底面不投

制谜在讲究技巧和趣味的同时,还要考虑到底面之间的褒贬关系及其宣传效果。谜面和谜底的内容不可自相矛盾、褒贬不一。一般人名和广告语要以褒义为主;最忌将领袖、英模和值得肯定的历史人物配上贬义的谜面,同理忌将反面人物配上褒义谜面。

同样,涉及政治方面的内容,要符合国家政策和法律法规,杜绝出现政治错误,避免造成不良影响。

需要提醒的是,在强调原创、倡导创新的今天,灯谜作为文艺作品,要坚持原创,杜绝抄袭雷同;但随着灯谜创作的兴盛,灯谜撞车暗合的现象就凸显出来了。在灯谜创作时,不同作者不约而同地创作出一模一样的灯谜作品,叫作"撞车",这是在有意识或者无意识的情况下造成的现象。"暗合"指的是谜作与别人已经发表的谜作思路接近或有相似之处。"撞车"这种情况在谜界还是比较常见的,因为灯谜的谜面只是一个词或一句话,特别是使用古文成句或古诗词句作谜面时,就更容易造成灯谜"撞车"。在时兴热门底材的灯谜创作中,也极易出现撞车暗合的情况,比如热播影视新剧、当红的文体明星、流行的网络热词等。因此创作灯谜时,一定要记得必须充分利用网络搜索引擎功能,查找本人的谜作是否撞车或暗合。

第二节 制谜基础方法

灯谜谜面的构造方法有两种。一种是引用前人诗词文章,一般称之为"成句面";一种是自行结撰,一般称之为"自撰面"或"自拟面"。成句,就是前人的现成文句。成句一词,通常认为始见于清康熙年间,比如康熙九年(1670)李渔在其《闲情偶寄·词曲部》之词采第二“忌填塞”中总结“填塞之病有三:多引古事,迭用人名,直书成句”,此后,“成句”二字在一些文章中时有出现。在黄宗羲于顺治七年(1650)所作《外舅广西按察使六桐叶公改葬墓志铭》中有更早的记录:“公之至处,自在填词,一时玉茗(汤显祖),太乙人所脍炙,而粉筐黛器,高张绝弦,其佳者亦搜牢元人成句”,由此可推断,可能在晚明之前即有“成句”一词。从清初之后的古籍中,可以感觉到,古人口中的成句,指的并不完全是大家耳熟能详的经典诗句或辞赋,“成句”与“熟句”是有分别的,因此,作谜布面用的成句,既可以是前辈熟句,亦可以是前人乃至时人的生僻现成文句,这点在网络普及的今天,已不会影响猜射。

灯谜有成句谜的概念。成句灯谜,是指利用已有的现成句子作为谜面的灯谜。被利用的成句,一般是古代诗词、古文句等,有时候也可能是新诗词或歌词、戏剧唱词及其他如谚语、名言等。创作灯谜时,如谜面使用成句,需加上双引号。一是对原作者版权的尊重,二是有助于引导正确的猜射方向。

“谜面双引号”是成句谜的特征,自拟谜面不需加引号。“成句”和“自拟”,二者不过是不同的成谜手段,无所谓孰优孰劣。

随着时代发展,一方面谜人与谜作越来越多,使用成句容易有“雷同之弊”,另一方面文艺不断向大众普及,灯谜理论体系和创作手法也不断丰富,不但有北派之七言律句,更有海派之浅语白话,自撰面越来越多,逐渐与成句面分庭抗礼,各占得半壁江山。

灯谜创作基本方法有两种:“以底求面”和“以面求底”。

一、以底求面

由谜底配谜面,谜底明确,可以根据谜底量体裁衣来制作谜面,相对容易些。灯谜创作绝大部分是由谜底来配谜面。谜界称为“与虎谋皮”。基本步骤如下:

(一)选定谜底

谜底不能过于生僻,要选用那些大多数人都知道的内容做谜底。同一则灯谜可以有多个谜底;但不要混杂,例如谜底一个古朝代名、一个现代人名。

(二)确定谜目和谜格

谜目范围宽窄要适当,太宽则如大海捞针无法猜中,太窄则一猜就中没有挑战性。例如以“屈原”作为谜底,谜目定为“古人一”则太宽,定为“楚国诗人一”则太窄;定为“古代诗人一”就比较恰当。

如果需要用谜格,则标示谜格。

(三)配置谜面

1. 用离合法

初学者可熟悉字素的表达和用法,并选取套用即可。

每个字素在灯谜中都有若干种常见的用法,这里仅列出几个字素的用法(更多字素用法见附录十)。

一:天上　开头　夏初　至高　无上　日中　前天　平顶　上面　下面　两头　下头　西北　六中

丨:山中　川中　川东　中山　个人得失

丿:人前　广西　西川　川西　西风　向上　白头　手头　秋初　上升　先生　船头

丶:户头　肩头　太后　之上　凡心　丹心　为首　北京

用字素(部件)组合的方法(字素加上连接词)可制作字谜。以制作谜底为“十”的字谜为例:

【例】工头到山中(字)十

制谜思路:工头(一);山中(丨);到(连接词),把两个字素“一”和“丨”连接起来成为“十”字。此谜使用加字法。

【例】只卖不买(字)十

制谜思路:此谜使用减字法,找出一个包含谜底的字,减损去多余的字素(部件)。谜底为“十”,“卖”是包含“十”的字,“不”是减损词,“买”是多余的字素。成谜的原理:(卖)—(买)=(十)。

用离合法制谜最基本的操作方法是:字素(部件)加连接词。谜底字的结构复杂、笔画多的一般用增添字形法，谜底字的结构简单、笔画少的一般用减损字形法。

在正确掌握使用谜法的同时，最重要的还是因材施用。例如可根据字词自身的结构特点寻找扣合契机。以谜底为“人生”的灯谜制作为例：

【例】大牛变了样（2字常用词）人生

制谜思路：此谜可以不用增减方法，由于“人生”二字与“大牛”二字字素相同，笔画相等，只是结构不同。只要把“大牛”结构进行调整，就可变成“人生”二字。

2. 用会意法

学习用会意法制谜，先从简单的词语别解开始，可分为3个步骤，以为成语“等闲视之”制谜为例：

①弄清本义——把它看成平常的事，不予重视；

②找出别义——等空闲时看；

③根据别义配置不同的谜面：

【例】有空再看（成语）等闲视之

制谜思路：“空”的同义词是“闲”，正面会意法扣合。

【例】忙时先不看（成语）等闲视之

制谜思路：“忙”的反义词是“闲”，反面会意法扣合。

二、以面求底

根据谜面配谜底，如同先有衣服，再找人来试穿看合身不合身，要找到合适的谜底难度较大。因而据谜面配谜底的创作只占一小部分。

制谜一般是先选谜底而后构思谜面的。但有时如果遇到现成合适的词句，也会选来作为谜面再配以适合的谜底，这样制成的灯谜，一旦扣合贴切，往往具有自然浑成的艺术效果。如以杜甫诗句“此曲只应天上有”用作谜面，就可扣合成语“不同凡响”，面底扣合自然顺畅。

以面求底有三种常见的形式。

(一)利用诗、词、古文名句作谜面而配制谜目和谜底

如读到李白《长干行》中“十五始展眉”的诗句,很快会想到“十五”可作“望日”解,“展眉”有眉头舒展“开颜”之意。于是可制作灯谜。

【例】“十五始展眉”(成语)喜出望外

制谜思路:“十五”借代可扣“望”,谜底“喜出望外”别解为“在望日之后喜悦露出”,扣合谜面。

(二)以新词语、新概念或宣传语作谜面而配制谜目和谜底

如:用近年出现的新词语“可持续发展”作谜面。如何配上谜目及谜底?通过观察,这“可”字特征比较明显,与“哥”字是如影随形。当然单以“哥”拆开为两个“可”,并不能与“可持续发展”相吻合。如果换一种思路,“可”字持续发展下去,一定会构成很多“哥”字;这样谜就制成了。

【例】可持续发展(国名一)多哥

制谜思路:“可”字持续发展,就有了“很多个哥”,“多哥”是非洲的一个国家名。

(三)命题创作或因特殊需要以某些特定的语句作谜面,而为之设目配底

命题创作的特点是主题突出,内容严肃,针对性强,效果显著。用这种方法制谜,要做到扣合贴切,难度较大,应当刻意去搜求适合的谜底。特别需要发散性思维,从多角度去探寻谜底。

【例】中国在腾飞(猜化学名词)升华

制谜思路:通常“中国”可扣“华”“夏”“龙”,腾飞扣“跳跃”“升空”,组合起来,很容易想到“升华”这个词语。

此外遇到现成词句时的灵感爆发也会想到作为谜面来创作灯谜。

第三节　制谜高级技巧

前述为灯谜创作的基本方法，灯谜虽然不必像写诗那样过分雕文织锦，但也应力求文体相辉，使其成为纤巧的结体、精妙的作品，以“典雅、浑成、精巧”的优美形象展现在人们面前。

谜家伍耿怀在《中华灯谜教程》中说过：“要想使所作灯谜具有谜味，重在造底的巧妙与谋面的精致。”他同时总结了灯谜创作的几个技巧。

一、造底技巧

制谜者都很清楚，对于同一个谜材，由于观察、剖析、综合，提炼的思维方法不同，其联想别象所产生的“新义”也各不相同。可见利用谜材进行构思使其成为一个妙趣横生的“艺术形象”，还有一个技巧问题。也就是说，在改造谜底的时候，如何使它达到别义出新、拆字出奇、缀底出巧、裁句出趣的境界。

（一）别义出新

就是选择好的谜材或利用老谜材通过别义翻出新意。例如：以成语“操之过急”作底材的比比皆是，但多数是以“曹操过于急躁”作为别解意象，或用“曹孟德败走华容道”之类布面，落入窠臼。

【例1】孟德一行甚焦虑（成语）操之过急

后来有人将此成语别义作“曹操的过失在于性子太急”。见下面例2。

【例2】孟德中计斩蔡张（成语）操之过急

由于多了一个“过”字别解，则比前谜更胜一筹。

然而，上述两例谜底中的“之”，都作虚词用：前例中的“之”，做主谓间的助词以舒缓语气；后例中的“之”，相当于结构助词“的”。后来有人刻意求新，把

“之”实用,喻为龙蛇。见下面例3。

【例3】舵舞龙蛇越险滩(成语)操之过急

作者自撰协律七言“舵舞龙蛇越险滩”为谜面。操舵曰“舞”,极尽夸张能事;龙蛇如“之”,化腐朽为神奇。

要做到别义出新,就必须善于利用谜材文字的几种歧义进行类比,择取其中最恰当的一种来表达别义。譬如,以成语“乌合之众”为底材,其中可用作别解的以“乌”字最为理想。“乌”字在句子中除作鸟名本义外,它的歧义主要有:①作黑色解;②作太阳的代称(古代神话传说太阳中有三足乌);③通“呜”;④作“何”解。如“乌足道哉”;⑤姓。如果取第一种“黑色”的歧义,“乌合之众”便可产生“黟”“黑帮”“包三黑子”(包公小时候名)等谜面。如果以第二种歧义联想,可以得出“晶”“雅集”(“雅”通“鸦”)等谜面。其他以此类推。经过类比,从五种歧义中选出第一种为最佳,又从第一种歧义的三个谜面中选出“包三黑子”,最能体现“乌合之众”的“新义”。因“黟”“黑帮”等虽含有“众”义,但都不及“三人为众”的含义贴切。

(二)拆字出奇

这是说对于谜底文字的分拆要看字形中巧合机关。如把“腋”作“夜月”的左右分拆,“忠”作“中心”的上下分拆,“激”作“泊放”的参差分拆,“筹”作“个个寿”、“谢”作“言身寸”、“解”作“牛角刀”的三段分拆等,都是按照字形天然拆字,可叫“平拆”。平拆很少能出谜味。如果别出心裁,进行巧拆,便可出奇。在巧拆上归纳起来主要有破、混、借、让、嵌、移六种。

1. 破

【例】禾苗破土生(字)乘

“乘”中的“北”由“土”字破开而成。

2. 混

【例】大小参差(字)灯

将“大”中的“一”和“小”中的“八”移位组合成“灯”字。

3. 借

【例】左看是淮阴侯之大名，右看是武乡侯之姓首（字）储

淮阴侯指汉代韩信，武乡侯指三国时期诸葛亮。谜底“储”字即由“信”“诸”互相借用，相辅相成。

4. 让

【例】诗圣诗仙姓名连（字）楮

诗圣指杜甫，诗仙指李白。“白”拆为“丿”“日”，“丿”让给“杜”，与“日”一起连成“楮”，所以面上用“姓名连”点破。

5. 嵌

【例】从近处着手（字）逝

“手”用“扌”替代；将“手”嵌至“近”中，即成“逝”字。

6. 移

【例】断环重合（字）坯

将“环”断开，开始一横移置到最后，就成为“坯”字。

平拆不破字形，巧拆是破了字形的拆法，二者有所不同。运用巧拆能更深刻、更透彻地分拆字的结构规律，为别解意象提供意料之外、情理之中的新字素，收到出奇制胜的效果。但是在分拆字素时，要防止违反笔形规律和字形实象的误拆，如将“半”字拆成“小干”，便不合规律了。

在灯谜创作中，要熟悉中华文字结构，不能为了迎合谜底而生造字。如：“志士保安定”，猜“堡”字。“堡”字下面是“土”而不是“士”。虽然灯谜界向来有“形扣从宽”的说法，但随着国家对汉字书写规范化的要求，以及灯谜进校园活动的开展，为避免误导学子，尽量做到规范使用和书写汉字，不能将“形扣从宽”作为一些有瑕疵形扣灯谜应付质疑的托词。

（三）缀底出巧

有时用一个词作为谜材，似乎感到词义单薄，因此连用几个词组合一个完整的谜底，使谜底的文义神全气满是允许的，也是必要的。如果连缀得好还能出神入化，别开生面。随着时代的发展，灯谜也逐步向广度和深度发展，于是

各种类型的组合谜底应运而生。下面是较简单的几种方式。

1. 复指式

几个词组合构成谜底，这些同位词组均指向同一事物。

【例】离开东瀛，不吐不快（电影人物连演员）《日出》陈白露、方舒

谜目含3个项目，但相互关联；谜底3个词连成一句话，扣合自然流畅，没有拼凑造作之感。

2. 前偏式

将谜底前部加上数量、规格、属性等进行扩展。

【例】“今夜月明人尽望”（电脑组件冠数量）十五张光盘

谜面出自王建《十五夜望月》，“盘”扣“月”，谜底别解为“看十五的明月”。谜目在名词前加上数量，使得“今夜”以及“望”字不再成为闲字，面底扣合准确。猜此谜还需熟悉唐诗，考验猜谜者的知识储备，真正是益智益趣也。

3. 后补式

与前偏式类似，在谜底后部扩展。

【例】“赤日炎炎似火烧，野田禾苗半枯焦”（冯小刚电影报道用语）《天下无贼》热

谜面出自名著《水浒传》“智取生辰纲”的故事。谜底中的电影“《天下无贼》”2005年热映，只是这四字来变意，会觉回旋余地不多，别解后的语意也很难通畅，作者在其后延伸了一个“热”字，谜底通过顿读，句读转为“天下无/贼热”，曲解为“天空没有下雨，非常之热”来诠释面意。一字之增，全谜皆活。

此外，也有将前偏和后补组合起来的混合式，就是谜底前后均扩展。

4. 集锦式

随着时代的发展，作为巧妙反映社会生活的文艺小品——灯谜，也逐步向广度和深度发展。灯谜作者往往不满足于为单一谜底配面，于是集锦式灯谜和连带式灯谜相继应运而生。所谓集锦式灯谜，是指对同一谜目用三个以上的词语并列构成谜底而后配以谜面的灯谜。这类灯谜的谜底组织得巧，就会像一串念珠，圆合维妙，脉络贯通。因此，集锦谜底优选法应着眼于谜底结构的完整性和谜底文意的故事性。结构的完整性指合乎语法，自然通顺，可读性

强;文意的故事性指情节生动,形象逼真,内涵丰富。结构的完整性和文意的故事性是有机统一、相辅相成的。

【例】"登墙窥臣,至今未许"(电影名四)邻居、家、姑娘望着我、三年

作者撷取四部并列的电影片名,巧妙地把它们改造成一个主谓短语:邻居家姑娘/望着我三年。谜底开合自然,读来灵活通畅,浑然一体;其语法结构是完整的:邻居家(定语)姑娘(主语)望着(谓语)我(宾语)三年(补语)。造底文意颇具故事性——一位痴情女长期窥看意中人;而运用东家女窥看宋玉这个古书典故措词配置的谜面,又恰恰是谜底所描述的爱情故事的形象生动的写照。

为了降低猜射难度,通常此类谜的谜目中会标明总字数,甚至分项字数。

(四)裁句出趣

裁句出趣是指"以底说面"时要说得活。

一是在描绘形象上生动见活。

【例】郝(猜毛主席词句一句)风展红旗如画

此谜先以"风展"两字教"阝"活似旗子悠然飘荡,再以"如画"教人们在翩翩联想中若见其形。把个"阝"形从一动一静两个层面点活。

二是在形意加扣合上生动见趣。

【例】本人(猜《楚辞》一句)虽体解吾犹未变兮

此谜先从字形上巧裁"体"字,一变即成本人;后在字义上巧释,"本人"即"吾"。描述神形毕肖,令人赏心悦目。

总之,将底材进行别解联想时,不要从立意不明上设题,不要从多数人不熟知的僻典上溯源,不要从歪门邪道中运法。只要注意入法中之理,出法外之趣,一定能联想出积极、健康、生动、有趣的别解意象来。

二、拟面技巧

清末民初谜家张起南在《橐园春灯话》中有一句话说得好:"谜之表面不佳

者，内容亦不足观。如西子不洁，人皆掩鼻。若徒饰外观而扣合牵强，或抛荒题面，或影响模糊，则皮之不存，毛将安附？”并主张“玉盒子盖玉盒子底”。可见拟面的重要。

一般说来佳面必须在“迷”字上做文章，把谜制出点“迷”味来，这就要“赖法门之力，运迷离之句”。所以说，力以法是技术性的制作，句能迷是艺术性的创造。拟面同绘画一样，绘画有浓淡、疏密、远近、有无的布局，制谜也有虚实、隐现、正反、静活的安排。题面拟制的技巧是制谜者思想水平和文学修养的集中反映。它大体上有下列四种：

（一）若虚若实

拟面时的选字造词要妙语双关，真真假假，是是非非，使字能变幻莫测，词须虚实难辨。如“开端”一词，本义作“开头”释，也可解为“开”之“端”即“一”字。如果前面加一“好”字，既可指“女”（好的开头），也可指“子”（“好”字撇开了前端）。此类双关词，在谜的海洋里大量存在，只要善于运用，化入谜意，便会使人产生幻象。下面选择虚实变化的一则灯谜为例。

【例】乃洪秀全耳（猜口语）天王老子

洪秀全是太平天国领袖，称天王。面以文言判断句式布局，“耳”在谜面本是语气助词；成谜则由虚变实，专指春秋时大思想家、道教的创始人老子（姓李名耳），一字活用，全谜皆活。这是化虚为实的一则范例。这种虚虚实实的安排，有使人真伪莫辨、难窥真窍的妙趣。

（二）忽隐忽现

拟面必须巧设迷幛，或作五里云雾，而开一线光明，诱人探索，这是欲隐却显的安排。

【例】开口说天才，闭口想天才，天天说的想的都没用，最后都露出尾巴（字）林

全谜用“开”“闭”“没用”四字，衍消文中的“口、说、想、天”等字，最后余两个“才”字，再由末句点明其“露尾巴”，象形作“㇏（捺）”。此谜初看时，有如云雾迷蒙，难分南北东西，及至拨云见月，却有“不识庐山真面目，只缘身在此山中”

之感。

（三）欲正偏反

这类谜的面句貌似端庄凝重，其实轻巧平庸。

【例】“还我头来”（首都名）索非亚

谜面“还我头来”，这是关羽死后索命的话。此谜似乎引典，其实竟把“头”作为“第一”来解，扣底“索非亚”（保加利亚首都）。这种欲正偏反的手法，迷惑力很强，使人有峰回路转的感觉，确是谜中跌宕之笔。

（四）似静却活

诗有诗眼，谜亦有谜眼。谜眼如设在不觉经意处，一旦揭开迷幕，便担有相当斤两，令人大吃一惊。

【例】怎样写好字（猜《红楼梦》人名一）女先儿

题面出语似属会意，谁料扣底偏作说形，把“好”字由表性形容词翻作表物名词，竟成一谜之“眼”，使“好”“字”两字在句中虚实互化，由静转动，怎能不叫人拍手称“好”！

从前述的制谜招数来看，创作途径不止一条，方法也灵活多变，底与面的产生孰先孰后也没有成规。在实际制谜时，要拓宽制谜视野，灵活运用各种制谜法门，以求推陈出新，多创作一些新颖、工巧的灯谜精品。

思考题

1．制迷的规则有哪些？

2．何谓“倒吊”？何谓“露面”？

3．灯谜为什么要有适用性要求？

4．试以“书生”为谜底制作一则灯谜。

5．试以“书生”为谜面制作一则灯谜。

第六章　灯谜艺术赏析

所谓赏析，就是用正确的观点、内行的方法欣赏和分析文艺作品，从而得到有益的启迪。灯谜赏析是由读者对于灯谜作品的感受、领会、玩味和反应所构成的精神活动，是读者通过灯谜作品的文学语言把握艺术形象，认识社会生活，接受艺术形象中所包含的思想感情的熏染陶冶而获得美的享受的一种艺术思维活动。

第一节　灯谜鉴赏概论

灯谜不单单只是文字游戏，也是一门语言艺术，是一种独特的中华传统汉字文化艺术。从它的诞生、发展历程来看，它具有鲜明的艺术性、时代性、民俗性、逻辑性、益智性。灯谜既然是一门艺术，当然就要进行鉴赏和分析。

一、灯谜赏析意义

（一）社会作用

国运旺，灯谜旺。灯谜是一项面向大众的艺术和娱乐活动，举行灯谜活动，可以让人们在乐趣中了解社会的新事物、新名词、新热点。积极的灯谜活动和优秀的灯谜作品是推行社会主义核心价值观、实现中华民族伟大复兴的思想武器之一。

灯谜赏析活动和灯谜猜射活动同样重要，灯谜作品的客观价值能否成为现实，取决于读者的赏析能力，而赏析能力的形成和提高，更直接地依赖于赏析活动。灯谜赏析活动能满足人们的审美需要，提高鉴赏者的审美能力；它能培养人们的品德，提高人们的思想，陶冶人们的情操；它能开发人们的智力，增加智慧，拓宽认识；它是一种积极的娱乐方式，能娱情怡神，促进人们的身心健康。

灯谜作品须通过鉴赏主体的审美再创造活动，才能真正发挥它的社会意义和美学价值。通过对灯谜的赏鉴，引导全社会从灯谜作品中获得精神食粮，开阔眼界，树立正确的思想观点和立场，陶冶道德情操，提高思想道德素质和文化素质，进一步提高爱国主义热情和民族自信心；高雅的灯谜赏鉴行为是促进全社会人文素质提高和人格完美的重要途径。

南朝梁文艺评论家刘勰在《文心雕龙·知音》中说："凡操千曲而后晓声，观千剑而后识器。故圆照之象（全面评价作品的方法），务先博观。"因此灯谜鉴赏活动应与灯谜猜射活动一样大力开展，现在很多灯谜文化节活动均设置了"猜射、创作、赏析"三项活动，目的就是通过反复的赏析实践，使大众的赏析能力得到训练和提高，达到"圆照之象"的境界。

（二）自我作用

灯谜鉴赏同灯谜创作一样，是人类自身主体力量在审美活动中的自我肯定与自我实现。鉴赏主体在艺术欣赏活动中，并不是被动、消极地接受，而是积极主动地进行着审美再创造。谜人可将佳谜作为镜子，从他人的灯谜作品中照出自己的不足，进而反省探索，提高谜艺和创作文学水平，实现自我超越。

灯谜赏析提高了读者的赏析能力，而提高了的赏析能力则又反过来要求并促进灯谜创作水平的进一步提高；谜人必须使自己的灯谜作品适应广大读者的需要。读者在赏析上的需要，是一种无形的力量，它对灯谜作者乃至一个时期灯谜创作的发展，都有着巨大的影响。例如诗词曲赋灯谜，因其典雅优美富于韵味而受到历代广大读者的青睐，长期成为灯谜创作的审美追求。诚如德国哲学家黑格尔在《美学》中所言，艺术作品“不是为它自己而是为我们而存在，为观照和欣赏它的听众而存在”。因此，灯谜作者必须掌握灯谜赏析的规律，懂得时代的需要，了解读者的审美要求和艺术趣味，从而使自己的灯谜作品能得到更多读者的喜爱，引起更多读者的共鸣，获得最佳的赏析效果。

作为中华民族所独有的、以汉语言文字为载体的一种独立艺术形式，灯谜是由于汉民族语言文字构成的特殊性而出现的。它既有别于律诗、骈文、词曲等正规体裁的文学样式，又不同于民间口头流传的谜语；它与楹联、诗钟、酒令等被摒弃于文学史以外的小艺术身份相仿，却有着与众不同的思维结构和艺术特征。它的魅力，倾倒了一大批具有一定文化知识水平的民众。

二、灯谜审美价值

“中国的谜语可以说和文字同样久远”（著名美学家朱光潜语）。灯谜“所包甚广，满天地，亘古今，事事物物，形形色色，无一不可为谜之资料。故其为文也，无所不备，而雅俗共赏，新旧咸宜。其性质近于美术文字，而未脱理想之范围；无文章之用，而撷其精华；无诗词之功，而深其趣味。此盖宇宙间灵机之偶泄者，人籁亦天籁也。古人云：‘虽小道，必有可观者焉。’其斯之谓欤!”民国时小说家、谜家徐枕亚于《谈虎偶录》中的这番言论，道明了灯谜艺术的性质和窍要。

灯谜乃是我国人民大众喜闻乐见的具有悠久历史传统的文化艺术形式，它必然反映着人们执着的美学要求。有人说：一条谜面，可以是一首扣人心弦的诗，也可以是一幅美妙动人的画。又有人说：一则佳谜，猜前“耐人寻味”，猜时“发人体味”，猜后“令人回味”。这不但反映了灯谜作品这种审美客体的审美属性，无疑也表现了读者、猜者作为审美主体的审美评价和审美理想。正可谓“夫美不自美，因人而彰”（柳宗元《邕州柳中丞作马退山茅亭记》）。

灯谜审美的自觉提出，乃自清中叶始；至清末民初文人谜家们认为“吾国今日学术，无一不远逊于昔，惟隐语一类驾古人而之上”（关颖人《隐秀社谜选初编·序》），此时的谜作“领异翻新，缒幽凿险，洵足夺明远之席，而拔荆公之帜”,刻意求美,审美成为现实,蔚成风尚。譬如,灯谜大师张起南在其字里行间无不闪烁着美学光辉的《橐园春灯话》中说:“余作谜主张典雅一派,必底面天然配合,如古所谓玉盒子盖玉盒子底者,乃为上品。”与张起南同时代的岭南谜家谢会心,也在其分门别类介绍体法格规的谜著《评注灯虎辨类》中,以夹叙夹议、洋洋挥洒之笔调写道:“烘云托月,画家写真之法也;声东击西,兵家制胜之道也。制谜有旁面推敲,犹作文之有借宾定主。能明个中底蕴,斯能旁敲侧击,妙绪环生。如写天之低,即以显乎野之旷;如绘舟之泛,即以寓乎水之深。学者善运此法,当择底挂面,自无枯窘平庸之弊。”“倒装一法,取其语气转关,神情回顾。譬如山脉蜿蜒,其趋势也,犹有回龙顾祖;如痴情恋爱,当临去也,乃竟转送秋波。彼未悉此法门者,以为倒置。岂知作文之运法乎,顺叙则平衍无奇,逆写则曲折有趣。制谜犹作文也,善能运法,而挂面扣底,一经融合,语气神情,自然潆洄旋绕,返照入江,归云拥树,意匠似之。”此论从艺术美的角度,并借鉴文法,对谜法之运用做了深入细致的分析和形象生动的比喻。谢氏之著述,对于谜作者自觉丰富作品的审美内涵、提升谜作的审美价值,至今犹有一定的启示、指导意义,不愧“谜学津梁”之誉。

灯谜作品的艺术美是灯谜美学的主体,其中文学语言和构思的运用,乃是表露灯谜艺术美的主要手法之一,是灯谜创作重要的一环,它突出地表现在能有效地唤起猜谜者和欣赏者的“美感”反映。同时,在谜作中适当配置和运用修辞手段,可以使语言朗朗上口,节奏鲜明,雍容舒缓,生动活泼。由此而形成的语言上的抑扬美、参差美、回环美,结构上的对称与整齐之美、对比与和谐之美、多样与统一之美,即为谜作艺术美的主要内容。

(1)抑扬美。谜面音调和谐,节奏轻快,摇曳生姿。

(2)参差美。在谜面可表现为舒散不齐、散中见整的长短句式,在谜底则指通过改变句读所产生的错落有致的趣味效果。

(3)回环美。面句或底句回环成文,往复可读。回环之法源自苏伯玉妻之《盘中诗》与窦滔妻之《璇玑图》。于谜面拟作回文,颇显语言艺术之美;若于谜底,则以回文格应之,亦不减其趣。

(4)对称与整齐之美。中国古典主义美学讲究对称、整齐。商代人面纹方鼎、兽面纹鼎,即在狞厉中显示出深沉的历史力量,表现出对称整齐的形式美。我国的古典建筑、五七言古典律诗的形式结构和美学特征,无一不表现出严格的对称与整齐。此于灯谜而言,则指谜面单独运用对偶、排比句式,或是底面各自运用对偶、排比句式,以及底面字数相等、音韵节奏相对。

(5)对比与和谐之美。和谐美,是中国美学的传统理想,所追求的是对象的外在和内在特点的协调。灯谜面句与底句能够借"别解"的沟通而贴切扣合,这本身就表明了一种默契、一种和谐。而长面短底或面仅一字一词、底却成一句数句,无疑更显示了由反差对比而营造出的和谐而浑然一体之美。清代谜家们醉心追求的"玉盒子底配玉盒子盖",最大限度地要求谜作无论是关合切扣还是选底谋面,务必本着自然和谐的审美原则来进行。

(6)多样与统一之美。这是艺术形式美的又一重要原则。"多样"是为着防止单调,力求丰富;而丰富又不是杂乱,应要求"统一",是有序列的美学结构。因此,阮籍在《乐论》中说道:"节会有数,故曲折不乱;周旋有度,故俯仰不惑。"多样与统一之美在灯谜中亦有良好的表现,具体则指组合数个同目之底使之连贯成义,以及一底归纳谜面数个不同含义之词语。

"谜语者,有待启示之文学也。启示为神秘之对象。谜语而无神秘机趣,则无待于启示矣;谜语虽贵神秘,而以呈露启示之迹为要。"(杨汝泉《谜语之研究·谜语之方式》)故作者在隐显适中、恰到好处的创作活动中,亦可获得探索之趣味,审美价值亦由此而产生。

三、灯谜赏析特点

(一)直觉和理智的统一

灯谜赏析是积极的形象思维活动,它是通过对具体艺术形象的直接感受来认识灯谜作品所蕴含的意义,在形态上常表现为迅速的情感反应。赏析者的理智活动包含在情感反应里面,赏析中的理性因素总是融合、渗透、沉淀在感性活动之中的,因此赏析者往往不容易明确意识到这种思维过程。从现象看，当时似乎是不加思考，其实是早已筹思于前，有着长期自觉的理性活动和经验积累的基础。赏析者在长期实践和平时生活中，已对某类事物形成了感性和理性相统一的印象，于是阅读灯谜作品时，一旦接触到类似的事物，立即形成条件反射，理智就会顿然作出审美判断和审美评价，内心的激动和喜悦就会瞬间迸发出来，以致使当时的思索判断被简化和凝炼到能通过对象的感性形式直接达到对理性内容的深化理解。下面举一个例子：

【例】半亩方塘一鉴开，天光云影共徘徊（四川地名冠救灾活动）空投映秀

1. 形象的直觉

读者看到此谜，脑海中就会浮现出丰富多彩的具象。

画面一：大地上半亩大的方形池塘明净如镜，天光云影倒映塘中，闪耀浮动——这是一幅反映自然美的谜面喻象。

画面二：蓝天下飞机向四川映秀地区投下赈灾物资，废墟上千百双眼睛翘首盼望——这是一幅凝聚人情美的谜底本象。

2. 理性的思索

（1）谜底本象的启示：爱心能释放出伟大而神奇的力量，它无坚不摧，无往不胜。

（2）谜面喻象的启示：因为水很深很清，所以能反映天光云影；反之，水浅且浊，就不能准确地反映。

（3）造底联想别象的启示：①别解是谜底本象与谜面喻象幻化融合的催化剂。②灯谜赏析如果局限于“形象的直觉”，得到一种混沌不清的形象，赏析者最多只能求其形，而不能得其神。

3. 赏析的结论

通过对这则灯谜的感知、联想、分析、破译、玩味等思维活动，读者会评判这是一则思想性和艺术性融为一体的上乘谜作。

由是观之，灯谜赏析既是对形象的直接观照，又是对形象所蕴含的本质规律的理性认识；读者在感受形象的同时，也在进行着理性的思索。形象的直觉与理性的活动是统一的。

（二）再创和再现的统一

人们常说“一千个读者，就有一千个哈姆雷特”，意思是在作品客观存在的基础上，读者根据自己的知识结构、生活环境、身份地位甚至是思想意识对其进行多方面、多元化的解读和认识。当读者感受和体验着灯谜作品中的艺术形象，进入灯谜作品所创造的艺术境界时，便会在形象的启发诱导下，调动创造性的联想和想象，“精骛八极，心游万仞”（陆机《文赋》），“以读者自己的经验、印象及知识的积累去充实和增补”（高尔基《回忆录》），对形象进行再创造，把谜作者在灯谜作品中所描绘的意象，在自己头脑中复现为可感的形象。

【例】黎明即起洒扫庭除（四字常言）晓之以理

谜面出自清初朱柏庐的《朱子家训》。《朱子家训》历来被士大夫家族尊为治家之经，在民间也广为流传，几乎家喻户晓。“黎明即起，洒扫庭除”之类的行为守则，在今天仍是文明举止和有教养的表现，有其积极意义。

面句是《治家格言》的首句，读者看后即会有画面体验，一幅“晨起小院内执帚扫地、洒水浇花”的生活场景跃然纸上。此为意象的再现。

谜底“晓之以理”中“晓”别解为“拂晓”，“理”别解为“整理”。别解了两次后方与谜面扣合，读者颇有“回互其辞”之感。

当细细品味此谜时，读者会有自己更深的体会，此谜可以再做一次“联想”，《治家格言》中“黎明即起，洒扫庭除，要内外整洁。”正是“晓之以理”地告诫后生门要勤谨治家。这就是读者的再创造。一则谜，让人学会了一种生活态度，不自觉中受到教益。

第二节　灯谜评析准则

一、佳谜标准

1981年12月30日《合肥晚报》发表了安徽谜家吴仁泰第一篇灯谜赏析作品:“远树两行山倒影,轻舟一叶水平流”(猜字)“慧”。经过吴仁泰的形象联想、精准分析和简要评价,使这则灯谜作品从感性的灯谜审美欣赏,上升到更高层次的灯谜艺术欣赏,获得了它应有的艺术价值。从而一个灯谜艺术的新样式——“灯谜欣赏”诞生了。

被欣赏的灯谜当然是佳谜,那么佳谜的标准是什么?历来在灯谜界有不同的看法,所谓仁者见仁,智者见智。

《橐园春灯话》中,谜圣张起南曾仿书画评论而分谜为三品,认为能“具此手笔,作谜之能事毕矣”。三品是:神品,“神传阿堵,余味盎然”;能品,“文章天成,妙手自得”;逸品,“别开生面,妙造自然”。随着时代的演进及白话文的推广,现代谜家多提出自己的佳谜评判标准。

吴仁泰的审美趣尚是:机趣、理趣、意趣和谐趣。他在《奇谜妙谜趣谜》后记中说:“这样把诗、文、谜融汇于一体的作品,会给读者一种有机趣、理趣、意趣和谐趣的美感享受。”吴仁泰主张的四趣,核心是一个“趣”字,实现“趣”的途径和方法是机、理、意、谐。四者之间的关系是:机趣侧重通过灯谜技法产生趣的效果,意趣侧重通过谜作意韵的延伸产生趣的效果,理趣主要通过谜作内涵的道理引发效果,谐趣则是通过谜作的诙谐幽默手法引起趣的效果。各有侧重,又自成一式。

广西谜家叶国泉1992年在《当代谜坛的评佳倾向》一文中,通过“仔细研读”1991年“海内外灯谜创作大赛”所评出的100则“最佳灯谜”,发现评委们评佳谜有三种基本倾向:(1)倾向于谜面文句富有文采。("以古代诗词曲赋名句挂面的占37%,以典故挂面的占17%,以成语俗语挂面的占13%,也就是说,以成句和典句挂面的总共占67%"。)(2)倾向于面底扣合严谨贴切。("用灯谜行话来说,就是谜面不抛荒,谜底不踏空"。)(3)倾向于别解机巧,谜味浓郁。("凡是佳谜都应具有别解机巧传神,连缀自然而不露斧凿痕迹的特点"。)叶国泉进而将此三种倾向简单地概括成九个字:谜面雅,扣合巧,谜味浓。"雅"指"富有文采","巧"与"严谨贴切"对应,"谜味浓"与"别解机巧"对应。

宁夏谜家苏德友《关于灯谜欣赏》文中述及:"一条谜作从谜面到谜底,犹如破译一条密码、翻译一句话,尤其在猜谜过程中更多这种感觉。这使我们想起严复在翻译赫胥黎《天演论》时为自己定下的'信、达、雅'三字标准,把这个标准移植过来用作灯谜审美标准也很恰当。"信,指谜作的内容要求。整条谜作从谜面到谜底材料必须翔实,不能无中生有,生造谜材。整条谜作要符合情理、文理、谜理,没有丝毫"艺术的虚假"。雅,指灯谜的形式一定要美。不论是古典美,还是现代美,都要有创造美的意念和表现美的形式。达,是一种很微妙的心灵沟通。说到底"达"是作者谜艺综合水平的集中表现,也是他驾驭谜材进行创作和表现生活美的全能总分。

厦门谜家缪建金则将严复的观念加以扩充,形成四个字"信、达、雅、特"。"特"的核心内涵是独特,也就是谜作要有独到之处,要有亮点可言。这里涉及灯谜的基本概念"谜眼",灯谜的扣合中要有关键的字眼,成为灯谜扣合的核心,让人有眼前一亮的感觉。正是因为这一标准的存在,近年来网络灯谜不再满足于传统的三大标准,致力于"顿读"的挖掘,将谜语"一语双关"性质展露无遗,更容易被谜外人士看懂并接受。

浏阳谜家敖耀寰提出佳谜的标准也是三条:一是立意积极健康,能寓教于乐;二是合乎谜法,扣合严谨;三是要有谜趣,能引人回味。

福建谜家蔡芳认为叶国泉与苏德友关于"佳谜标准"的主张在当时是比较有代表性的。他在二人观点的基础上提出自己的评判标准"扣合精彩、具有文采、意境独特、格调清新"。

各位谜家都有自己的评判标准观点,随着灯谜的社会宣传作用被重视和提升，各谜事谜会中对佳谜的评判又增加了新的考察内容，概括起来从谜面雅、扣合巧、谜味浓、有创新、立意高和时代感等方面进行灯谜评价。

自从灯谜问世以来，谜作家就十分注重灯谜的练字造意。一条好的灯谜，其美的意境不亚于一首好诗，一幅妙画。

【例】斜月平埋云脚下，残花乱叠马蹄前(字一)熊

此谜充分利用了几种象形，“灬”象形马蹄，残花(匕)乱叠，一个“叠”字写出了落花缤纷之境。斜月、残花，再加马蹄声声，诗意何等浓郁。

随着时代的变迁，灯谜的美学内涵也发生了变化。现代灯谜一方面讲求谜面的外在美，一方面又十分注重谜作的思想美、内在美、感情美。

【例】日月潭边寄情心(节气一)清明

此谜为典型的增损离合谜，“情”之“心”被“寄”走后留下“青”，重组为“清明”。谜面具有诗意，谋句更属有的放矢。主题是祖国实现统一大业，面句包含着台湾同胞思念大陆亲人的情思。

这样的谜作，语句精炼，扣合准确，面句词藻并不十分华丽，但有一种朴实的美，具有一种独特的艺术魅力。

反过来，有些谜作，虽不是病谜，但从美学观点来审视，称不上佳谜，没有美感。例如:石头成堆(打一个字)磊。此谜太直，没有“谜外”功夫，缺乏使人联想和展开想象的余地，谜味无从说起，更谈不上意境。

二、灯谜赏析模式

(一)灯谜赏析方法

灯谜赏析始于清代，张起南、谢会心、张郁庭等都做过灯谜评析，如张起南借鉴中国古典文艺美学中的品题鉴赏方法，首次把佳谜大致划分为“神品”“能品”“逸品”三类。以前人理论作为历史铺垫，谜家吴仁泰的佳谜欣赏是吸收各家谜评方法精华并加以完备的集大成者。

吴仁泰创造了一谜一议的“佳谜欣赏”样式，把对谜作的审美欣赏感受和

艺术欣赏理性分析有机结合起来，通过短短三五百字的小文，把谜作的含义、底面的关联和灯谜创作所用的技法简要地道出。再加上画龙点睛式的简要评价，指明谜作的好处所在，使读者从著文者的评析中领略到谜作之精华。这种评析方式，简约而不简单，虽未系统地讲述灯谜艺术理论，却在一个个谜例分析中，一点一滴地把许多灯谜理论命题和灯谜美学观点，潜移默化地介绍给读者。

灯谜艺术有它自身的艺术规律，吴仁泰根据这些规律，形成自己的灯谜艺术欣赏方法论和灯谜艺术欣赏的美学趣尚。他的方法论有四个主要环节：案头准备、谜作遴选、欣赏手法和不同材料谜作欣赏样式变化。

1. 案头准备

撰写灯谜欣赏文章，要有丰富的文化底蕴和知识积累，古今中外的名著名篇都要有所涉猎，要广泛读书，勤写笔记，辛苦摘录，为以后的灯谜赏析做好充分的案头准备。

2. 佳谜遴选

佳谜欣赏，选取佳谜是首先要做的事。以吴仁泰《海外佳谜欣赏》为例，所选灯谜谜作，一般典雅神足，妙造自然。拟面多取古文诗词，扣合讲究浑切传神，显现机变手法，得南谜遗韵，能体现谜作者个人风格。所选谜作，既见佳妙的共性，又有绚丽多姿个性。东拼西凑、隔靴搔痒，不动脑筋、拾人牙慧、创作态度不严肃的谜作不能选作佳谜。

3. 欣赏手法

欣赏谜作的基本手法是，将每则谜作，引证出处，阐明事理，解释以扣合技法，指出呼应之神韵。有格之谜，均告以规格，标明读法。标出谜作者姓名，指出谜作体裁。援引证释，揭示机钮，使读者尽得其诗文之妙、谜意之美，从而品尝其中的“谜趣”。释典、交代谜面与谜底出处，分析扣合关系，肯定技巧技法，成了灯谜欣赏写作的三要素。(蔡芳：《关于佳谜标准和灯谜评论》)

在吴仁泰灯谜欣赏中，使用了诸如对照、比较、抽象、参变、想象、联想、移情、共鸣、点化、评价、综合、推介多种艺术欣赏手法。

4. 不同材料不同处理

吴仁泰佳谜赏析样式有3种版本：完整版、基本版、变异版。

(1)完整版样式

【例】问君能有几多愁(猜成语一)对答如流

谜作者：佚名；谜体裁：问答

谜评："问君能有几多愁，恰似一江春水向东流"，这是南唐李煜《虞美人》中的两句词。制谜者采来前一句词布面，命题颇多伤感；扣合取"启下"法门，过渡极显自然。谜底"对答如流"，言简意赅，脉络清楚。前两字乃直应面句之提问，若振振有词，呼应得法；后两字是明点题句之愁情，如悠悠江水，比喻生动。表里贯串，浑然成篇。全谜问答自如，风格明快，关合贴切，用笔精到。再三读之，不觉回味盈颊。余谓斯作，可卓立于佳谜之林，当无不妥。

这种完整版样式，包括谜面、谜目、谜底、作者、体裁和欣赏正文，谜题作为文题。指出欣赏的谜作为何种体裁是必要的，因为这等于把猜谜者带入了猜射的门径。

(2)基本版样式

谜题作文题，下列谜目、谜底、谜作者三项，再下面是欣赏正文。基本版和完整版的区别，仅在于省略了体裁一项。这种版本样式已经成为谜界现在通用的样式，适合在谜刊上采用。

(3)变异版样式

评析自己的谜作时，将谜作者和谜的体裁两项略去；这种样式的评价部分，要实事求是。后来，晋江等地将这种样式发展成"自圆其说"的赏析样式。

(二)灯谜作品评介模式

灯谜欣赏文章的样式，可以是千变万化的。可以从内容、创作技巧和所表达的思想意义全方位地欣赏，也可以仅欣赏其中的一个方面。可以一个谜作一欣赏，也可以同一作者的多个谜作纵向比较欣赏，或者多个作者的谜作横向比较欣赏(如张郁庭《谜语选录》之评赏)。可以一句话评一条谜，也可以充分发挥单谜欣赏独立成篇。可以重在释典分析写成"赏析"，可以偏于判断感悟写成“鉴赏”,也可以夹叙夹议写成“评析”。可以凭着直感云来雾去写成随笔,也可以多一点理性写成小品文。(苏德友:《关于灯谜欣赏》)

当代灯谜作品的评介赏析文章,基本上是以单谜评赏独立成篇的体例出现,这些篇章和文字大致可分为以下四种模式(蔡芳:《关于佳谜标准和灯谜评论》):

1. 欣赏解析式

欣赏解析式的特点是注释典源出处,剖析所用谜法,解说扣合机理,指出艺术特色和佳妙之处,导读作用十分明显,对初学者读谜评谜具有很大的帮助。例如上述吴仁泰的谜评作品。这种模式的谜评对促进谜苑繁荣所起的作用是巨大的,它对当代谜坛的影响是异常深刻的。

2. 一句话评论式

一句话评论式的特点是惜墨如金,仅用极其简短的一两句话,高度概括地对灯谜作品进行评价,也称作“一句话谜评”。一句话谜评显得简洁短小,二者之间的异同与中长篇小说和微型小说的关系十分相似。

张起南的《橐园春灯话》,如果换一种角度去看,也是由许许多多谜评构成的。如果摘出一段话试将其分列数行,即可显现一句话谜评(“”原文没有,此处加上以突出谜评内容):

万国衣冠拜冕旒,射一命字。“分之为叩一人。语合颂扬,故为佳耳。”

不是因缘也并头,射一韻(同“韵”)字。“以谐声兼会意,颇具匠心。”

乃审厥象,俾以形旁,求于天下,射一像字。“以成面为增损,亦甚佳妙。”

绿林豪杰旧知名,射昔者窃闻之;外孙丰度鼠姑馨,射好色富贵;自写家书寄弟兄,射启予足启予手。“虽非成语,而措词不俗,亦谜中能手。惜不知其姓氏,私心愿一识荆也。”

1978年兰州谜家马啸天在温州谜刊《鹿城谜苑》发表了“《微山文虎》(柯国臻)谜作评注”81则。其中就有一句话谜评,下面举一例:

【例】乒乓(成语)短兵相接

谜评:“短”字得当,相接得恰到好处。

这样的谜评言简意赅,点明要害,十分适合在内部谜刊上刊登。马啸天的

“谜作评注”可以看作是吴仁泰“佳谜欣赏”前身。

欣赏解析式主要功用在“导读”，它对谜界内外均适用，尤其适合于谜界之外的一般读者。“一句话谜评”主要作用是对谜作艺术和价值的肯定，它适用于灯谜界内部。在谜界内，谜作的用典与谜底、谜面的出处大都不用解说，扣合机理通过底面照应大多数谜人亦可一看即懂，只是艺术价值的评价这部分对谜人才有指导意义，因为艺术修养的不同对灯谜作品价值认识的程度也是不同的。特别是在时代生活节奏不断加快的现在和将来，在谜界内推广一句话谜评，不论对撰评者还是阅读者都是又省力又省时的好事。

3. 病谜诊治式

病谜诊治式顾名思义只评病谜，不评佳谜。它往往是立即亮出招牌直截了当地用“病谜诊治”作为文章的标题，内容形式则完全是一谜一议。这种谜评结构与欣赏解析式极为相似，先是注释谜面、谜底出处及所用典故等，尔后分析扣合关系，点明错误与偏差，最后再进一步从理论上提高，指出产生错误的原因。这类谜评既能帮助一般读者看清谜作存在的毛病，也可传输灯谜知识，还可提供谜人借鉴，让谜人引以为戒。从常理来说，它无疑是灯谜批评的一种重要形式。

4. 借题发挥式

借题发挥式实际内容与病谜诊治大同小异。相同之处，二者都是评有病之谜。不同之处：一是借题发挥式不标明“病谜诊治”，也不用病谜作品为标题，而是撰评者自己另起标题；二是借题发挥式不局限为一谜一议，也有数谜（即一类谜）并议，借一谜（或数谜）来发挥，从中揭示出某一类灯谜作品的通病问题。这种谜评往往会起到举一反三的效应。

这种谜评需要撰评者用更加开阔的眼光来审示灯谜作品，在行文笔调上它类似于杂文，既要简短、犀利，又要多变有趣。由于这种谜评难度较大，对撰评者的素质要求更高。

除以上所列四种较有代表性的模式之外，还有诸如多谜纵横比较式和三言两语随笔式的谜评。

最后要说明的是，进行灯谜评价时，首要一条是公正无私。评价人是受自己审美感受和审美趣尚的驱使下形成评语，评价人要保持一颗公正平和的心，才能保证谜评的公平完美。

灯谜美学是谜学的重要组成部分，现代灯谜正在逐步探索如何在现代美学的指导下进行创作。通过灯谜美学的研究，将会进一步认识灯谜的艺术美，并按美学的原理改进灯谜的创作方法，从而提高灯谜的美学水平。

思考题

1. 如何理解佳谜的评判标准中“信、达、雅”的含义？

2. 针对当今网络灯谜，谈谈佳谜评判标准如何制定。

3. 试就张起南的一则字谜（“雨馀山色浑如睡”射“雪”字）写一句话评论。

4. 试就谜“不是霸王强集合，张良何事竟吹箫（猜红人名一）翡翠”撰写一篇佳谜谜评（100—200字）。

第七章　灯谜非遗传承

我国是一个历史悠久的文明古国，不仅有大量的物质文化遗产，而且有丰富的非物质文化遗产。非物质文化遗产是一个国家和民族历史文化成就的重要标志，是中华优秀传统文化的重要组成部分。“非物质文化遗产”与“物质文化遗产”相对，合称“文化遗产”。与物质类文化遗产一样，非物质文化遗产也同样具有重要的历史认识价值。所不同的是，物质类文化遗产是以物化的固态的方式来展现其历史认识价值，而非物质文化遗产主要是通过活态传承的方式来实现其历史认识价值和意义。

我国各族人民在长期生产生活实践中创造的丰富多彩的非物质文化遗产，是中华民族智慧与文明的结晶，是联结民族情感的纽带和维系国家统一的基础。保护和利用好我国非物质文化遗产，对实现经济社会的全面、协调、可持续发展具有重要意义。

第一节　灯谜传承方式

一、灯谜非遗传承意义

根据联合国教科文组织的《保护非物质文化遗产公约》定义，“非物质文化遗产（Intangible Cultural Heritage）”是指被各社区、群体，有时为个人，视为其文化遗产组成部分的各种社会实践、观念表达、表现形式、知识、技能及相关的工具、实物、手工艺品和文化场所。这种非物质文化遗产世代相传，在各社区和群体适应周围环境以及与自然和历史的互动中，被不断地再创造，为这些社区和群体提供认同感和持续感，从而增强对文化多样性和人类创造力的尊重。该公约所定义的“非物质文化遗产”包括以下方面：

①口头传统和表现形式，包括作为非物质文化遗产媒介的语言；

②表演艺术；

③社会实践、仪式、节庆活动；

④有关自然界和宇宙的知识和实践；

⑤传统手工艺。

非物质文化遗产是各族人民世代相承、与群众生活密切相关的各种传统文化表现形式和文化空间。非物质文化遗产既是历史发展的见证，又是珍贵的、具有重要价值的文化资源。

灯谜属于民俗类非遗。灯谜文化的传承是中华传统文化的测温表，也是中华传统文化的重要组成部分。灯谜的传承和光大，有益于传统文化的复兴。换一步思考，假设灯谜文化在中华大地上消亡，那么对于中华传统文化的损害程度和负面作用可以说是不可想象的。灯谜在传统文化中已经深入骨髓，贯穿始终，在各种文艺形式中都可以见到灯谜的身影。灯谜或者广义上的谜语，无论是文义谜还是口传民间谜语，可谓中华传统文化的血脉之一。正是灯谜手法的别解，以及对文本词句的断读，让中华文化绚烂多彩。如果剥离，传统文化势必显得苍白单调。

普及灯谜知识，熟悉灯谜包含的百科知识和逻辑对应关系，是一把开启传统文化的钥匙。可以说，学习灯谜，有助于学习传统文化，振兴灯谜，有助于振兴传统文化。

二、灯谜非遗传承方式

人类社会，无文字的历史远远长于文字记载的历史。谜语首先是一种口传文化，它和诗歌、绘画、音乐等艺术形式类似，其产生的本源都不是人类单纯追求美的愉悦，而更多地表现为某种实用性和教育性。从口传谜语发展到民间谜语、文义谜的分化，正是“文化在传承过程中的生产和再生产，对人的教育和再教育”。

自古至今，随着时代的发展和进步，灯谜的传承方式也有了变化更新，形成灯谜非遗传承方式多管齐下的局面。

（一）代代相传

《中华人民共和国非物质文化遗产法》于2011年6月1日起实施，灯谜作为非遗项目进行保护，并加以传承，虽然各地正式确定灯谜为非遗项目，并挂牌非遗传习基地是近年来才开始规范的；但灯谜的传承在古代就已有之，比较典型的是父子间传承，即灯谜世家。例如清代唐景崧、唐运溥父子，韩芸谷、韩少衡、韩振轩三代。更多的是以谜人之间一代代的传承，以上海为例，萍社→大中虎社→斑斓社→虎会，贯穿了整个上海的民国灯谜史，其传承谱系脉络清晰。

中华人民共和国成立后特别是改革开放后灯谜昌兴以来，一大批有志于传统灯谜传承的老一辈谜家，以师徒传授的方式完成富有文化使命的灯谜传承工作。例如，2009年已逾耄耋之年的合肥谜家吴仁泰正式收朱旭铭、陈清远、吴家宏为徒，2020年三位弟子又正式对外宣布收徒，开枝散叶，生生不息，传播庐州灯谜文化。

（二）谜协谜会

现今的灯谜传承工作由各地谜协具体实施，各地均成立了灯谜协会民间团体（除了部分省份外，大都成立了省级灯谜组织，市、县一级的灯谜组织更是星罗棋布），由中华灯谜学术委员会指导工作。与过去不同，如今的谜协是经过政府批准成立并支持工作的。石狮、澄海等地还被国家文化部命名为“中国民间艺术灯谜文化之乡”。

各地谜协除组织灯谜展猜活动外，还举办灯谜学术研讨会、灯谜知识讲座、编辑印刷谜刊等活动。更有国际性、全国性的灯谜盛会或赛事，将海内外谜人团结起来,共同促进灯谜的繁荣昌盛。1979年,南京于国庆期间举办了“全国九城市灯谜会猜”,这是灯谜发展史上的一个里程碑。此后,连年来跨省市的全国性谜会陆续不断;1989年元宵节漳州举行“首届中华灯谜艺术节”,这是海峡两岸中断四十年后的首次灯谜文化艺术交流。

中华人民共和国成立以来,国内出版的谜书、专著和谜刊,多达一千五百多种,其中一部分是各地灯谜组织用于内部交流的刊物,这些刊物中办得颇具特色的有:《虎啸》《谜潮》《晋江谜苑》《狮城雄风》《鹿衔草》《厦门谜坛》《澄海灯谜》《青璜乳虎》《三明谜花》《浦东谜刊》《榕城谜苑》《南海骊珠》《青天虎》《烛影摇红》《谜花飘香》《楚湘谜苑》《虎友谜苑》《舟山谜宫》《红海探骊》《庐州虎迹》《庐阳商灯》等;另一部分是由出版社正式出版的。这些谜书,由谜外人士收谜成书,到谜人参与编印分类集锦式谜书,再发展到谜家撰写研究性谜著,直至近年来出现的高水准、大容量、学术化的工具书,这是多年来国内公开出版的谜书的发展轨迹。谜书和谜刊是灯谜文化通过文字向后人传承的有效载体。

(三)灯谜进校园

据统计,国家级非物质文化遗产代表性项目传承人有3000多人,但是这些人群年岁都已过高,后继缺乏传承人。传承人年龄出现断层,暗示着我国非遗就有失传的风险,所以国家需要鼓励和支持非遗传承人多开展传习活动,大力培养青少年传承人。

2011年颁布的《中华人民共和国非物质文化遗产法》第三十四条就规定:学校应当按照国务院教育主管部门的规定,开展相关的非物质文化遗产教育。2014年,教育部印发《完善中华优秀传统文化教育指导纲要》,要求把中华优秀传统文化融入课程和教材体系,有序推进中华优秀传统文化教育。2017年中共中央办公厅、国务院办公厅发布并实施《关于实施中华优秀传统文化传承发展工程的意见》第九条:推动高校开设中华优秀传统文化必修课。这些文件是为建设社会主义文化强国,增强国家文化软实力,实现中华民族伟大复兴中国梦的需要而印发的。

传统文化进校园是实践和培育社会主义核心价值观，落实立德树人根本任务的基础工程。2016年的高校思想政治工作会议上，习近平总书记提出，我们大学的根本任务就是培养什么样的人，如何培养人，为谁培养人。优秀传统文化能够有助于我们培养德智体美全面发展、合格的中国特色社会主义事业接班人。

近年来，"灯谜进校园"活动蔚然成风，西安、汕头、南通等各大城市均开设了灯谜课堂。以合肥为例，至2021年已有包括高校和中小学在内的20多所学校成立灯谜社团并开设灯谜课程。灯谜包罗万象，既是文字艺术，又具备历史、哲学、美学、科技、教育等多重属性，能促进学生增长知识见闻，还能启迪其心智，陶冶其情操，全面提高学生的审美能力和人文修养。在宏观的传统文化背景下，使学生深刻体会中国传统文化的本体特征和精神内涵，从而培养学生对中华优秀传统文化的认同感和自豪感，增强民族文化自信，锻铸民族文化品格。灯谜文化教化育人润物无声，它对人的滋养、熏陶，远比说教来得有效和深刻，使学生终身受益。

中华灯谜学术委员会长期举办全国校园灯谜大会，举行"中华灯谜教学示范校"评选活动并颁发匾额，这些活动，极大地增强了灯谜在青少年中的影响力。

灯谜进校园、进课堂，是保护和传承中华灯谜文化的最好平台。通过学习，学生对灯谜等传统文化兴味盎然，古老的灯谜民俗文化得以在校园里普及和发展。灯谜走进校园，学生走近传统，从学生中培养中华灯谜接班人，可以传承祖国灯谜文化国粹，构建中华灯谜保护体系，促进社会主义文化大发展大繁荣。

（四）灯谜面向大众

国家将每年6月的第二个星期六作为"文化和自然遗产日"，目的是为了更好地保护文化遗产，增强人民群众对文化遗产保护的重要性，让全社会都能一起参与，一起保护文化遗产。只有这样，非遗才能不断地传承，才能表现出更强的生命力。

宣传和推广灯谜活动起到传统文化复兴启蒙的作用，其后继潜力和对文化建设的潜在功用不可估量。谜语原本就来自民间，民众是灯谜非物质文化遗产的创造者、传承者，也是灯谜非遗的保护者和成果享有者。俗话说，“独乐乐不如众乐乐”，灯谜雅俗共赏，灯谜面向大众。灯谜活动有条件可以组织大型的场地活动，没有条件可以在小范围内开展，甚至于茶室、饭桌都可以；可以书面，也可以口传。对于普通人而言，公共文化产品和服务的公益性首先体现在价格上，最好是低价或者免费的服务。灯谜活动，不仅是免费的服务，而且还有所收获和奖励，因此深受群众喜爱，这是其他文化产品所不具备的优势。

《中华人民共和国非物质文化遗产法》第三十四条规定：新闻媒体应当开展非物质文化遗产代表性项目的宣传，普及非物质文化遗产知识。央视综合频道首播的特别节目《非遗公开课》就是一个特别的尝试，让更多的年轻人了解和喜欢非遗，进而去传承和发扬非遗的文化，只要人人都能成为非遗的见证者、传承者和实践者，非遗才具有真正的活力。中央电视台以及各大地方卫视台，都举办过灯谜大会专题节目或在春节联欢晚会等大型晚会上插入灯谜环节，极大地扩大了灯谜的传播广度和深度。

（五）打造灯谜博物馆和灯谜文化街

《国际博物馆协会章程》认为博物馆功能是对人类和人类环境见证物进行研究、采集、保存、传播，特别是为研究教育和游览的目的提供展览，我国《博物馆管理办法》认为博物馆的功能是收藏、保护、研究、展示人类活动和自然环境的见证物。

目前已有多地建立了灯谜博物馆，例如漳州、温州等城市。灯谜博物馆的功能主要包含搜集、保存、修护、研究、展览灯谜文史资料，解读灯谜艺术密码，传承灯谜文化基因，向民众推广传播灯谜文化，引发观众灯谜艺术美感体验，设置灯谜擂台或展猜区，用猜谜的快乐，发挥灯谜娱乐教育功能。

有着“中华谜史第一馆”之称的漳州灯谜艺术博物馆创建于1992年春，旧址在芗城区文化馆四楼，1999年春迁至漳州标志性建筑威镇阁主楼。2000年元月，被中国民协中华灯谜学术委员会命名为“中华灯谜艺术馆”。2012年11月迁入漳州古城——台湾路漳南道巷，并作为世界遗产大会非遗文旅路线的重要备选参观点之一，展现福建省对非遗文化保护的成果。新馆将原有布展面积250平方米提升至面积约750平方米，分古今谜迷、谜馆珍宝、荣誉展示等展区。馆内收藏古今中外的灯谜资料3万余件、历代谜家简要事迹碑刻、海内外重要灯谜活动碑刻、谜圣张起南和谜贤高伯瑜的半身铜像，印章谜108枚、名人手书谜2070笺及文化名人书画佳作。张超南撰、张起南书之“山辉书屋”楠木楹联，高伯瑜捐献的毕生珍藏历代谜学古籍，国粹一号端砚，为镇馆三宝。

合肥市银屏街为“瑶海生态历史文化第一街”，是由区人民政府核定公布的文化街区，历史文化街区是活态的文化遗产，有其特有的社区文化，不但要保护外观的整体风貌，还应该保存它承载的文化，保护非物质形态的内容，保存文化多样性。2021年合肥市灯谜协会搬迁至银屏街淮浦春融段，将其打造成中国第一条灯谜文化街，规划有庐州灯谜非遗讲习堂、庐州灯谜文化博物馆、灯谜文化历史长廊、合肥市灯谜协会办公区等多个功能区域，多所大中小学校在此挂牌为研习基地，每到周末和节假日，街区举办灯谜讲解日或惠民灯谜展猜活动，吸引大量的市民前来参观浏览，维护庐州灯谜传统，促进地区经济活力。

图7　漳州灯谜艺术博物馆新馆

图8　合肥灯谜文化街一角

当下，网络信息呈爆炸性的蔓延，灯谜非遗的传承，正在尝试和推进新媒体的形式。灯谜非遗借助网络进行大力宣传的势头日益增长，网络上一些聊天室、微信群等，随时随地开展谜会，少数谜人的雅集也通过抖音等向公众进行直播，千万条灯谜利用“中华国粹网”等网络平台和计算机数据库技术进行管理和查询。在2020—2021年特殊疫情期间，网络灯谜成为灯谜活动的主要形式。此外通过互联网，可以方便向世界弘扬灯谜传统文化，为世界了解中国灯谜文化打开窗口。在汉语热持续升温的背景下，将灯谜艺术推向世界，保护民族文化特异性的同时，繁荣和发展世界多元化文化。

第二节　灯谜活动形式

一、灯谜活动策划

开展灯谜活动必须充分考虑时机、形式、谜题等因素，认真准备、精心组织，才能取得好的效果。通常灯谜活动可以单独举办，也可结合其他活动共同举行。

（一）专门的灯谜活动

这类活动很多，可以是全国性的，也可以是一个市县、一个区甚至是一个单位内举行的谜事。当今谜坛最有影响力的当属“中华灯谜文化节”，小型的如各地“迎国庆”“抗疫情”等主题灯谜活动。这些活动由中华灯谜学术委员会或各地政府、文化宫、谜协等主办。

每一次大型的活动，承办方应事先筹划好有哪些具体项目，如谜王争霸、佳谜评选、论坛研讨、谜著首发、灯谜展猜等，并拟好日程和赛制，报请相关政府部门获得批准、落实费用，然后发布公告、征集谜题、邀请嘉宾，最后具体落实细节、全体集合、各方协调、现场实施完成；如有比赛，当场颁奖；比赛如有下一届，完成交接仪式。必要时事先联系媒体，进行追踪报道，现场直播或录像。活动后进行总结，可编辑专辑作为纪念或资料存档。小型的活动，例如校园内灯谜社团的活动，也需有活动策划书和活动总结。

举行网络云谜会、云谜赛活动，除了上述筹备实施工作外，还需要保障网络畅通，并做好网络故障的应急预案；技术层面上要保证活动公平公正，杜绝外挂作弊的现象。此外，网络不是法外之地，虽然云端谜会是开放的，但绝不是无序的，要加强管理，主办者要做好净化网络言论环境的预案和处理措施。

（二）纳入其他文化节活动之中

灯谜植根于民间，有着几乎没有边界的消费人口，可以借助其他活动契机而经常性开展。例如乡村各地"桃花节""旅游节""闹元宵"等活动，校园内"读书节"、主题教育等活动，甚至单位文艺晚会、演讲歌唱比赛中，均可插入灯谜环节，既调节了气氛，又丰富了内容；相比于举办专门的谜会活动，这种灯谜活动更加灵活方便且费用大大降低，几乎是"零成本"。

二、灯谜猜射形式

近年来的灯谜猜射活动是灯谜非遗传承的主要形式之一，主要有以下几种：

（一）书面猜射

书面猜射通常称作"笔猜"，这种形式类似试卷笔试。谜题印制在纸质答卷上，猜射者在答卷上填写谜底。书面猜射活动简单易行，不需专用的比赛设备，答题者有更多的思考时间，心态放松，年长者即使反应稍慢，凭借知识储备，也能取得优秀成绩。

（二）电控竞猜

灯谜电控竞猜采用抢答形式，需要成套的电控设备，包括电脑、投影仪、显示屏、抢答器、计分系统等。猜射者需按铃争夺答题权力，并在规定的时间内迅速报出答案。通常答对加分，答错倒扣分。这种形式紧张刺激，观赏性强。对猜射者的综合素质要求较高，不仅需精通谜艺、知识丰富，还要反应灵活、心理强大。近年来在中央电视台、云南卫视举办的中国灯谜大会以及中华灯谜学术委员会主办的各类大型赛事中，都采用电控竞赛形式；尤其是灯谜团体赛，这是必然采纳的形式。

（三）悬谜展猜

将灯谜编号，印刷或书写在谜条上，悬挂于活动场所展览猜射，此形式特别适合于节假日时在户外组织活动，供游人群众参与猜射。

现在的户外猜谜，同时穿插有击鼓猜谜。猜谜的人按谜笺上谜号、谜面、谜目逐项报猜，最后才报出自己所猜的谜底。猜射者每报一句，谜台主持人便击鼓。如果没猜中谜底，谜台主持人便不再击鼓。这鼓声像是谜台主持人的应答声，也是一种有声的暗示。如没猜中猜底，原来一报一响的鼓声便戛然而止。如果谜台主持人“咚咚”击鼓两下，则是暗示猜射者已猜中谜底，要求猜者必须清清楚楚地解释一下，为什么要这样猜。若谜台主持人觉得猜者解释得清楚，便击鼓三下，表示猜中。

击鼓猜谜在南宋时期就已有之，鸣锣击鼓，目的就是要渲染气氛，吸引人来。因为谜会一般都是在节日举行，有各种各样的游艺活动，灯谜想多聚些人气，吸引观众，所以擂鼓敲锣，招徕人来。

（四）网络群猜

进入网络时代之后，网络灯谜开始出现，并很快发展壮大。网络群猜是借助网络上 QQ 群、微信群的即时互动功能，在群内开展的灯谜猜射和交流活动。这种形式不受时间、地点的限制，充分利用了新媒体传播的便捷性、互动的实时性、信息的共享性、受众的广泛性等优势，已经成为一种时尚的灯谜活动形式。目前，存在数百个网络谜社谜群，每天都有大量的网络谜会召开。两个大型赛事，“华清杯”由游子吟谜社发起、主办、组织并为之进行程序设计，“风云杯”由风云迷社发起、主办并为之进行程序设计，为网络谜界两大盛事。

第三节　灯谜非遗载体

灯谜是一门艺术，是非物质文化遗产；艺术的最终追求当然诉诸精神，但艺术也需要物质的载体，存在于物质世界。尤其是灯谜艺术的独有的特性：微型艺术作品，使得灯谜可以以各种多样的形式呈现。可以是实物载体，也可以是行为载体（如动作谜、魔术谜），也可以是虚拟的，如网络载体。在灯谜几千年历史长河存在过程中，它的实物化载体最具有代表性，花色之多、体量之大，是许多其他文艺作品所无法比拟的。灯谜除了书写或印制在纸质谜条上，还可以印刻在石器、木器、陶器等上面。下面列举一些典型的灯谜表现方式及载体。

一、石刻

石刻是语言文字载体中保存时间较长、影响较大的一种，包括摩崖石刻、景观石刻、碑刻等。目前已知最早的灯谜（谜语）石刻，是东汉末文学家蔡邕写于曹娥碑背面的"黄绢幼妇，外孙齑臼"，也是最早的离合体灯谜之一。石质的灯谜载体既有大型的岩石（包括石碑石刻），也有小型的石质砚台、石砖、玉石等；印章谜的石材也是其中的一种。

图9　字谜砖雕

图10　灯谜石刻

漳州灯谜艺术博物馆，号称“中华谜史第一馆”，藏有三大镇馆之宝。其中之一“国粹一号端砚”，又名风华录宝砚，重量350公斤，尺寸长1.48米、宽1.28米、厚0.12米；砚石采自肇庆端溪朝天岩古砚坑，砚呈灵芝形、石渠走水势，墨堂宽广，周边上下左右刻浮雕，按比例精刻出393方历代古名砚，还有168条砚谜，分别用楷、草、隶、小篆、仿宋等字体镌刻入砚，形成“砚中砚”和砚谜合璧两大特色，在博物馆内，其砚中藏砚、谜砚合璧的艺术特色是海内外绝无仅有的。

二、陶瓷

陶瓷是陶器与瓷器的统称，同时也是我国的一种工艺美术品，远在新石器时代，我国已有风格粗犷、朴实的彩陶和黑陶。陶瓷具有优异的绝缘、耐腐蚀、耐高温、硬度高、密度低等诸多优点，灯谜印在传统的陶瓷工艺美术品上，经过烧制，质高形美，长久稳定，具有高度的艺术价值，业已成为一种热门收藏品。下图为翔宇中华灯谜馆中的灯谜陶瓷藏品。

图11　磁州窑白釉灯谜大盘

图12　景德镇釉下青花灯谜瓷瓶

图13　字谜白瓷印泥盒

三、其他材质

（一）木质竹质

灯谜有刻在木头、竹子或柱子上的，印在柱子上的木刻灯谜通常是对联谜。

（二）纸质布质

除普通纸质谜笺外，灯谜也可在其他印刷品或娱乐用品上呈现，例如灯笼、扇面、年画、书签、扑克等。

温州灯谜艺术馆的灯谜作品，将传统的大红灯笼、悬展谜条、中国结工艺和现代的网络信息查询、节能灯照明技术结合，将二维码印制在谜条上，一谜一码，手机扫一扫，谜底立刻揭晓，方便快捷，别有新意。

图14　二维码灯谜

灯谜是最小的艺术作品，正是因为其小巧灵活又精致，所以星罗棋布、比比皆是，这些附着在其他艺术品上的灯谜，让人在欣赏艺术品的同时，又多了一层思索鉴赏，令人回味无穷。

对于艺术作品而言，想要让其继续存在，除了靠人的记忆，还需要另一种物质性的载体。随着时代的发展和科技的进行，数以百万乃至千万计的灯谜作品，在整个人类文化活动中，最终的主要载体将是电子文档和云数据库。

第四节　灯谜发展创新

一、灯谜艺术谜法创新

灯谜非遗在传承过程中也要不断创新。就谜法来说，旧灯谜法门不科学的元素要摒弃，例如有些不合时宜的、故弄玄虚的谜格，生僻或含糊的谜目等；就创作灯谜来说，要推陈出新，创作适应时代潮流的灯谜艺术作品。灯谜艺术的传承与发展必须朝着创新的目标前行，没有创新就没有生命力，只有创新才能在传承的基础上获得进一步的发展。

新时期新的谜种如雨后春笋似的冒出来，创新的力量无所不在。在灯谜艺术传承的同时，对于新谜种的创作应该加以规范，将其提升到理论的高度。创新不代表可以随心所欲的胡编乱造，当前没有章法的胡乱“造底造目”谜应坚决抵制，例如曾经有这样一条谜：“八戒（截至目前没有发生过但未来有可能发生其实未来也不大可能发生的某NBA球员的技术统计情况）莫四双”，此谜谜目长达42字，也许堪称最长谜目，但如此绕口令似的谜目，让人云里雾里，摸不着头脑，根本起不到谜目本身作为解题的提示、帮助寻找通向谜底之导向作用。

当今网络的兴起催生了一大批的灯谜爱好者，其中不乏猜制俱佳的高手。但也由于网络的速成，使得一些真正的纯网络谜人灯谜理论和基础知识不扎实，其创作出来的烂谜病谜多多，影响了网络灯谜作品的艺术性。而传统谜界中，大部分年轻人古典文学功底相对较浅，创作出来的灯谜作品艺术水平也不高，沦为单纯的“文字游戏”，艺术观赏性缺失。因此谜人要注重古典文化素养的提高，对于古文古诗词名篇名句要熟读甚至背诵，对于历代灯谜名家的作品要多多学习借鉴。只有自身古典文学修养达到相当的水准，创作出来的灯谜作品艺术性才能得到提升。

随着大量新知识新构思的出现，现代文化与古典文化必然发生冲突、碰撞、融合和衍变，并由此孕育出新的谜材、新的技法和新的创意；灯谜与所有的民俗文化一样，必将经历一个涤瑕、凝练乃至升华的过程，从而产生新的审美动力和审美价值。

二、灯谜活动形式创新

开展灯谜活动也需要创新意识，有标新立异的思维。新时期灯谜活动形式在继承传统的基础上，如上述击鼓报猜、悬谜展猜、函寄会猜等形式之外，要创造出更为生动活泼的活动形式，以丰富活动内容，突出艺术特色，拓展宣传空间，增强娱乐功能。

在数千年的漫漫历史长河中，大浪淘沙，许许多多的文娱活动形式，皆遵循其优胜劣汰的自然规律，谜事活动亦然。

（一）活动场地创新

在促进灯谜传播的社会化方面，让灯谜走进军营、校园、工地、社区、企业、商场、机关等；谜人要义不容辞地积极参与。现在很多社区、学校举办灯谜活动，由志愿者从网络搜罗一些谜语，打印悬挂供受众猜射。殊不知网络谜语良莠不齐，志愿者灯谜文化素养不高，甚至把脑筋急转弯的题目也当作灯谜选择，不仅闹笑话，也误导了民众，不利于灯谜文化的普及。因此，每一场活动，都应该安排资深谜人赶赴现场，为爱好者答疑解惑，加油打气，能起到不一样的效果。例如江苏省的谜人以“社会帮教”的形式，多次把谜会办进了镇江监狱，取得良好的社会效益。以“脱胎换骨又新生”猜文学名著——《复活》，被服刑人员猜中，并向人们讲述“复活新生”的亲身感受，真正起到宣传教化的作用。

（二）展猜形式创新

社会在进步，时代在前行，通常所用、千篇一律的悬挂布置谜条形式，已流传上千年，完全可以来一番推陈出新，让人耳目一新，促使活动出彩增色。要与时俱进地创新活动方式，促使普通民众增加兴趣，踊跃参会。灯谜的常规活动基本是老一套的悬猜形式，这种形式中规中矩，缺少直接的感官刺激，难以吸引青少年参与活动。这些都将使灯谜逐渐失去它的群众基础。只有创新灯谜活动形式，在传统的灯谜活动中融入更多时代元素，才能吸引更多的青少年参与活动。要善于利用现代信息技术和新媒体，创新灯谜活动模式，拓宽灯谜文化传播的渠道和载体。综合地借助电控竞猜设备，使用舞台节目形式，利用公众号进行直播，现场气氛和活动传播效果都非常好。在灯谜擂台上可借助舞台科技，充分利用声、光、电等现代科技手段，给予猜众强烈的视觉和听觉冲击力，使其呈现出一种既富有传统韵味又具现代气息的灯谜活动样式。还可以尝试与歌舞、影视、书画等强势艺术相结合，通过某种方式的嫁接，让灯谜在多种艺术的交融中赢得更多受众。

(1)大讲堂式谜会。设定主持人主播出谜,台下观众现场抢答,主持人当即讲评,现场发奖。为活跃现场气氛,可考虑穿插节目谜、动作谜、观众参与的哑谜、即物赠等。把每一次灯谜的出场,打造成一个个耐看的趣味节目,以求引人入胜。加强出谜人与猜谜人的互动效果,可让猜者和观众感到妙趣横生,乐在其中,进而流连忘返,也许从此会深深地爱上灯谜。

(2)大屏幕出谜。事先选择好谜题,用电脑编辑妥当,逐题播放、接猜、揭底。其最大特点,是可以插播多种花色谜,诸如画谜、印章谜、书法谜,以及利用影视、戏剧、歌曲片段而制成的声像谜等;以充分利用现场的视频效果,使活动做到"有声有色",丰富多彩,从而给猜众更深刻的印象。

(3)礼仪小姐持牌走台出谜。将制作好的谜题板,由礼仪小姐按序走台出谜。其最大特点,便是出谜方式更加灵活多变,可组合出谜(如同面的谜、同目的谜等),也可对久攻不下的"拦路虎"谜,专门举牌到观众席中走场,更加紧贴百姓猜众。

(4)由表演者出示谜板。表演者在音乐的伴奏下,通过队形变化,摆出造型,渐次翻开身上携带的汉字,多人连成一句谜面。其最大特点,是带有表演性质的出题,可看性强,观众在轻松的观赏中,完成了紧张激烈的拼抢。

创新无止境,活动方式可以不拘一格、百花齐放,唯求效果优先。可以在影院播放猜射内容;可以在街头或地铁灯箱广告、电梯广告箱、宣传橱窗投放;可以印制好猜谜活页散发;更可以动用广告飞艇、气球、灯光秀来发布。

三、灯谜活动主题创新

灯谜文化是传承文化的生动载体,也是弘扬社会主义核心价值观宣传教育的平台。传统的灯谜活动多在节假日,因此主题诸如"猜灯谜、庆元宵""猜灯谜、迎国庆"成为惯常说法。当代的灯谜活动主题要与新思想新理论的推广学习结合,例如"学党史、猜灯谜""不忘初心、牢记使命"主题教育专题灯谜活动等。通过接地气、有互动、动脑筋的灯谜这一形式,激发全员参加活动的兴趣，提高党员干部群众学习新思想新理论的热情，使大家乐学、愿学、好学，并进而推动促进各种主题教育活动的深入开展，又使群众感受到传统文化的独特魅力，极大地丰富民众的精神世界。灯谜与主题教育活动相结合，要特别强调谜面内容积极向上且紧扣主题，围绕十九大精神、党史人物事件、社会主义核心价值观、扫黑除恶、反腐倡廉、防疫抗疫等时政热点。针对新词、热词谜材，谜人要坚持原创谜作，杜绝面底不投，让灯谜起到潜移默化的教育作用。

四、灯谜比赛赛制创新

灯谜比赛赛制需要细化改革，灯谜比赛通常使用现场电控抢猜的方式，紧张激烈刺激，但一般受众感觉节奏快，反应跟不上，缺乏体验代入感。灯谜比赛可以仿照近年来大火的“中国诗词大会”“中国地名大会”等节目，增加网络海选并穿插点评交流环节。“中国诗词大会”第五季海选时全国报名人数40万人；首重播吸引不重复观众3.95亿人，电视节目和融媒体产品全网累计视频播放、互动和阅读量超7.48亿次。之所以受到如此追捧，就是因为节目主办方用一个个鲜活的开放式命题更主动地激发观众去发现和赋予生活以诗意和美好。“中国诗词大会”往往几代同堂共同观看，在点评选手表现、跟随答题的过程中，家庭成员实现了跨代际的交流，提升了亲近感，最终催生出更加大众化、普惠性的文化果实。

由于灯谜比赛不同于体育类的竞技比赛，选手的发挥与身体素质和体力基本无关，而是灯谜猜制活动的点滴积累，造成灯谜比赛选手老面孔多，新面孔少，灯谜的圈子狭小，群众参与度低。虽然参加灯谜比赛获奖并不是灯谜爱好者学习灯谜艺术的最终目标，但依照常人的心理，能够参赛并获奖，是衡量自己谜艺实力的有效手段，也是增加兴趣和自信的动力。灯谜比赛应区分专业组与业余组，业余组参赛选手趋向选择素人，选手可覆盖各行各业，鼓励年轻的大学生参加，这样才能真正体现中华优秀传统灯谜文化对社会各界特别是对青少年群体的影响。

五、灯谜艺术教学创新

（一）教学内容扩大化

灯谜是艺术，有着完整的理论体系。目前大多数的灯谜培训，仅介绍灯谜的猜射方法，忽略了灯谜的创作方法的培训传播。其实，灯谜非遗项目的传承工作，不但要有传承人，还必须有灯谜新作品不断诞生，来维持灯谜的持续发展。当今网络烂谜病谜屡见不鲜，就是因为谜作者未真正系统深入地学习灯谜理论，古典文化功底和灯谜基础知识根基都不牢固，因此，灯谜教学中要强化灯谜的创作规则和方法的诠释，进而探讨灯谜的鉴赏标准。此外，灯谜艺术与其他门类文学艺术，如古诗词、历史典故、阴阳五行等联系密切，灯谜借代法、会意法介绍时，应同时增加相关知识的讲解。猜和制是对一般谜人的低层次要求，评和论则为高层次的要求，精妙的灯谜评析和灯谜论文需要广博的文化积淀，灯谜的教学应为提高整体的灯谜文化素养作为目的，而不仅仅是教人会猜谜即浅尝而止。整体素质提升了，灯谜艺术传承与发展才能达到更高的高峰。

（二）教学模式多样化

各大中小学校内灯谜艺术教学以课堂教学为主，适当地采用多媒体技术辅助教学，创设一个集文字、图像、动画、音频和视频为一体的立体课堂环境，可以充分调动学生的积极性，有效地激发学生的求知欲望，增强学生对知识的理解能力，使他们处于最佳的学习状态。大学生可利用线上线下相结合的翻转课堂教学模式，充分调动学生的主观能动性和求真求知精神。由于灯谜爱好者是全体大众，因此网络信息化教学是合适可行的方法，各地谜协可利用公众号平台发布微课视频，受众可以利用碎片化的时间进行学习，以破解在职人员工作任务紧、无法参加固定时间培训的障碍。

（三）灯谜课程思政教育

课程思政指以构建全员、全程、全课程育人格局的形式将各类课程与思想政治理论课同向同行，形成协同效应，把“立德树人”作为教育的根本任务的一种综合教育理念。作为传统文化项目之一，灯谜多用在公开场合活动，除了娱乐之外，更重要的是发挥宣传教育作用，将思想意识、价值观念潜移默化地传播给接受者。因此灯谜课程中融入思想道德教学顺理成章、不生硬、不做作，水到渠成。灯谜创作要结合时代精神，围绕中国特色社会主义、社会主义核心价值观等概念精神出题选题，供学生猜射，尤其注意摒弃那些思想不健康、观念太陈旧、政治上错误的谜题。

五千多年来，中华优秀传统文化中的仁、义、礼、智、信、温、良、恭、俭、让、忠、勇、孝、悌、廉等思想道德观念深入人心，尚仁重德、知礼好学、诚信守正、宽厚孝义、扶危济困的情操品格，深深地滋润着神州大地上的众生，流淌在血脉里，熔铸在精神世界之中。

灯谜要紧跟时代步伐，要结合时事政治、国家大事、民众焦点创作新谜。文以载道、以文化人、思想育人、传承文明，引导学生正确的人生观、价值观，让学生了解时代楷模、英雄人物，潜移默化，促使学生向其看齐，进而崇尚学习。而教师需要多读多看，自己多学习，才能创造出时代新谜以促进学生道德养成。

六、灯谜信息技术创新

在网络尚不普及的年代，灯谜作品的传承主要依靠书籍纸媒，作品不仅容易遗失，也不方便汇集查阅。

计算机技术是现代社会的重要技术之一，计算机在社会各个领域的广泛应用，是社会进入信息时代的重要标志。当前，计算机技术与灯谜文化相结合已成为灯谜传承发展的一大趋势，随着计算机技术、多媒体技术和网络技术的迅速发展及其向灯谜领域的日益渗透，传统文化与现代科技的融合，对灯谜的传承发展产生了巨大的影响和良好的效应。

进入21世纪后，互联网技术迅猛发展，人们越来越多地通过网络获取信息、互相沟通，谜人们也紧跟时代步伐，充分利用网络进行谜艺的交流和谜事的组织参与。一些有责任感且善于动脑的谜人更是想到了借助电脑和网络分担乃至转而承担灯谜（尤其是灯谜作品）传承的重任。

（一）灯谜库及搜索引擎

最先诞生的是普通灯谜软件。1996年，王庆魁、王轶颖制作了首款灯谜软件——“灯谜之灯”（见《中华灯谜年鉴》谜网部分），首次系统地使用电脑软件整合谜人谜作。2004年，谜里喇嘛（网名）发布了“灯谜大典”，收谜15万条，成为当时收谜最多的软件。2007年4月，顽石斋灯谜搜索系统诞生，创建人为合肥人王磊（网名顽石斋），同年10月，谜萃灯谜查询系统诞生，由谜材网发布，网站站长为阿风，收录谜作近34万条。由于两套系统均支持在线查询及谜作上传，也就真正实现了人人参与到灯谜的传承与发展中来，这无疑具有划时代的意义。

2010年，中华国粹网开发了第三套容量巨大的灯谜在线查询系统——中华灯谜库（www.zhgc.com/mk/index.asp），截至2021年6月，库存谜接近130万条，并建设了丰富的谜材库，共分24个大类，2258项小类，164万份谜材。同时设置了灯谜擂台和信息贴吧用于交流学习。更为难能可贵的是，里面还收录了数量可观的古谜；而且每套查询系统均支持谜作即时添加功能，在谜人的齐心努力之下，查询系统收录的作品数量一直稳步增加。

灯谜在线查询系统均按灯谜三要素与作者及相关信息设置了搜索栏，浏览者可以通过已知谜面、谜目、谜底及其他信息所包含的部分字词，来对谜作进行搜索查阅，从而获取自己想要的信息。在线查询系统充分开发了数据库应用功能，除按照灯谜三要素单独或组合搜索外，还可以进行专人谜作、专题谜作等方式查询。

中华灯谜库搜索系统是目前最大的灯谜库查询系统，有多人使用和维护，因此在收集谜作方面的及时性非常强，并且在谜作中注明发表时间和媒体，特别适合检查谜作是否撞车或暗合。

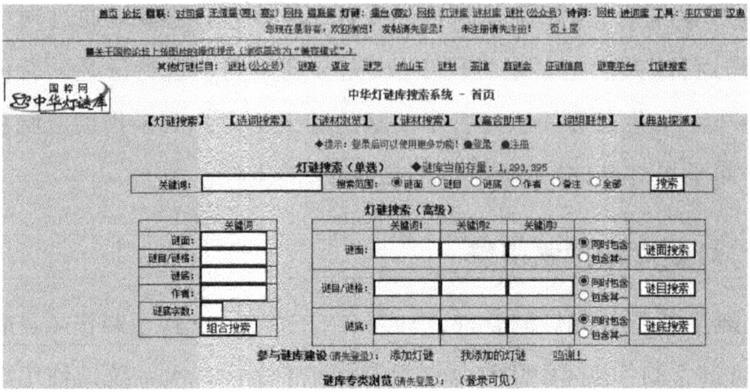

图15　中华灯谜库搜索引擎

灯谜查询系统不仅是一个搜索“引擎”，现已成为推动灯谜发展的“引擎”，这个引擎为灯谜这艘航行了几千年的艺术之舟注入了新的前进动力。灯谜查询系统的创建、打造和管理，为中华灯谜的传承发展做出了巨大的贡献。

（二）灯谜应用软件

随着谜友计算机软件及网络水平的提升，各种灯谜应用软件不断地被开发出来，用于QQ群或微信公众号，例如微信公众号“小米的粥”（现改名为乐学诗词）。QQ群的猜谜机器人更多，其中值得一提的是重庆谜人格（网名）的QQ外挂软件“灯谜机器人刷谜系统”，具有自动刷题、谜底判断计分、猜谜提示、积分排行榜、夺冠排行榜、灯谜术语在线解释、汉字笔画数查询显示、自助谜会、自动检查谜作是否露春、嵌入百度百科知识等多种功能，灯谜题库收录的全部谜题均经过审核，有效杜绝了病谜和脚趾动谜，软件开发者还人性化地将谜题根据难易程度细分，以适应资深谜人和灯谜初学者的需求，现已用于多个灯谜QQ群使用，拥趸甚多，极大激发了猜谜的兴趣和热情，这对灯谜传承和创作来说意义非凡。

（三）灯谜电控抢答软件

灯谜竞赛中电控抢答比赛紧张刺激，是最受欢迎的比赛形式。传统的抢答器需要手工计分，如今，各种竞赛抢答比赛软件与抢答器及计算机上位机、投影屏通信组成一体，实现自动出题计分和显示，极大增强了观感体验，也保证了比赛的公平公正。其中福建惠安灯谜圈自行研制的“惠安灯谜圈电控抢答神器”（分有线版和无线版）最有名，该神器目前已盛行于灯谜界，成为国内各大谜赛的首选抢答设备。软件操作非常简单，只需准备excel格式的比赛题目即可。软件可以自由设置标题、题数、时间限制、分数，还能自由修改添加题目，题型包括必答题、抢答题、风险题、互动题，让用户免去用PPT制作耗时费力的页面的困扰。对“开始抢答”“几号台作答”“剩余答题时间”等全自动计时与提示；自动精准显示多位抢猜者的抢猜顺序和时间，能将各小组比赛成绩始终显示在电脑屏幕上，最大限度地保证比赛的公正透明，控制适宜的节奏进度。

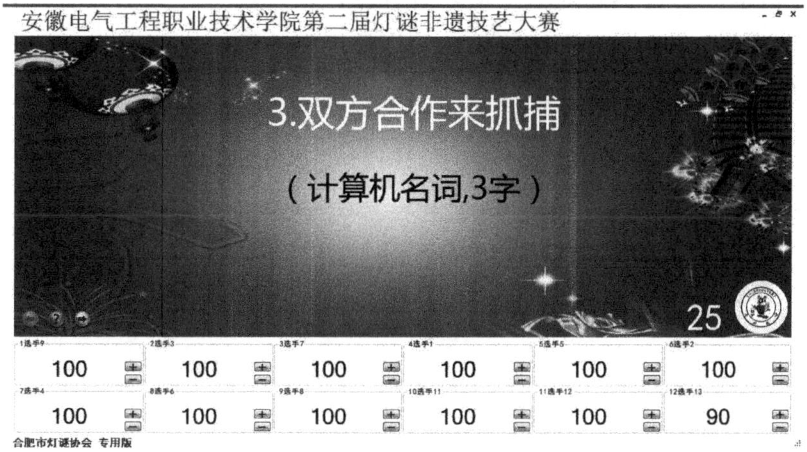

图16　惠安灯谜圈电控抢答神器软件

在地方谜史资料保存方面，采用计算机扫描和光盘、云盘技术，可以建立无纸档案库，扩大收藏容量、提高检索效率、减少珍贵纸质材料的破损风化等不利因素的影响，既保护了文物，又利用了文物资源，可谓一举两得。

此外，计算机技术、网络技术在灯谜网络谜会、谜赛、灯谜讲座、灯谜云课堂中的应用，前文已述及，此处不再重复。

网络正在成为灯谜传承的重要渠道。可以看到，灯谜非遗传承人线上传播、直播渐成常态。在网络传播的环境下，突破传统圈层，尝试与其他领域擦出新火花，是灯谜非遗项目的努力方向。当然，非遗的创新型传承，不仅依赖深厚技艺和“破圈”巧思，也需要来自平台、渠道、投入等多方面的支持。只有形成合力，非遗文化才能被更多人看到、听到，登上更广阔的大众舞台，并最终为市场化蹚出一条宽途坦道。展望未来，灯谜的艺术传承与发展之路是美好的，灯谜艺术的创新之路永不止步，灯谜艺术的文化使命永远不会终结。作为民俗文化资源，中华灯谜艺术必将在时代的发展进步中获得创新的动力。

思考题

1. 什么是非遗？灯谜是非遗吗？
2. 灯谜非遗传承和发展的措施有哪些？
3. 新时代灯谜如何利用网络和新媒体进行传承？
4. 撰写一份学生灯谜社团活动的策划方案。

附　录

一、常用谜目及谜目简称一览表

谜目	简称	备注	例子
五言唐诗一句	五唐	指《唐诗三百首》中的诗句。其他诗句需标注作者	
七言唐诗一句	七唐	指《唐诗三百首》中的诗句。其他诗句需标注作者	
《千家诗》五言诗句	五千		
《千家诗》七言诗句	七千		
《聊斋志异》篇目	聊目(或志目)		
《西厢记》篇目	西厢篇目		
《西厢记》曲一句	西厢一句	谜目又称“六才”	
《幼学琼林》一句	幼学一句		
《东周列国志》人名	列人		
《三国演义》人名	三国人	谜目又称“一才人”	
《西游记》人名	西游人物	含神仙、鬼怪等	
《红楼梦》人名	红人(或石人)	由《红楼梦》的别名《石头记》而来	
《水浒传》人名	五才人名	《水浒传》人名，不限于108将	
《水浒传》人物诨名	五才诨名	《水浒传》诨名，不限于108将	
梁山好汉名	泊人	指《水浒传》中的108将	
水泊人物诨号	泊号(或泊诨)	指《水浒传》中的108将的诨号	
外国人名	外人		
电影片名	影目	外国电影名则为“外影目”	
电视剧目	视目	外国电视剧名则为“外视目”	

续 表

谜目	简称	备注	例子
近代人物名	近人	指1840—1949年的人物	
时下或近期新闻人物	时人	如是外国的，标为“外时人”	
诗目	诗歌篇目		
杂志名	刊名		
市上招贴广告用语	市招		
商店招牌	店招		
口头语	口语		一下子
字		<5笔称“少笔字”，≥15笔称“多笔字”	
离合字		由母字及其组成的子字共同构成谜底	埋土里
离合音字		是在分解汉字音韵结构的基础上，以字代音，求得切扣的一种字谜品种	师恩深
方位字		谜底中有表示方位的字，主字和主字的某方位的字或偏旁部首	周中吉
形近字		带有“近、似、象、如、若、相近”等表意词，连读起来成文	元近无
通假字		谜底由字和它在古汉语里通用的字组成，以“通”“同”“通假”等词连接	说通悦

二、常见历史名人称号

（注：限于篇幅，本表仅列出部分古代名人雅号或别称）

人物名	称号	朝代	别名字号
孔丘	至圣　文圣	春秋	名丘，字仲尼
孟子	亚圣	战国	名轲，字子舆
司马迁	史圣	西汉	字子长，别称太史公、史迁
王羲之	书圣	东晋	字逸少，号澹斋；别称王右军、王会稽
张旭	草圣	唐	字伯高，一字季明；别称张颠、张长史
吴道子	画圣　画王	唐	又名道玄
张仲景	医圣	东汉	名机，字仲景，别称张长沙
屈原	辞圣　楚辞之祖	战国	芈姓，屈氏，名平，字原；又名正则，字灵均
欧阳修	文圣	北宋	字永叔，号醉翁，晚年号六一居士，欧阳文忠公

续 表

人物名	称号	朝代	别名字号
苏轼	词圣　诗神　苏仙	宋	字子瞻，又字和仲，号东坡居士
关汉卿	曲圣	元	原名不详，字汉卿，号已斋，又作一斋、已斋叟
陆羽	茶圣　茶仙　茶神	唐	字鸿渐；一名疾，字季疵，号竟陵子、桑苎翁、东冈子
杜康	酒圣	夏	又名少康
关羽	武圣　关公	三国	本字长生，后改字云长，别称美髯公，谥号壮缪侯
孙武	兵圣　兵家至圣	春秋	字长卿，别称孙子、孙武子
张良	谋圣	西汉	字子房，别称留文成侯
东方朔	智圣	西汉	字曼倩
黄龙士	棋圣	清	名虬，又名霞，字月天，号龙士
张衡	科圣　木圣	东汉	字平子
周公	元圣　文圣	商周	姓姬，名旦
姜子牙	武祖　太公望	商周	姜姓，吕氏，名尚，字子牙，号飞熊
孙思邈	药王	唐	别称妙应真人、孙十常、白山药王
李龟年	乐圣　歌圣	唐	字号不详，李景伯之子
裴旻	剑圣	唐	字号不详
李白	诗仙	唐	字太白，号青莲居士，又号谪仙人
杜甫	诗圣	唐	字子美，自号少陵野老；别称杜拾遗、杜工部、杜草堂
白居易	诗魔　诗王	唐	字乐天，号香山居士，又号醉吟先生
刘禹锡	诗豪	唐	字梦得
王维	诗佛	唐	字摩诘，号摩诘居士
王勃	诗杰	唐	字子安
李贺	诗鬼	唐	字长吉，别称李昌谷、长爪郎
贺知章	诗狂	唐	字季真，晚年自号四明狂客、秘书外监，别称贺秘监
孟郊	诗囚	唐	字东野
贾岛	诗奴	唐	字阆仙，一作浪仙，字无本，自号碣石山人
陈子昂	诗骨	唐	字伯玉，别称陈拾遗
孟浩然	诗隐　诗星	唐	名浩，字浩然，号孟山人，别称孟襄阳
王昌龄	诗天子	唐	字少伯，七绝圣手
温庭筠	温八吟	唐	原名岐，字飞卿，别称温八叉，又名温庭云、温廷筠
张藉	诗肠	唐	字文昌
齐已	诗囊	唐	出家前俗名胡得生，晚年自号衡岳沙门

续 表

人物名	称号	朝代	别名字号
萧纲	诗癖	南梁	字世缵,小字六通;是南朝梁简文帝
唐求	诗瓢	唐	一作唐俅或唐球
刘长卿	五言长城	唐	字文房
杜牧	杜紫薇	唐	字牧之,号樊川居士,后世称杜樊川
朱淑真	幽栖居士	南宋	别名朱淑真、朱淑珍,后人称红艳诗人
骆宾王	骆临海	唐	字观光
卢照邻	幽忧子	唐	字升之
高适	高常侍	唐	字达夫、仲武
王之涣	王季凌	唐	字季凌
韩愈	昌黎先生	唐	字退之,自称郡望昌黎,世称韩昌黎
岑参	岑嘉州	唐	无字号
梅尧臣	宛陵先生	唐	字圣俞,别称梅直讲、梅都官、梅河豚
辛弃疾	词中之龙	宋	原字坦夫,后改字幼安,号稼轩,别称辛忠敏
李清照	李易安	宋	号易安居士
柳永	柳七	宋	原名三变,字景庄,后字耆卿;又称柳屯田
黄庭坚	豫章先生	宋	字鲁直,号山谷道人、涪翁
杨万里	诚斋先生　文节公	南宋	字廷秀,号诚斋,谥号文节
陶渊明	靖节先生	晋	名潜,字渊明,又字元亮,自号五柳先生
诸葛亮	卧龙先生	三国	字孔明,号卧龙,也作伏龙,别称诸葛武侯
米芾	米颠	宋	初名黻,后改芾,字元章。别称米南宫、米襄阳
张先	张三影	宋	字子野,别称张三中、张安陆
郑谷	郑鹧鸪	唐	字守愚
贺铸	贺梅子	宋	字方回,又名贺三愁,自号庆湖遗老;人称贺鬼头
宋祁	红杏尚书	宋	字子京,小字选郎
华佗	外科鼻祖	东汉	字元化,一名旉,后人称外科圣手
渐江	弘仁　梅花古衲	清	俗姓江名韬、舫,字六奇、鸥盟,自号渐江僧,又号无智
马致远	马神仙	元	号东篱
司空图	知非子	唐	字表圣,号耐辱居士
秦观	淮海居士	北宋	字少游,一字太虚,别号邗沟居士,山抹微云君
唐寅	唐伯虎	明	小字子畏,号六如居士
朱熹	朱子　朱文公	宋	字元晦,又字仲晦,号晦庵,晚称晦翁、紫阳先生
李煜	李后主	南唐	初名从嘉,字重光,号钟隐、莲峰居士

续 表

人物名	称号	朝代	别名字号
纳兰性德	纳兰容若	清	原名纳兰成德号楞伽山人
李商隐	李义山	唐	号玉谿生
范仲淹	范文正	北宋	字希文，谥号文正，世称范文正公
柳宗元	柳河东　柳柳州	唐	字子厚
陆游	陆放翁	南宋	字务观
韦应物	韦苏州	唐	字义博，世称韦苏州、韦左司、韦江州
晏殊	晏同叔　大晏	北宋	字同叔，谥号元献，世称晏元献
晏几道	晏小山　小晏	北宋	字叔原，号小山
陆机	陆平原	西晋	字士衡
陆云	陆清河	西晋	字士龙

三、水浒108将泊号

三十六天罡(座次按从左至右、从上到下顺序排列)

天魁星呼保义—宋江	天罡星玉麒麟—卢俊义	天机星智多星—吴用
天闲星入云龙—公孙胜	天勇星大刀—关胜	天雄星豹子头—林冲
天猛星霹雳火—秦明	天威星双鞭—呼延灼	天英星小李广—花荣
天贵星小旋风—柴进	天富星扑天雕—李应	天满星美髯公—朱仝
天孤星花和尚—鲁智深	天伤星行者—武松	天立星双枪将—董平
天捷星没羽箭—张清	天暗星青面兽—杨志	天佑星金枪手—徐宁
天空星急先锋—索超	天速星神行太保—戴宗	天异星赤发鬼—刘唐
天杀星黑旋风—李逵	天微星九纹龙—史进	天究星没遮拦—穆弘
天退星插翅虎—雷横	天寿星混江龙—李俊	天剑星立地太岁—阮小二
天罪星短命二郎—阮小五	天败星活阎罗—阮小七	天平星船火儿—张横
天损星浪里白条—张顺	天牢星病关索—杨雄	天慧星拚命三郎—石秀
天暴星两头蛇—解珍	天哭星双尾蝎—解宝	天巧星浪子—燕青

七十二地煞(座次按从左至右、从上到下顺序排列)

地魁星神机军师—朱武	地煞星镇三山—黄信	地勇星病尉迟—孙立
地杰星丑郡马—宣赞	地雄星井木犴—郝思文	地威星百胜将—韩滔
地英星天目将—彭玘	地奇星圣水将—单廷珪	地猛星神火将—魏定国

续 表

地文星圣手书生—萧让	地正星铁面孔目—裴宣	地阔星摩云金翅—欧鹏
地阖星火眼狻猊—邓飞	地强星锦毛虎—燕顺	地暗星锦豹子—杨林
地轴星轰天雷—凌振	地会星神算子—蒋敬	地佐星小温侯—吕方
地佑星赛仁贵—郭盛	地灵星神医—安道全	地兽星紫髯伯—皇甫端
地微星矮脚虎—王英	地慧星一丈青—扈三娘	地暴星丧门神—鲍旭
地然星混世魔王—樊瑞	地猖星毛头星—孔明	地狂星独火星—孔亮
地飞星八臂哪吒—项充	地走星飞天大圣—李衮	地巧星玉臂匠—金大坚
地明星铁笛仙—马麟	地进星出洞蛟—童威	地退星翻江蜃—童猛
地满星玉幡竿—孟康	地遂星通臂猿—侯健	地周星跳涧虎—陈达
地隐星白花蛇—杨春	地异星白面郎君—郑天寿	地理星九尾龟—陶宗旺
地俊星铁扇子—宋清	地乐星铁叫子—乐和	地捷星花项虎—龚旺
地速星中箭虎—丁得孙	地镇星小遮拦—穆春	地稽星操刀鬼—曹正
地魔星云里金刚—宋万	地妖星摸着天—杜迁	地幽星病大虫—薛永
地伏星金眼彪—施恩	地空星小霸王—周通	地僻星打虎将—李忠
地全星鬼脸儿—杜兴	地孤星金钱豹子—汤隆	地短星出林龙—邹渊
地角星独角龙—邹润	地囚星旱地忽律—朱贵	地藏星笑面虎—朱富
地平星铁臂膊—蔡福	地损星一枝花—蔡庆	地察星青眼虎—李云
地奴星催命判官—李立	地恶星没面目—焦挺	地丑星石将军—石勇
地数星小尉迟—孙新	地阴星母大虫—顾大嫂	地刑星菜园子—张青
地壮星母夜叉—孙二娘	地劣星活闪婆—王定六	地健星险道神—郁保四
地耗星白日鼠—白胜	地贼星鼓上蚤—时迁	地狗星金毛犬—段景住

四、农历十二月别称

一月：孟春 正月 端月 初月 嘉月 新月 开岁 陬月

二月：仲春 丽月 杏月 花月 仲阳 酣春 如月

三月：季春 桃月 桐月 季月 莺时 晚春 暮春

四月：孟夏 阳月 麦月 梅月 纯阳 清和 初夏 余月

五月：仲夏 蒲月 榴月 郁蒸 中仲 鸣蜩天 夏皋月

六月：季夏 荷月 焦月 暑月 精阳 溽暑 且月

七月：孟秋 瓜月 巧月 兰月 兰秋 肇秋 新秋 首秋 相月

八月:仲秋 桂月 仲商 竹春 正秋 壮月

九月:季秋 菊月 暮商 霜序 朽月 季秋 玄月 青女月

十月:孟冬 良月 露月 初冬 开冬 阳月 飞阴月

十一月:仲冬 畅月 葭月 龙潜月 辜月

十二月:季冬 冰月 腊月 严月 残冬 末冬 嘉平 穷节 星回节

五、传统节日别称

春节:新年、大年、岁首、正旦、正朔、正月朔日、元日、元旦、元正、元辰、元朔、三元、三朝、三正;

元宵节:上元节、春灯节、元夕、元夜、元宵、灯节、小正月;

清明节:鬼节、死节、冥节、聪明节、寒食节;

端午节:端五节、端阳节、重五节、重午节、天中节、夏节、五月节、菖节、蒲节、龙舟节、浴兰节、粽子节、午日节、女儿节、地腊节、诗人节、午日、龙日节;

中秋节:月夕、秋节、仲秋节、八月节、八月会、追月节、玩月节、拜月节、女儿节、团圆节、八月半;

重阳节:九月九、重九节、老人节、老年节、敬老节、登高节、茱萸节、菊花节、踏秋、女儿节;

除夕:年夜、大年夜、除夕夜、除夜、逐除、岁除、大除、大尽、岁尽、年终,年除日、除日,年三十、大年三十、大节夜;

二月二:春龙节、青龙节、中和节,龙头节、龙抬头、春耕节、农事节;

三月三:上巳节;

六月六:天贶节、晒伏节;

七月七:乞巧节、少女节、女儿、重七、香日、巧夕;

七月十五:中元节、施孤、七月半、盂兰盆节;

十月初一:下元节;

冬至节:冬节、大冬、亚岁、岁首、小年、日至、长至节、履长节;

腊八节:腊日祭、腊八祭、王侯腊、法宝节;

祭灶节:灶王节、祀灶日、交年、小年、小年下、小年节;

人日:人七日、人胜节、人庆节;

寒食节:禁烟节、冷节、百五节、一百五、禁火节、熟食节;

下元节:下元日、下元、下元诞、下元水官节、完冬节。

初一为鸡日

初二为狗日

初三为猪日

初四为羊日

初五为牛日

初六为马日

初七为人日

六、常用借代

(注:前述书中第四章第四节中已列出的不再纳入)

毛笔:玉管、霜毫、毫锥、管城子、毛颖、毛锥子、管、中书君

墨:香煤、素烟、玄烟、陈玄、龙宾、龙香剂、松滋侯

纸:麦光、方絮、滑砥、楮先生

砚:泓、墨池

画:丹青、无声诗

草:断肠、含羞、黄昏、王孙、忘忧、狗尾、鱼腥、车前、熏衣、绛珠、玉带、随意、龙须、白头翁、飞燕、积雪、细竹

木:相思、英雄、如何

松:大夫

荷:君子、菡萏、芙蓉、莲花

瓜:葫芦

鱼:黄花、美人、玄机

鹿:梅花

马：千里、骐骥、五花、桃花、赤兔、浮云、玉骢、照夜白、追风、的卢、飞黄、骅骝、紫燕、青骢、腾雾、踏雪、骕骦、飞燕、伏波将军

狗：黄耳

鸟：明月、相思、杜鹃、鸳鸯、黄鹤、百舌、画眉、百灵、白头翁、朱雀、鹦鹉、黄雀、同心、告天子

心：灵台、方寸

舌：丁香

腰：杨柳

口：樱桃

眼、目：秋水

面：芙蓉

肩：玉楼

父：严、椿、家严(已故的父亲：考)

母：堂、萱、慈、慈闱(已故的母亲：妣)

妻：内人、夫人、荆人、荆室、荆妻、拙荆、山荆、贱荆、娘子、糟糠、内助、内掌柜、内当家、太太、老婆、妻室、老伴、婆娘、婆姨、堂客、媳妇儿、屋里人、做饭的、女人、右客、伙计、搭档、贱内(当不犯面时，也可扣“内”或“太”)

妾：侧室、偏房、小星、如夫人、妇君

夫：丈夫、外子、良人、夫君、君、官人、老公、当家的、前面人、掌柜的、外面人、郎君、老头子、那口子

夫妻：伉俪、连理、鸳鸯、结发、配偶、伴侣、秦晋、百年之好

女：黄花、千金、婵娟、美人、红粉、佳丽、佳人、红颜、玉人、裙钗、巾帼

鬼：无常、故人

奴：苍头

郑：成功、板桥

康：有为

关：娘子、友谊、函谷、山海、山月

山：二郎、万寿、中条、昆仑、太行、小姑、白云、阿里、王屋、匡庐、五台、太

平、峨眉、武夷、五指、蓬莱、井冈、首阳、不周

寺：少林、白马、灵隐、金山

台：铜雀、姑苏、烽火、雨花

成：十里

舍：三十里

秩：十年

钱：青蚨、刀布、孔方兄、阿堵物、泉、文

刀：小舟、小船

日：太阳、金乌、赤鸦、火轮

月：玉钩、玉兔、玉轮、玉蟾、玉弓、玉桂、玉盘、玉镜、玉羊、玉环、玉宫、玉娇、玉兰、玉盆、冰轮、冰镜、冰兔、冰蟾、冰盘、冰壶、冰鉴、冰魂、冰魄、冰团、素娥、素魄、素月、夜光、蟾蜍、蟾兔、蟾轮、蟾钩、蟾宫、蟾盘、蟾窟、蟾魄、蟾光、蟾阙、蟾月、蟾户、蟾精、蟾镜、顾兔、婵娟、嫦娥、广寒、桂兔、桂月、桂花、桂枝、桂轮、桂丛、桂宫、桂窟、桂蟾、桂魄、洋壶、方晖、飞镜、飞轮、挂镜、恒娥、秋影、琼阙、太阴、悬钩、白兔、银盘、幽阳、圆蟾、圆影、月桂、月轮、半璧、半蟾、半弓、半轮、半照、宝镜、宝鉴、宝月、碧华、碧月、璧月、初弦、大明、丹桂、丹轮、地魄、冻轮、娥轮、娥月、寒璧、寒蟾、寒魄、寒兔、寒玉、金蟾、金娥、金镜、金盆、金魄、金兔、金波、冷月、满魄、明镜、明蟾、清虚、清光、清蟾、清规、卿月、却月、麝月、天镜、天眼、兔影、兔钩、兔轮、兔魄、兔华、兔月、团圞、望舒、微月、夕轮、夕兔、夕月、小蟾、魄、白玉盘、广寒宫、清寒月、瑶台镜……

部分城市简称、古称、别称借代

北京	上海	天津	重庆	广州	深圳	福州	南京	成都
燕、大都、顺天府	申、沪、魔都	沽、沽上	渝、山城	穗	鹏、鹏城	闽榕、三山	宁、金陵、建康、石头城	蓉、锦官

合肥	南宁	金华	莆田	绍兴	贵阳	九江	淮安	三亚
庐、庐州	邕	婺	荔湄	越	筑	浔	邗	崖

太原	厦门	佛山	长治	西安	荆州	宁波	开封	晋城
并	鹭	禅	潞、上党	镐、镐京	江陵	甬	汴、东京	泽

兰州	扬州	南阳	安阳	徐州	武汉	杭州	沈阳	济南
金城	广陵	宛	邺	彭	江城	临安、武林	奉天、盛京	泉、泉城

七、灯谜中的象形字素

（注：此处包括象形及符号字素）

“一”的象形：猫步、水平线、扁担、平衡木、雁阵、板桥、独木桥、水面、笛、梁、箫、堤、双眉紧锁

“丨”的象形：纵、直、竖、杆、剑、箭、柱、铁拐、钓钩、垂线、针、笔管

“丿”的象形：刀、如眉、眉月、残月、斜月、新月、斜枝、铲、桅、篙、瓦、柳叶、鞭、摇桨、月牙、柳条、镰刀、撇、斜

“、”的象形：一点尘、一粒丹、小鸟、小虫、水泡、水珠、星、球、珠、水滴、滴、流莺、新芽、蝌蚪、露、花苞、孤星、蚂蚁、雨点、雨滴、珍珠、泪珠、泪痕、珠泪、汗珠、米粒、鸟眼、弹丸、瘢痕、药丸、豆儿、黄豆、雀、鱼儿、蜡丸、葫芦、北斗、点、顿

“卩、阝”的象形：“13”、旗、耳朵、旗飘飘、旌旗招展、孤帆、象3进1

“刂、刀”的象形：小舟、小船、轻舟、扁舟、舢板

“丁”的象形：帘

“乚”的象形：钓钩、帘钩

“厶”的象形：远山、三角形、相似三角形、小三角

“亻(人)”的象形：燕、飞燕、疏竹一行、雁阵、橹、鸥直翔、柳叶

“彳”的象形：柳叶双垂

“幺”的象形：远山叠叠

“十”的象形：纵横、加、横竖、正、阡陌、是、纠正错误、医院

“×”的象形：剑双交、双桨、误、差错、乘、斜阳

“冖”的象形：小桥、画桥、笠

“冂”的象形：高桥、拱桥、高墙

附录

"宀"的象形:孤星伴小桥、帽子、鹊桥、乌纱、星桥

"廴、辶"的象形:舟、小舟、小船、龙舟、画舫、扁舟

"彡、川"的象形:垂柳、柳丝、疏竹、竹叶飘风、斜风、斜雨、斜风细雨、斜柳、胡须、东北风

"非"的象形:垂柳绽芽

"巛"的象形:群雁、群鸥、波浪、一波三折

"丷"的象形:点滴、双鸟、星星

"冫"的象形:横眉

"氵"的象形:三星、斗炳、落泪、泪

"灬"的象形:马蹄、一水平流

"八"的象形:眉毛、颦蹙蛾眉、画眉、疏雁、雁阵疏

"卜"的象形:针儿欲坠、鸦片烟枪

"乙"的象形:鸭子、水鸭、鹅、游鹅

"士"的象形:飞机

"亽"的象形:竹叶

"爫"的象形:爪痕、鸟迹

"个"的象形:竹叶、鸡爪印、秃枝头

"⺮"的象形:秋波噙泪

"丰"的象形:远树

"土"的象形:是非、正负、阴阳、十一

"干"的象形:蜻蜓、电杆

"女"的象形:梅枝

"亦"的象形:蝴蝶

"亚"的象形:栏杆

"卅、册"的象形:藩篱、篱笆

"冊"的象形:藩篱、篱笆、雕栏

"而"的象形:颊毛、铁耙

"口"的象形:樱桃、方、四方、方格、小窗、城、小嘴、四面围墙、格、框、洞、

眼儿

"田"的象形:荷叶、小窗

"臣"的象形:花窗半掩

"品"的象形:菊、菊蕊

"凸"的象形:领奖台

"卤"的象形:鸟笼

"虫、巾、韦"的象形:帆、孤帆

"且"的象形:楼

"介"的象形:亭、小亭

"比"的象形:鹿蹄

"弓"的象形:绣鞋、曲径

"耳"的象形:独脚梯

"心"的象形:斜月三星、疏星镰月、浪里行舟、波底月、虾戏水、轻舟逐浪、扁舟穿浪

"尸、弓"的象形:残月(弓象形残月的形状,尸象形残缺的"月"字)

"臼"的象形:平分秋色(象形分开的"白"字)

"?"的象形:曲棍球

"!"的象形:棒球

八、部分花色谜种类简介

(正文中已介绍的此处不再列出)

1. 扑克谜:谜面是一张扑克牌,用扑克牌上的图案和文字表现谜底。猜射时,要根据扑克牌上的图案内容、形状、颜色、数字以及外文字母等进行联想得出谜底。

2. 象棋谜:谜面是一盘象棋局阵势图,是用象棋棋局阵势的内容来扣合谜底。猜射时,也要根据棋局阵势的情况,诸如双方棋子的多少,所在的位置,都是什么棋子,走后产生的后果等去联想得出谜底。

3. 钟表谜:钟表谜是根据钟表“点”与“针”的变化而推出谜底。为了体现“钟表”的特点,往往根据需要附加“点、分、刻、表”等有关的字。

4. 图案谜:谜面是一幅图案,其图案一般由几何图形或变形汉字组成。猜射时,需根据几何图形或变形汉字的布局等探求谜底。

5. 照片谜:谜面是一张照片。一般的照片是风景、静物、人物。人物照有单人、多人、全身、半身等。猜射时依据除了照片的内容,有时还要附加:“照、摄、拍、片、影、光、相”等有关的字或词。

6. 无字谜:谜条(或谜笺)上没有字,通称为无字谜。有的连谜目都没有,由主持人当场口述。要求猜什么,就猜什么,无字谜由于谜面上没有文字,别具一格。无字谜的谜底,根据其特点,往往附加有“白、无、没、缺、少、短、空、光、没有、缺少、空白”等字或词。

7. 菱形谜:类似塔形谜,但又有所不同,其主要形状为菱形。

8. 书封谜:是以书本封面与文义制成的灯谜。猜射时,需附加“图、书、本、册、封、卷、面”等字或词,以共同推出谜底。

9. 镂空谜:镂空谜也叫镂空体,空白法等。它是以空心字作为谜面的灯谜。猜射时需附加“白、空、素、虚、空白、空中、白心”等字或词。

10. 达摩面壁谜:也叫反字谜,是古时候将谜面反贴在灯笼上,用灯光照射出反字让人猜射的灯谜。如今常将谜面写成反字,故谜底中需带有能反映特征的“背、反、翻”等表字或词。

11. 同面同目谜:顾名思义,即谜面、谜目相同的灯谜。

12. 邮政编码谜:以收信人和寄信人的邮政编码作谜面。猜射时,需要把“邮、通、自、发、出、数”等字或词包括进谜底中。

九、部分谜格简介

（注：前述书中第四章第十节中已列出的不再纳入）

格名	别名	格法
解领格	鸳肩	谜底须四字以上，谜底的第二个字左右分开成两个字，连上下文读切合谜面
展翼格	剖腹、双胎、振翼	谜底需三个以上的单数字，中间一字左右分开作两字读
蝇头格	垫巾	谜底需两字以上，第一字上下分开作两字读，形若蝇头，扣合谜面
蜓尾格	垫足	谜底需两字以上，末一字上下分开成两字读
蜂腰格	中分、断锦	谜底须三字以上的单数词句，但中间一字要上下分开作两字读
鹭胫格		谜底需四字以上，倒数第二个字作左右分开成两字，连上文读切合谜面
宝塔格		因谜底的字相间分读，形似宝塔式，故有此名。谜底需有四字以上的双数词句，谜底之二、四、六、八字等逢双数字，拆作左右两字读
鼎足格	蟾足	谜底需两字以上，最后一字分读成三个字
�垫格		谜底需两字以上，字字按上下分作两字读
�稍格		谜底需两字以上，字字均分为左右两部，一字作两字读
折巾格	侧帽	谜底需两字以上，即将谜底第一字左右分开，成为两字，只用其半边字连下文读切合谜面
半面格	玉璜	谜底需两字以上，每字均可左右或上下分开，任取其一半来读
折翼格	曲袖、楚腰、瘦腰	谜底需三字以上的单数词句，将中央一字左右分开成两个字，取其一半，连下文读切合谜面
折屐格		谜底需两字以上，末字是上下结构的字，只取上半截的字连上下文读
只履格	跻履	谜底需两字以上，末一字要左右分开成两个字，取其一半，连上下文读
放踵格	摘底	谜底需两字以上，每字的下半截，皆是同一部首的字，射中后排除谜底中每一字的下半截，余下的上半截切合谜面
摩顶格		谜底需两字以上，谜底的第一个字分成上下两个字，取下半截的字连上下文读切合谜面
蝉蜕格		谜底需具有口、门、几等相同外围部首的字，去其相同的外围部首后切合谜面
摘遍格	摘顶、揭顶、摘盖、雍正	谜底需两字以上同盖头部首的词句，猜中后排除每字的同盖头部首，只读下半截的字
脱帽格	升冠、免冠、落帽、孟嘉、龙山	谜底不少于三字，减去首字后，扣合谜面

附录

续 表

格名	别名	格法
脱靴格	力士、弃履、跣足	谜底不少于三字，减去尾字后，扣合谜面
同心格	同心结、鸳鸯带	谜底需用四个以上的双数字，将谜底最中间的两个字，作一字读
合璧格		谜底通常用四字组成，每两个字并作一个字读
比目格	叠绵、合纵	谜底需三字以上，将第一字、第二字并作一个字，连下文读切合谜面
并蒂格	并足、连横	谜底需三字以上，将最后两字合并成一个字，连上读切合谜面
玉颈格	粉颈	谜底需四字以上，第二字谐音成别义
粉腿格	鹤腾、素胫	谜底需四字以上，谜底倒数第二个字用谐音代替解释谜面
朱履格	红鞋、正履	谜底需三字以上，唯末一字正读正义，其他字都要谐读作别义解释谜面
围棋格		谜底需四字以上的双数字，以上半截字正读正义，下半截谐读作别义，或相反，切合谜面
榴裙格	烧尾	谜底需四字以上，唯倒数第二字读正义，其他字都谐读作别义切合谜面
丹心格	丹枕、红中、朱腰	谜底需三字以上的单数字，唯最中央一字读正义，其他字全部谐读作别义与谜面相扣
鹤顶格	朱颜、丹顶、正冠、朱颜	谜底需三字以上，为第一字读正义，其他字皆谐读作别义切合谜面
赤颈格		谜底需四字以上，为第二字正读正义，其他字皆谐读作别义切合谜面
亥豕格	乌焉、鲁鱼	谜底需二字以上，故意将所有字别读切合谜面
乌纱格		谜底需四字以上，将谜底第一字形似别读为它字
青领格		谜底需四字以上，将第二字作形似相近的字，别读成它字
黑胸格		谜底需三字以上的单数字，将最中央的字作形似相近的字别读
黑带格		谜底需四字以上，将倒数第二字作形似别读
皂靴格		谜底需两字以上，末一字形似别读切合谜面
移珠格		谜底需四字以上，中间一字作间隔两字以上的自由移动，然后连读切合谜面
垂柳格		谜底需五字以上，把前面的少数字(两字以上)顺移到句子后面，连读切合谜面
辘轳格		谜底需四字以上双数字，第一和第二字互换位置，第三和第四字互换位置，以此类推
牵萝格		谜底需两字以上，将两个相邻字，取其中某一字的半边(不论上半截或下半截、左半截或右半截)，移置倒另一个字的一边来读
移帜格		谜底需三字以上，将某一字的左偏旁或右偏旁，移植到间隔一字或数字的另一字上读
易帜格		谜底需二字以上，将其中两个字，各将一半偏旁或一部分互相移置

续 表

格名	别名	格法
回文格		谜底需两字以上，先顺读一次，再倒读一次，两次意思加在一起切合谜面
离合格	金钟	谜底字数二字以上。谜底每个字必须是合体字，猜时先分后合读（或先合读后分读），使谜底一个字读成三个或四个字
双皓首		与白头格类似，只是谜底的前两个字都是白字
骊珠格（细分）		前骊单珠：谜目+谜底；即常见的探骊格 前骊双珠：谜目+谜底+谜底 中骊双珠；谜底+谜目+谜底；又叫双龙戏珠 后骊单珠：谜底+谜目；又叫反探骊格 后骊双珠：谜底+谜底+谜目
内附格	暗附、藏藏	谜底暗附格名，须能体现格名的用意成谜为有效
外附格		将谜格编入题目之上，无须另加旁注

十、常用制谜之字素用法示例

（以下列出的只是常用方法一些例子，制谜时不拘泥于此用法；利用象形的制谜字素见附录七）

［一画］

字素“一”：

一、方位

三中、上工、上天、上元、上下、上万、上百、上面、下土、下头、王上、王冠、云初起、无头、石头、石上、西北、北面、死前、后面、天上、天王、天涯、天际、天高、开头、开初、开始、开首、元首、六中、中日、中兴、中岳、日中、日内、北平、前天、高丽、平头、平顶、南亚、面前、两头、正北、正南、里根、垂下、底盘、而上、终生、零上、零头、刊头、首要、先干、先画、初亏、初夏、后尘、后卫、合心、亏心、甘心、生下、露头、鲁中、尾生、百万之上、顶天、立地、再起、春雨绵绵妻独宿、画上、雨前

二、离合

日无边、天下无、天下行、天下之大、三分之二、大人走、大人不在、不上头、不落后、不上来、不起来、不下去、省人大、本人退休、真心不二、至高无上、生旦丑末、日环食、走天下、夫人一去、来送米、开门闩、酒干客散、芳心无主、南云淡

淡、日方撤离

三、提义

元、首、冠、甲、头、子、横、单、独、孤、负、减、奇、非、阴极

字素“丨”：

一、方位

川中、小心、心事、水中、临头、日前、山间、心中、中心

二、离合

脱掉旧日装、口中去、旧日莫提、旧日别、一到田间、一一去西域、旧日不见、三人全走、双方来串通、个别人、用心一一解、十分之一

字素“丿”：

一、方位

人前、风起、月初、年头、自首、起风、包头、行头、舌头、月初、先人、西川、起程、起伏、起先、牛头、先生、月前、乡下、禾上、先生、鸟头、丘顶、西风、人之初、白头、首先、年初、年头、风起、起风、先父、归心、风头、向前、先生、先前、生前、垂头、年前、用前、后头、毛头、前句、高升

二、离合

少小离别、白日尽、千分之十、丢开去

字素“、”：

一、方位

上衣、上房、上方、上市、下令、寸心、凡心、凡间、之前、勺中、门角、文首、为首、心上、心头、户头、主上、北方、前文、前方、前言、兴起、丹心，浪尖、亭尖、顶立、先主、先亡、首先、卷首、源头、起立

二、离合

太大了、太大不要

［二画］

字素“卩、阝”：

一、方位

左际、阶前、前卫、前际、前院、前阵、院西、院前、队前、东邦、东邪、东邻、东

郊、东郭、东都、东部、东郡、陇前、西阳、西陉、西院、郢东、卯后、御后、节后、郁东、陕西、半部、边防、后脚、后部、边际、边陲、阵前、右邻、领队、先除、先防、陌头、柳边、那边、陇西

二、离合

离队后、后队空、焚西都、撤防后、失陪后、掉队后，隔离后、退隐后、飞车阵、郑关西、却而退去、除去后面、隐去后面、队里无人、掉队之人、合而拼命、西部开发

字素“刂、刀”：

一、方位

下剪、下劈、东侧、后列、后侧、剪下、劈下、刊右、盆中、右侧、刑东、前召、争先、切后、列后、判后、剁后、到后、别后、分后、刮后、削后、刚后、剧后、割后、刻后、划后、刊后、刨后、刑后、删后、剑边

二、离合

召开后、别离前、动刑前、删除前、利于后、山水间、切削前、切割前、切断前、行刑前、获利后、判决前、判断前、到来后、拔剑前、剥开前、解剖前、剿灭前、剽窃前、削减前、削断前、分离前、免除后、裁剪前、劈开前、得利后、剖析前、刮开前、分离前、剪断前、到达后、划开前、不要分头、切去前面、剪开前面、削去左边、剩下左面、剪掉前头、分开之前

字素“十”：

一、方位

午后、田中、上士、上古、支前、华南、居心、下午、草根、田间、叶边、卒后、南北、画中、苦心、首卖、卑下、首克、早下、寺上、心田

二、离合

上午就去、去华北、没有买卖、早上没来、一直、早上不在、解困人口、失金针、叶落一方、丢买卖、尾生抱柱、早日腾飞、早早去

字素“丁”：

一、方位

亭下、头顶、厅内、前顶、亭南、厅中、南宁、半打

二、离合

灯火暗、水云间、宁丢官帽、一定要小心、灯火灭、打手出界、全剧终、上下小心、灯火阑珊、一水间、不可口

三、借代释义

谓之(丁谓,字谓之)、第四、男、男子、男儿

字素“×”:

一、方位

下文、杀头、区间、区里、风中、中风、齐心、冈内、上爻、下爻、凶心、风里、交尾

二、离合

艾草下、清风外、风无边、西南郊

字素“冖”:

一、方位

牵心、冢上、爱心、军前、头冠、冢头、冠军、劳心、营中、壶中、壳中、写上、茔中、北冥、冢顶、中学、军前、蒙心

二、离合

军车出发

字素“讠、言”:

一、释义

白、陈、语、云、道、说、曰、讲

二、方位

话前、先请、初谈、读前、先说、先谢、初谋、课前、上课、调头、先讲、让先、前访、初识、先认、西讨、前记、初诊、先试、狱中、先议

三、离合

吾无语、无人信、诀别后、没人认、谅解后、不认人、讨伐后

字素“厶”:

一、方位

台上、去后、丢下、云下、上台、台北、高台、云南、云脚下、云底下、南县、勾

心、底层、坛东南、基层、晚云

二、离合

弘扬东方、儿不允、弘扬前、出去前

字素“亻(人)”:

一、方位

从前、以后、会上、茶中、附中、前传、前代、前仇、前任、前位、先例、优先、会上、雄心、念头、难中、金顶、伞顶、推心、唯心、偏旁、前例、低头、头伏、俯首、首倡、左传、左侧、左倾、火腿、从头、会首、琴心、个头、仓顶、首付、前代、前仰、首件、佛前、低首、西伯、前伸、欠下、仓前、舍前、舍上、盒盖、内心、合上

二、离合

退伍后、离休后、砍价后、解体后、大一了、他去也、作别后、春节三日、肉松内销、太少了一点、以前没有、灯前星星暗、不要右倾、仙山隐约、是日下行、禽飞离、少先队、千分之一

[三画]

字素“艹”:

一、方位

苦头、高节、茅头、初芽、幕前、苗尖、曲中、花前、黄初、宽心、高薪、高节、节前、苗头、蒙头、蓝天、藏北、花冠、北苑、上苑、荷尖、茎端、头茶、头茬、首荣、莲头、菜头、上药、葫芦头、苏北、芒端、莫上、营前、葱头、上苍、先苦、蒜头

二、离合

莺飞上、花谢后、节约药、失节后、落草后、蓬蒿之上、用心改变

三、借代、释义或数学换算

相思、小草、含羞、草、念、二十、挂念、五四、一廿

字素“土”:

一、方位

墙头、地头、西场、坑前、坐下、下坠、坛前、坟前、坡前、前坡、西城、城西、垫底、堂下、下堂、地基、基地、塔前、堆前、埋头、埠头、塔头、城头、上去、庄中、里根、后尘、寺顶、边境、先走、堤西、西堤、坝头、坎头、块头、西堆、塘前、塘头、寺

附录

顶、壁底、垄下、西坡、西域、填上、场上、堰前

二、离合

寺半隐、圣上归、芳心无主、垄上行、坍塌后、开垦前

三、释义

地、田、地、泥、尘、坤

字素“口”：

一、方位

党中央、点心、掌心、宫中、高足、园外、亭中、国外、田边、台下、图外、吞下、中堂、南宫、宫中、叶边、周末、棠中、河中、阿里、问心、回心、可心、哀心、赏心、心窝、局里、台南、国际、吕后、前哨、叩首、先听、启下、呈上、后台、上吊、上品、前哨、叩头、头号、先吃、喀左、善后、南唐、下台、名下、河内、言下、舌底、呈上、呆头、谷底、日边、先吟、前听、前呼、回疆、喉头、喷头、售后

二、离合

半隐听、空谷上、吕奉先、国内空白、一知半解、半吐叶、早上一别、不许上告、台北游、去回疆、国内游、吐出后、杏树下

三、借代

女、千金

字素“氵”：

一、方位

河西、江西、洗头、河畔、西湖、河边、海边、江边、湖边、溪边、汕头、浪头、滑头、滩头、前沿、首演、早潮、溪头、湘西、池西、沿岸、西洋、西游、渡头、初涨、初溶、初漏、源头、西泠、前沿、派头、先河、西海、左派、江头、西汉、溪前、溪畔、洞前、江左、沟前、津西、前浪、淮西、洲头、头注、西滨、滇西、渝西、沪西、浙西、西沙、湖前、池前、潭前、潮起、浮起

二、离合

离江东、沙少了、汗流干、开演后、流泪后、溶解后、汗干了、下浦东、湖隐古月、杀东洋、去江东、先去洗、演出后、潮落后、流出后、浮出后、离洞后、出洞后、出港后、派出后、离滇后、离渝后、汇出后、排污后、下注后、消失后、流泪后、泄

洪后

三、借代

江、河、湖、海、雨、清流、清泉、扬波

字素“彡”：

一、方位(半残)

影后、影片

二、离合

衣衫薄、脱去衣衫、初生牛犊、彩排前、杉木朽、隐形前、参见后、牛年伊始、杉木落、无彩头、从我做起

字素“山”：

一、方位

崖上、上岗、岁首、岭前、峰西、前峰、高岗、岩上、西岐、岸上、南岳、西峡、崇高、半出、西屿、屿西、岙底、上岸、岩顶、西岭、岭西、峰前、崖顶、巅峰、崛起、岗上、汕尾、半岁

二、离合

仙人杳、北岳隐、崛起前、下岗后、岚风清、岩石下、汕头行

三、借代

武当、太白、峨眉、终南、昆仑、青城、雁荡、琅琊、五台、普陀、井冈、武夷、长白、太华、太行、王屋、武夷、太姥、九华、白云

字素“宀”：

一、方位

牢头、前室、上宾、塞北、寨前、高官、案头、首审、室上、首富、宴上、北宋、初宠、初审、北宛、室顶、宫顶、首家、案前、初寒、塞上、赛前、初赛、前宅、灾前、上官、早安、审前、穴上

二、离合

失守后、失宠后、宰掉后、断案后、离开南宁、宝玉出走、去南宁、出塞后、出后宫、南宋灭、客走后、走穴后、离家后、开宴后、结案后、案发后、出牢后、灭火灾、消灭南寇、寄出后、一点爱心、家中猪丢了、有点劳心、有点牵心

字素“辶”：

一、方位

外边、这边、旁边、边远、外迁、外运、外逃、外遇、道边、随心、道旁、边缘

二、离合

不还了、还不来、透秀逸、尺书迟、送关去、兔逃逸、这里无文、送出关

字素“女”：

一、方位

婚前、妆后、下角楼、始端、娶后、要下来、晚妆、始端、后妻、如初、西妃、嫩如初、初嫁娘、晚安、如前、案中、姘头、前嫌、娶妻后、姜后

二、离合

开始后、好开端、妆半残、出嫁后、她去也、断奶后、离婚后、卸妆前、姐走后、妹走后、娘走后、她走后、她也走了

三、借代或释义

闺秀、佳人、千金、嫦娥、娥眉、莫愁、弄瓦、红颜、美眉、美人、美媛、伊人、佳丽、闺秀、婵娟、丫头、娇娘、姑娘

字素“纟”：

一、方位

红头、前线、缩头、半丝、头绪、首级、初级、前缘、前线、初红、前约、初绽、初绿、缠头、西经、纲领、残红、终端、前组、红边、绿边、边缘、绑起、始终

二、离合

绝色莫恋、镶红边、线断后、缘终了、编排后、绽放后、离线后、走红后、纱少了、放纵后、终结后、毁约后、结束后、缉拿后

三、形近

异乡

[四画]

字素“王”：

一、方位

皇后、南望、班前、班后、琼西、西环、左环、理头、先玩、头球

二、离合

一汪清水、画中东缺西少、玉无瑕、山横影、十二、二十、三竖、辞别主上、主要缺点、皇上走了、出现后、中国排球、离开首都到海南

三、释义或借代

万人之上、皇帝、君、天子、万岁、圣上、陛下;昭君、安石、羲之、子年、重阳、昆仑

字素“木”:

一、方位

村前、南宋、桥头、楼前、枝头、杠前、杆前、休后、寨下、桌下、后果、树梢、树头、树上、榜首、首相、寨后、村边、树边、桥边、桩前、森林前、植树前、柳梢头、枕头、床里、采后、左相、极左、极端、桥西、西楼、架下、案下、上校、闲心、先机、杠头、案底、梁下

二、离合

伐森林、梅放后、杜绝后、杯不空、人已退休、解困境、脱困境、去东村、杜绝是非、灭北宋、北宋亡、采摘前、断案前、无头案、杯不空、林木遭毁、森林遭毁、下东楼、伐树后、半放疏梅、梅开后、不出头、开几朵、分析后、弃权后、杀错了、标示没了、开枪后

三、借代

春、东、青、英雄、疏林、桃、柳、松、杉、梅、柏、榕树、白杨、梧桐、凤凰

四、数学转换

十八、九九、九重

字素“丰”:

一、方位

带头转变、带头转移

二、离合

并非、一贯用心、艳色退、艳色空

字素“日”:

一、方位

昂首、始暖、上映、早上、前景、中意、低音、中间、春末、前晚、晨起、首映、尾音、晋南、早晨、早晚、头晕、前晌、中间、中旬、初暖、初晓、昏后、后晋、晚春

二、离合

月光明、明月光、明月当空、明月落、去晋北、放晴后、三人游春、清明后

三、借代

倭寇、残照、马步、马路、太阳、金乌

字素“月”：

一、方位

后期、期末、胸前、朝后、后背、背后、头肿、头胀、前脚、前腿、前脑、首脑、西服、东湖、头股、前肢、首胜、东北望、后期、期终、左脸

二、离合

杜鹃鸣、空鸣鹃、莫肯前、脱离后、朝西去、抛脑后、减肥后、脱脂后

三、借代

广寒、嫦娥、玉鉴、清辉、婵娟

字素“贝”：

一、方位

赛后

二、离合

破格用人、多次资助、先脱贫、失败后、回归圆、送别贾客、赋闲弃武、挑土筑坝

［五画］

字素“罒”：

一、方位

转眼、目横视

二、离合

驷马难追、泗水流、因非获罪

三、借代

秋波横、卧看秋水、秋波一转、成双对

字素"穴"：

一、方位

窗前、穷帽、空前

二、离合

力无穷、半空

字素"禾"：

一、方位

初秋

二、离合

残香、蝌蚪游、捉蝌蚪、私字当头、枝头眉月、西楼眉月、楼头眉月、尽日香、秋收后、来日凝香、登科早、千里人归、前科

三、会意推理

暗香、秋雨、寒秋、秋凉、夜来香、秋夜

字素"北"：

一、方位

冀北

二、离合

残花相映、破土、映残花

［六画以上］

字素"⺮"：篱前、笔端、头筹、上篮、个个、两个、留个影、秃笔、用毛笔、幽篁、君子、湘妃枝

字素"而"：面三藏、三鲜面、十分能耐、湍流山水

字素"耳"：闲聊时、老子、取而又舍

字素"缶"：立马昆仑、马踏空山、峰头立马、立马山头、马放南山、心陶然

字素"丞"：一弯曲水

字素"戌"：狗、黄昏后

字素"米"：枝头点点、麋鹿奔、降落伞、双鹊踏枝

字素"并"：屏下、屏下残月、共改面貌、共来转变

字素“佥”：节俭人、刀光剑影、脸如满月

字素“奂”：一贯负心

字素“酉”：鸡、酒干、酒后、半醉、酒不掺水、西装一套、游园、黄昏、滴酒不沾、来宾一到、自尊心

字素“卓”：湖中倒影、前朝

字素“青”：一年、无心情、春色、情心已断、倩人离

字素“隹”：去又难、故旧心、淮水流、推后、雀高飞、飞小雀、又难舍、上集、会又难、唯缄口、一生独住、谁言收、乌骓马、难又难、蕉心、用手推

字素“壴”：正相思、古树掩村

十一、全国校园灯谜大会高校组全部赛题

（一）个人笔猜题

编号	谜面	谜目	谜底	作者
1	遍地高楼起，举樽同相庆	灯谜赛事，3字	广厦杯	崔永凯
2	国外进口到汕头	字，9笔	洄	郑泽鑫
3	黑山白云	字，17笔	黜	金力楷
4	一到离休了，牵着骏马走	泊人，2字	李俊	陈庆文
5	依旧二处芍药开	老电影，2字	红日	潘洁妹
6	跪在地上，小叔大喊	字，少笔	幺	王楷波
7	心系藏羚羊，爱惜声连连	字，8笔	怜	庄立新
8	失声痛哭兄弟别	篮球比赛术语，4字	大号两分	陈庆文
9	万里冰封满心忧	词牌名，3字	广寒秋	陈春松
10	无人在旁泪盈眶	网络词，3字	单身汪	肖丰钿
11	周末如约会，肯定好嗨哟	当代诗人，2字	海子	龚海波
12	大理房屋真特别	羽毛球运动员，3字	石宇奇	邱壮炮
13	镜儿丢失又见还	茶名，3字	铁观音	王东雄
14	扑天雕唱喏	同音字更正用语，4字	李应作礼	黄宜耀
15	再三化危机，独捣黄龙府	社保名词，4字	五险一金	陈庆文
16	艺高有女名昭君	女子网球运动员，2字	王蔷	邱壮炮

续 表

编号	谜面	谜目	谜底	作者
17	秉笔直书鲍参军	文学名词,4字	真实写照	施奕盛
18	因错生恨,惜别故人	多肉植物,2字	银星	陈见生
19	谜校办谜事,学子人敬服	成语	虎虎生威	王思凯
20	字体调整为小三	民国人,3字	李宗仁	黄宜耀
21	"取法乎上"	台风名,3字	范斯高	黄松榆
22	人自离别秋色深	动漫角色,2字	大白	陈挺
23	十分坚韧	成语,4字	一毛不拔	赵首成
24	如今汕头,创森争先	电视剧,2字	冷枪	邱壮炮
25	柳条西飘,夜莺几声	导弹名,4字	东风41	陈挺
26	宽心离鲁早获胜	中药名,3字	鱼腥草	李俊伟
27	"终岁闲悠悠"	李荣浩歌曲,4字	年少有为	王楷波
28	包车到达鲁北	海产品,3字	大连鲍	黄宜耀
29	富足至今,不忘初心	食品品牌,2字	思念	吴艺辉
30	驮起书本很费劲	成语,卷帘	力透纸背	金力楷
31	"这就是爱,说也说不清楚"	影剧称谓,含热播剧名,4字	《陈情令》迷	王东雄
32	"数风流人物,还看今朝"	《马说》一句,5字	才美不外见	施奕盛
33	太公以藩屏周,率军营丘建齐	陆游七言诗一句	尚思为国戍轮台	金力楷
34	四境无限大	地理名词,3字	边缘海	赵首成

(二)团体抢猜题

谜面	谜目	谜底	作者
本人交游广	学校用语,2字	校庆	金鸽
中国将来一定行	农作物,2字	玉米	黄宜耀
汕头创森走在前	字,11笔	淋	邱壮炮
一生善为先,幸福就在前	古代孝贤,2字	王祥	金鸽
夕阳西下杳然,自觉困倦乏力	拼音字,共4字	日无俺软	赵首成
衷心谢谢诸先生	《醉翁亭记》一句,3字	射者中	王楷波
刚入高校,都赶潮流	离合字二,3+3	大一人,人从众	黄宜耀
"吾将上下而求索"	《水浒传》人物昵称,2字	小五	黄宜耀
秦武安君之首战	灯谜术语,3字	白头格	邱壮炮
拈来示解三生事	手机品牌,2字	小米	王东雄

续 表

谜面	谜目	谜底	作者
“始知五岳外，别有他山尊”	医检用语，4字	高压过高	夏彬
“儿在天涯归未归”	字，少笔	兀	陈挺
夫妻都已知天命	新词，5字	两个一百年	许遵畅
“为一两三声”	晋朝文学家，2字	陆云	陈挺
“喜见朱颜好”	古玩连颜色，2+1	如意、红	土东雄
师生分别	对人评价语三，1+1+1	帅、牛、二	黄宜耀
君与百姓，互相开导	国家荣誉称号获得者，回文，3字	王启民	邱壮炮
客舟远去各分离	字，7笔	完	金力楷
恼火怎成了烦恼	五金配件，2字	合页	陈挺
青江东流苍天下	商业词，3字	大清仓	黄宜耀
大热袖珍本	著名App，3字	小红书	王楷波
用耳倾听，心生爱惜	字，5笔	令	黄宜耀
装腔作势，煽风点火	音乐人行为，含乐器，4字	摆架子鼓	王东雄
为插秧而互殴	口语，3字	栽跟斗	赵首成
此后勿求博杂，人应专一	时政词，3字	十九大	黄跃佳
“而今我谓昆仑”	《陋室铭》一句，4字	山不在高	金力楷
度日须先争分秒	字，16笔	穆	黄宜耀
“生当作人杰，死亦为鬼雄”	中共党史人物，2字	项英	金力楷
“云中飞去”	字，少笔	口	陈挺
决心斗败明熹宗乳母	知名餐饮连锁店，3字	必胜客	赵首成
“造门不问于主人”	口语，2字	住口	黄宜耀
马孟起所言	微博功能，2字	超话	王楷波
年幼人秀气，长成更俊美	军界称谓二，2+2	少帅，大帅	肖丰钿
“绕造化机权”	女港星，2字	林凤	王东雄
心里特别仰慕，就是无法持续	成语，4字	好景不长	陈挺
吟断闺中情，流亡长望归	乐器，2字	胡琴	王东雄
披星戴月谪仙人	日本小说，3字	白夜行	金力楷
本人甘心要离职	动漫人物二，2+3	一休、一只耳	李俊伟
一直是“取法乎上”	学校问候语，3字	老师好	赵首成
“勿谓知音稀”	CBA球员，2字	易立	黄宜耀
意如流水任西东	成语，4字	左右逢源	金力楷
“横无际涯”	电影，2字	一一	王楷波

续 表

谜面	谜目	谜底	作者
考猜谜，教钢琴	军事行为，4字	试射导弹	黄宜耀
“抬头见佛低头拜”	字，8笔	拂	陈挺
将士后代说相声	动物	象	王楷波
烦请狄公出来谈	泰国政要，2字	颂猜	陈见生
“每顾儿童笑”	观赏电视剧行为，共4字	看《小欢喜》	吕珏生
姑苏黎明，涛声依旧	财经作家，3字	吴晓波	金力楷
“饮泣难为语”	周杰伦歌曲，卷帘，4字	说好不哭	王楷波
推心置腹，先公后私，此心无愧	网络语，3字	什么鬼	崔永凯
梦窗著华章	国家荣誉称号获得者，3字	吴文俊	邱壮炮
艺高破卫城，挥戈终收取	外节日，3字	万圣节	王东雄
程德谋日前又升官	形近字，共3字	普近晋	赵首成
为人小心抱负高	字，11笔	您	黄宜耀
反面教材	学生行为，2字	背书	金力楷
狼王大汗全出动	热门歌曲，2字	狂浪	邱壮炮
相邀待在山顶会	数学名词二，3+1	约等于、高	黄惠中
秋前有出力，终会收获多	电信词语，2字	移动	吴艺辉
“中宵足磬声”	香港电影，2字	小Q	王楷波
皆望安居终得到	古称谓，2字	皇姑	吕珏生
携弟子一同到达	成语，4字	与生俱来	赵首成
更新造林品志高	中药，2字	桔梗	李俊伟
一到日出茶花开	字，14笔	模	陈挺
中国制造赢赞誉	手机品牌，4字	华为荣耀	庄立新
“动摇有三四”	货币，2字	日元	王楷波
首相公开赴陕西	亚运会冠军，2字	邢松	李俊伟
烹调之能手，尚一起享用	食品，2字	熊掌	陈见生
说说程朱之学	常用语，3字	讲道理	赵首成
三思始终愧，结缘伴佛前	外名著，2字	傀儡	王东雄
破除阻拦再举樽	奶茶店活动，4字	无限续杯	肖丰钿
云低成影又飘去	字，9笔	垒	黄宜耀
徒弟要收网	外国小说，卷帘，3字	罗生门	金力楷
荷叶参差底事愁	口语，2字	何苦	黄宜耀
老庄之道	歌名，4字	故乡的云	金力楷

续 表

谜面	谜目	谜底	作者
船头引吭每扬首	军事名词,2字	航母	周昕
小当家	《笑傲江湖》人连称谓,2+2	莫大,掌门	王楷波
仁君一现安天下	黑龙江地名,2字	伊春	黄宜耀
拙荆厄已解	网络流行语,4字	我太难了	王楷波
长成即得双雄会	现代史名词,4字	一大二公	王东雄
小山夜半心境凄	古文篇目,4字	晏子使楚	金力楷
"免教天下动干戈"	日本年号二,2+2	令和、平成	陈挺
如有私心,安能奉上	国家荣誉称号获得者连性别,2+1	秦怡,女	邱壮炮
读英语书整三十年	成语,4字	不可一世	蔡芳
与持国、广目、多闻三大天王齐名	统计学名词,4字	同比增长	赵首成
来信访者无储蓄	语言学名词,2字	方言	王楷波
吹落杏花	字,14笔	嗽	黄宜耀
"有怒亦开颜"	字,9笔	烁	陈挺

十二、猜谜比赛一般规则

(本规则为常见的灯谜竞猜比赛规则,供参考。具体规则由各竞赛组织者确定。)

一、现场比赛

(一)笔猜

(1)笔猜正式谜题为XX题,附加题X题。答题时间为XX分钟。

(2)每题限提交一个答案,若多填答案,视该题作答无效,不予得分。如要求猜射的谜底为2个词组时(如2字数学名词二),若未完全猜中原底,视为不正确,不予得分。赛题标出字数,任何一个汉字、字母、数字、符号等均视同一个字。

(3)答题时请书写工整、字迹清晰,每题答案须完全答对方可得分。提交答案书写潦草无法辨认或有错别字或汉字以拼音替代,均视为错误答案,不予得分。

(4)参加比赛的学生请携带本人身份证入场，按组委会安排的座位就座。比赛开始XX分钟后，场外迟到者不得进场。离结束时间之前XX分钟方可交卷。交卷后请立即离开赛场，不得在赛场外逗留和大声喧哗。

(5)严格赛场纪律，进入考场除了写字笔，不得携带参考资料进场，比赛开始前关闭手机。不得有交头接耳、看手机等作弊行为，违者取消比赛成绩。

(6)附加题分值为X分(此分值低于正式题分值，如正式题每题1分，附加题每题0．1分)；或附加题不计入比赛成绩，如选手出现得分相同时，按照附加题答对多少来确定胜出者。

(7)如成绩和附加题答对题数仍出现并列情况时，则按照提交试卷先后次序来确定胜出者。

(二)抢猜

(1)采用电控比赛形式，台号抽签决定。

(2)各选手的基本分为100分，按照最后得分确定名次或奖项。

(3)比赛题型为抢答题，共XX题。在谜题亮出后30秒内各选手均可抢答，且不限次数。若第一个按铃抢得答题权的队伍回答错误，则按照设备显示的抢铃顺序依次安排下一位选手回答。

(4)谜题一经亮出即可按铃抢答，取得抢答权的选手须经主持人同意或抢答设备播报抢答者台号要求作答时，在X秒钟(通常是3秒或5秒)之内提交谜底。答题时口头报谜底，声音要洪亮，如果谜底是单字，需组词或描述该字字形结构。猜射正确1题加10分，含糊、拖延或者回答错误扣10分。

重要提醒：抢答时出现下列情况视为违例，每次违例扣10分。

1）不按铃直接抢答者；

2）未听到抢答设备播报抢答者台号直接答题者；

3）第一次报底错误，本人自行第二次更正报底者。

(5)若全部题结束后出现得分相同且无法分出名次时，由并列分数的选手加赛，直至决出名次。

(6)比赛中若出现某名选手分数明显超过其他选手且能提前锁定名次时，主持人有权终止该名或该队选手的答题，以便于将后面的答题机会留给其他选手。

(7)比赛进行中,选手如有疑问可举手进行申辩,由主持人裁决并宣布结果。选手必须服从主持人的最终裁决。

(8)比赛时如出现设备故障,选手需举手示意,由现场工作人员排除故障。

(9)如遇谜题错误、技术故障等情况,则该题作废,补一道备用题。作废的该题,选手均不加分不扣分。

二、网络比赛

所有报名者加入竞赛微信或QQ群,由主持人手工出题,记分员记分,计时员计时。

(1)谜题出后,任何选手都可打"1"抢答,所有打"1"抢答者,由主持人点名@后,才能回答。主持人点名后,需在5秒内回答出谜底,超时则扣10分,长底可适当延长时间。超过5个字的谜底,允许先打出1个字发送,再打出后续的字。

(2)每题答对加10分,答错扣10分,列中由主持人评判;基本分为0分。

(3)每题回答5人,5人回答如不中,就开蒙,限时1分钟,蒙的次数不限,蒙中+5分,蒙错不扣分。无人蒙中就开底。

(4)回答谜底,不允许白字或用语音回答,打字错扣10分;生僻字或难拼写字可以描述字形,如"雉",可以回答"左边矢+难字的右边"。

(5)比赛进行中,选手不打"1"直接回答谜底者视为犯规,扣10分;打"1"或任何文字后自行撤回,一次扣10分。

(6)比赛中,打1先后排序,由主持人确定;由于网速原因,个人手机显示顺序可能会有所差异,以主持人电脑或手机屏幕显示顺序为准。选手对打1先后排序有疑义时,主持人需截屏显示以作证明。

(7)为防止恶意抢答,使其他人丧失答题得分机会,分数低于-XX分的,取消比赛资格,不能继续抢猜。

(8)如果某一谜题错误或主持人发生失误,则该题作废,加一道备用题。

(9)文明猜谜,友谊第一。比赛过程中,对主持人的评判有异议可当场提出。选手应尊重最终的裁决。

三、团体赛题型

团体赛通常一队3人，比赛题型有多种，可在比赛中自由选取组合。

(一)集体抢答

团队3人，共用1个抢答器。一队中某人抢到答题权后，可由该团体中任何一人回答。抢答规则同上面的抢猜规则。

(二)集体共答

集体共答为笔答题，每队发放答卷1张。共答题全部在纸上答题，一次提交。共X题(通常为3题或5题)，限时X分钟(通常为3分钟)。笔答时需书写工整、字迹清晰，每题答案须完全答对才能得分。提交答案书写潦草无法辨认或有错别字或汉字以拼音替代，均视为错误答案，不予得分。

(三)对位抢答

每队的#1、#2、#3选手个人分别抢答，第一轮各队#2、#3选手下场，只留#1选手在场上，#1选手之间进行PK，抢答规则同上面的抢猜规则。

(四)风险题

风险题为笔答题，分为10、20、30分值，各代表队先自行选择押分并亮分，然后大屏幕显示题目，各队在答题板或答题纸上回答，限时时间(通常为1分钟)到，共同亮出答题板或者提交答卷，回答正确的队加相应分值。回答错误或不完整的扣相应分值。超过答题时间的，答题无效。风险题共X题(通常是3题)，分X次(通常是3次)押分答题，每次可押不同的分值。

谜法综合练习题

（注：部分难题附提示）

一、离合法谜题

（一）加字法、减字法、加减法

1. “长安一片月”（字，8笔）
2. 家中添一口（字，14笔）
3. 饥不得食（字，少笔）
4. 何必开口伤人（字一）
5. 一一到此集合（字，8笔）
6. 禾中长草心不忙（节气一）
7. 一落千丈（字一）【提示：“千”中的“一”落去】
8. 增加摊点来推销（字一）【提示：“销”字做减号使用】
9. 八点、九点、十点（字一）【提示：“点”字有三个，可用“氵”表示】
10. 七十二人（称谓一）【提示：“七十”交叉拼合成一个字】

（二）半字法、选拼法、残缺法

1. 半城柑橘半城梅（城市，2字）
2. 悲泣扫花残（世界名酒，2字）
3. 宝玉出走，袭人无依（字，8笔）
4. 有一半，有一半，又有一半（常用词，2字）
5. 破庙残寺人栖身（字，8笔）
6. 半瓶冷饮（字，10笔）

7. 海峡两边今团聚(字,10笔)

8. 残照雕栏沦落人(3字歌手)【提示:"照雕栏沦"残缺,"落"做加法】

9. 断桥残雪入眼来(字,17笔)【提示:"眼"可用"目"字表示】

10. 半江瑟瑟清波漾(4字拟声词)【提示:"瑟"取一半后分成两个"王"字】

(三)方位法、移位法、转动法

1. "床前明月光"(字,7笔)

2. 转业归田中(字,7笔)

3. 称雄前后(字,13笔)

4. 枝头叶翻飞(字,9笔)

5. 盼望转干(交通工具,2字)

6. 笔下写出心中喜(蔬菜,2字)

7. 平装上下集(字,12笔)

8. 失恋后倒少点牵挂(字,5笔)

9. 先复制,然后粘贴(网络热词,2字)【提示:"然"的后"灬","粘"做加法】

10. 东南楼殿七十整(称谓,2字)【提示:"楼殿"东南是"女""又"】

(四)假设法、排除法、包含法

1. 进口连衣裙(字,少笔)

2. 居心不良(字,6笔)

3. 二山在一起,猜出不是庭(字,5笔)

4. 日月一起来,不做明字猜(字)

5. 半推半就,不作掠字猜(礼貌用语,2字)

6. 刘备有、张飞有、曹操有,人人都要有(字,15笔)

7. 二日抵达三明(时间用语,2字)

8. 遇火燃烧,遇水挨浇,若猜尧字,智商不高。(字,8笔)

9. 世路浮沉霜雪共(司法词语,2字)【提示:"浮沉霜雪"共同部分是

"氵雨"】

10. "是日归来暮"(10笔字)【提示:"日"来为"暮"】

二、会意法谜题

(一)正扣法、反扣法、归纳法、夹击法

1. 刮脸(食品名,3字)
2. 红色宣言(地理名词,2字)
3. 365天用电1 k·Wh(成语,4字)
4. 只准大人放焰火(俗称谓,3字)
5. 赤兔白龙乌骓黄骠(字,8笔)
6. 黑方告负(泊人,2字)
7. 四季少了夏秋冬(省会,2字)【提示:没有"夏秋冬";夹击】
8. 后面在检查卫生(节日一)【提示:"后"字表示方位;归纳】
9. 黄连丸(五唐一句)【提示:黄连味苦;正扣】
10. 输完液需叫护士(成语,4字)【提示:叫护士做什么事;反扣。】

(二)问答法、因果法、承启法

1. 千古之恨怎酿成(字,12笔)
2. 赤壁破操用何计(北方传统小吃,2字)
3. "更上一层楼"(医学名词,2字)
4. "浔阳地僻无音乐"(穴位,3字)
5. 光于前(文艺界称谓,2字)
6. 再次催促(排球术语,5字)
7. 赵州石桥谁筑造?(唐朝人,3字)【提示:李春建造的桥;问答】
8. 孟母三迁(数学名词,2字)【提示:为儿子而搬家;因果】
9. "为伊消得人憔悴"(电信名词,2字)【提示:衣带渐宽终不悔;承上】
10. "桃花潭水深千尺"(成语,4字)【提示:下一句"不及汪伦送我情";

启下】

(三)特征法、推理法、用典法

1. 匡衡凿壁(礼貌用语,2字)
2. 孟良和焦赞的脸谱(世界名著一)
3. 冰雪侵玉肌(食品,3字)
4. 春夜暗香(字,10笔)
5. 王羲之愿写《黄庭经》(动物,2字)
6. 崇祯字测“友、有、酉”(五字网络操作惯用语一)
7. 老龙王计拙犯天条(排球术语,4字)
8. 秋雨落至北斋中(列人)【提示:“秋”有雨则无火;推理】
9. 张僧繇壁上画龙(民航用语)【提示:画龙点睛,点之即飞去;用典】
10. 百年松树,五月芭蕉(成语一)【提示:老枝粗壮,蕉叶肥大;特征】

(四)运算法、补漏法、虚实变化法

1. 18÷3(中药,2字)
2. 500克+500克(字,12笔)
3. 五一去旅行(南宋诗人,2字)
4. 将士象马炮卒(字,8笔)
5. “何以解忧”(娱乐场所,2字)
6. 哀哉不能言(字,12笔)
7. 可上天揽月,可下洋捉鳖(商业用词,3字)
8. 四五六八九(俗语,7字)【提示:少了1、2、3、7、10;补漏】
9. 东北演出迎五四(字,14笔)【提示:5*4=20,20扣“卄”;运算】
10. 其心不正而上下乱之(字,9笔)【提示:“而”字改变位置;虚实变换】

三、借代法谜题

(一)人名、地名借代

1. 巴黎产品(普法名词,2字)
2. 首尔来函(汉代人,2字)
3. 云长站在前(字,11笔)
4. 北京鸟巢(补品,2字)
5. 黛玉大喜(水浒地名,3字)
6. 孔子之作(唐诗人,2字)
7. 东北地区辽宁省(字,多笔)
8. 回函寄庐州(农业用词,3字)
9. 行者豹子头摸着天(武术称谓,4字)【提示:行者武松、豹子头林冲】
10. 昆明大雪(七言唐诗一句)【提示:昆明别称“春城”,雪扣“花”】

(二)地支生肖、天干五行、八卦借代

1. 米老鼠(字,9笔)
2. 双手合十祭乾坤(婚俗,3字)
3. 未入灯谜之门(成语,4字)
4. 盼望秋天(近代作家,2字)
5. 山东(字,10笔)【提示:“山”借代扣“艮”】
6. 西湖历来春色在(建筑材料,2字)【提示:“春”借代扣“青”】
7. 入冬溪边梅半开(海洋名,2字)【提示:“冬”借代扣“黑”】
8. 北方产品(生物学名词,3字)【提示:“北”借代扣“水”】
9. 兰亭夜半(建筑材料,3字)【提示:“夜半”借代扣“子”】
10. 甲乙双方势均力敌(体育项目,3字)【提示:“甲乙”借代扣“木”】

（三）时间名称、年龄雅称、朝代年号借代

1. 国庆恰逢初一（字，13笔）

2. 八月团聚（水果，2字）

3. 年届不惑仍光棍（条例用词，4字）

4. 刚进入十二月（水浒人物，2字）

5. 弱冠之年、待人虚心（字，7笔）

6. 唐太宗猜谜语（唐诗人，3字）【提示：唐太宗姓李，谜语又称隐语】

7. 鲁达而立时（动物，2字）【提示：而立是三十，分成“卄、十”】

8. 十月芙蓉（食品，3字）【提示：谚语“十月小阳春”】

9. 三八二十四（体育名词，4字）【提示：三八妇女节，24是两个12】

10. 洪武立国之臣（称谓，4字）【提示：洪武是明朝第一个年号】

（四）物名借代、通假借代、其他借代

1. 全部得零分（食品，3字）

2. 雨前牡丹似美人（外国名著，3字）

3. 西方不亮（网络词语，2字）

4. 一周有雨（微信词语，3字）

5. 玉兔与金乌（时间用词，4字）

6. 文姬归汉喜洋洋（口语，3字）【提示：“说”通假“悦”】

7. 入夜心惆怅（时令用词，2字）【提示：“秋”通假“愁”】

8. 反应不迟钝（《弟子规》一句，3字）【提示：“反”通假“返”，扣“还”】

9. 从丙子到丙戌（珠算口诀一句，5字）【提示：以各自的顺序位序借代扣合】

10. 这相思石烂海枯（食品，3字）【提示：“相思”代“豆”】

四、象形法谜题

1. 花桥流水清风里（字，7笔）

附录

2. 两个葫芦(网络聊天用语,2字)

3. 沾露瘦竹破花窗(字,8笔)

4. 半夜三更仍垂钓(列人,2字)

5. 梧桐半掩垂柳飘(字,11笔)

6. 立竿见影补漏洞(特殊电话号码,3字)

7. 一箭穿过五层甲(字,8笔)【提示:箭象形“个”】

8. 双峰倒影,月牙弯弯(英文单词缩写,2字)【提示:“双峰倒影”像“W”】

9. 介(民俗活动,3字)【提示:“介”象形“人下两根棍子”】

10. 出则调转头,横过斑马线(字,9笔)【提示:“横过斑马线”象形“卌”】

五、声韵法谜题

1. 犬声穿户出(字,10笔)

2. 荷塘清韵鸣鹭声(电脑用词,4字)

3. 出壳鸡雏叫不停(《木兰诗》一句)

4. 呆子打鼾声(口语,3字)

5. 相逢个个闻乡音(字,多笔)

6. 33(成语,4字)【提示:简谱“3”的发声“mi”】

7. 喏声道:是皇上(抗疫名词,3字)【提示:“诺”的声母“N”】

8. 几声清淅沥(电信服务号码,3字)【提示:“清淅沥”三字读音第几声】

9. 进门廿载初别难,临去声声唤(字,14笔)【提示:谜底字读音是“临”读去声】

10. 马鞭高扬,马蹄声声(成语,4字)【提示:马蹄声“得”,“扬”是举】

六、带格谜题

1. 历史迷局(国名·秋千格,2字)

2. 国庆节和劳动节(成语·卷帘格,4字)

3．你的稿件已收到(生物学家·下楼格,3字)

4．只讲现在和将来(口语·调首格,4字)

5．大海怒潮(电器·梨花格,3字)

6．独身主义(城市·徐妃格,2字)

7．贫民窟(日本景区·遥对格,3字)

8．答辩完成就毕业(古文篇目·上楼格,3字)【提示:毕业就是出师了】

9．话说关羽年幼时(称谓二·调尾格,2+2字)【提示:关羽字云长,又字长生】

10．“一行雁阵天际渺”(骊珠格,2+3字)【提示:雁阵排列成“人”形】

七、混扣、重扣、特殊扣法谜题

1．每到春来草初发(唐诗目,2字)【提示:借代+拆字;混扣】

2．绿树前头栖双鸟(字,14笔)【提示:会意+拆字+象形;混扣】

3．仿佛步入画中来(象棋术语,3字)【提示:会意+拆字;混扣】

4．失足摔倒才叫爹(字,12笔)【提示:拆字+会意+拟声;三扣】

5．谓之男儿,排行老四(字,少笔)【提示:三重扣合】

6．连进四球能称雄(字,14笔)【提示:拆字提音】

7．污水处理,大加赞赏(字,6笔)【提示:拆字提义】

8．终日望夫夫不归(航空术语,3字)【提示:“夫夫不归”;抵消法】

9．咬(外贸名词二,2+2)【提示:“咬”去口成“交”字;叫出法】

10．早梅半放旧园中(清代诗人,2字)【提示:园的繁体字“園”;简繁替代法】

八、花色谜、特色文字谜题

1．山海关外赏玉盘(方位字,4字)【提示:山海关外是东北】

2．这一箭险些脱靶(形近字,3字)【提示:脱靶的是箭,扣“矢”】

3．佳丽伴君(通假字,3字)【提示:“君”就是“你”,扣“汝”】

4．杜撰的典故(同音四声字)【提示:“杜撰的”就是“失实”】

5．“说与旁人浑不解”(离合字,3字)【提示:面句意“只有我自己心里明白”】

6．黑钱(离合音字,3字)【提示:“钱”可扣“资”】

7．(书法:竞走冠军)(成语,5字)

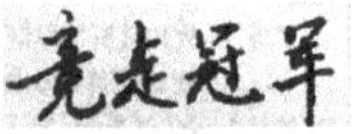

【提示1:书法字体为行书】

【提示2:“竞走”可扣“行”】

【提示3:“冠军”别称有哪些】

8．(印文:文殊道场)(山西地名二,2+2)

【提示1:此印章为阴章,谜底附加字“阴”】

【提示2:文书菩萨的道场在哪里】

9．(实物谜:桌上放着一台微型电风扇)(水浒人物诨名二,3+3)

【提示1:电风扇是铁质的】

【提示2:电风扇是小型的、能转的】

10．(画谜)(网络用语,3字)

中华传统灯谜文化模拟试卷

题号	一	二	三	四	总分
得分					
评阅人					

一、填空题（每题1分，共20分）

1. 中国传统文化是以__________、__________、__________为主体的文化。

2. 中华传统文化的第一特征是它的________、凝聚力与包容性。中国古代文化、印度文化、古巴比伦文化和古埃及文化中，长期延续发展，而从未中断过的文化是________文化。

3. 灯谜的基本结构由________、________和________三个要素构成。

4. 灯谜的基本猜法有离合法和________两大类。

5. 灯谜与传统的谜语本质区别，就是灯谜必须__________。

6. 灯谜由古代的__________演变而来，最早文字记载灯与谜的结合在______代。最早的谜格是__________格。

7. 在灯谜借代中，十二地支和十二生肖可以借代互扣，“虎”可以扣____。年龄可以用一些别称来借代，比如“耄耋”是表示______岁，“期”表示____岁。

8. 最早创作“英文谜”，被称为现代谜圣的是________。最早提出“一谜一评”并撰文发表，促成佳谜鉴赏新形式产生的是________。

9. 若谜目中出现“石人”，则猜的是________人物。

10. 灯谜“打起黄莺儿（字一）”的谜底是“啼”，其在扣合上采用的是：__________法。

二、分析题（指出下面灯谜的不当之处。每小题2分，共10分）

1. 公历初一（地名一）〖谜底〗：阳朔
2. 更上一层楼（体育名词一）〖谜底〗：引体向上
3. 水产（聊目一）〖谜底〗：河间生
4. 新春前后听莺声（字）〖谜底〗：音
5. 半推半就（字）〖谜底〗：扰

三、问答题（每小题10分，共40分）

1. 什么是非遗？灯谜非遗传承方式有哪些？（至少举出5种）
2. 《文心雕龙》中对灯谜是如何定义的？当代对灯谜是如何定义的？
3. 灯谜艺术创作要满足哪两个方面的要求？每一方面有哪些主要要求？
4. 灯谜文化作为优秀传统文化，它具有传统文化的哪些典型特征？说明理由。

四、笔猜题（每小题1分，共30分）

1. 冈仁波齐成网红（3字抗疫地名）
2. 脚刚踏台阶，听喊忙回声（4字防疫措施）
3. 九纹龙样样精通（3字展会简称）
4. 映雪苦读成栋梁（清朝人物，3字）
5. 东家满饮表谢意（3字交通名词）
6. 开会一直到三点（2字法律名词）
7. 本科期间碌碌无为（古籍二，2+2）
8. 伞寿之年，落叶归根（4字文学名词）
9. “屠乃奔倚其下，弛担持刀”（影目，3字）

10. ∴(3字考古名词)

11. 遛弯遇雨把家归(3字探月工程用语)

12. 相伴南望雪初临(女足队员,2字)

13. 垃圾始终要分好(称谓,3字)

14. 博览群书(抗疫医疗专家,3字)

15. 举国上下抓廉政(朝代连年号1+2字)

16. 共赴泉城自驾游(高校简称二,2+2)

17. 言到兴头还欲说(字,13笔)

18. 沾露瘦竹破花窗(字,8笔)

19. “为伊消得人憔悴”(电信名词,2字)

20. 毕其一生搞改革(二字商代人)

21. 离间夸口甚容易(科技名词,4字)

22. 回函寄庐州(农业用词,3字)

23. 十月芙蓉(食品,3字)

24. 荷塘清韵鸣鹭声(电脑用词,4字)

25. 破帽烂袍泪终流 (网络词汇,2字)

26. 答辩完成就毕业(古文篇目·上楼格,3字)

27. 可上天揽月,可下洋捉鳖(商业用词,3字)

28. 山海关外赏玉盘(方位字,4字)

29. 日放晴,香半飘,举足踩水(二字人事)

30. 心为娃校长不易,躬身行向前无悔(3字教育界时代楷模)

模拟试卷参考答案及评分标准

一、填空题（每空1分，共20分）

1. 儒家、道家、佛家
2. 连续性、中华
3. 谜面、谜目、谜底
4. 会意法
5. 别解
6. 隐语（或廋词）、宋、曹娥
7. 寅、八九十、100
8. 张起南、吴仁泰
9. 红楼梦（或石头记）
10. 启下法

二、分析题（指出下面灯谜的不当之处。每小题2分，共10分）

1. 与事实不符，公历没有初一。
2. 露春，面底字“上”相犯。
3. 倒吊，“河”是小概念，“水”是大概念。
4. 读音不准，莺（yīng）与音（yīn），读音不同。
5. 底不唯一，可以猜“掠”。

三、问答题(每小题10分,共40分)

1. 非遗即非物质文化遗产,非物质文化遗产是各族人民世代相承、与群众生活密切相关的各种传统文化表现形式和文化空间。或者答:根据联合国教科文组织的《保护非物质文化遗产公约》定义:非物质文化遗产指被各群体、团体、有时为个人所视为其文化遗产的各种实践、表演、表现形式、知识体系和技能及其有关的工具、实物、工艺品和文化场所。(5分)

灯谜非遗传承方式主要有:代代相传、谜协、谜会谜赛、谜书谜刊、灯谜进校园、灯谜课堂、灯谜社团、网络灯谜等。(5分)(答出任意5种即可)

2. 《文心雕龙》中对灯谜的定义:谜也者,回互其辞,使昏迷也。或体目文字,或图象品物,纤巧以弄思,浅察以衒辞,义欲婉而正,辞欲隐而显。(5分)

灯谜是以汉字的形、音、义这三个要素为基础,利用这三者各自的和相互之间的变化,所构成谜底与谜面紧密扣合的可供猜射的文学作品。(5分)

3. 灯谜艺术创作要满足符合性和适用性两方面的要求。(2分)

(一)符合性主要的要求

(1)面底不能相犯;(2)面底都要成文;(3)要有别解成分;(4)扣合必须准确;(5)事例符合事实;(6)一谜不能多底。(6分)

(二)适用性主要的要求

(1)不能低级趣味;(2)避免底面不投。(2分)

4. 灯谜是中华优秀传统文化,它自然具有传统文化的很多典型特征:

(一)历史延续性(2分)

谜语最初起源于汉族民间口头文学,是我们的祖先在长期生产劳动和生活实践中创造出来的,是汉族劳动人民聪明智慧的表现。自先秦时期开始,迄今已经有3500多年的历史,历经各朝各代从未中断,且一直持续发展壮大。(2分)

(二)民族特色性(2分)

灯谜与中国优秀的语言文学艺术"诗、词、曲、联"一样,都是脱胎于承载着

中华数千年文明和历史沉积的汉字。可以说,灯谜一直是伴随者汉字共生共长的,而汉字是中华民族特有的文字。(1分)

(三)博大包容性(2分)

灯谜形式短小,但内容丰富,其“笼天地于形内,挫万物于笔端”。举凡天文地理、外交内务、政治经济、文教卫生、诗词歌赋、鸟鱼花虫,乃至佛老道藏、童谣民谚,信笔所及,莫不可以为谜。有人将灯谜喻为“大百科全书”,不无道理。所以猜谜看谜便能“观古今于须臾,抚四海于一瞬。”(1分)

四、笔猜题(每小题1分,共30分)

1. 火神山;2. 一级响应;3. 进博会;4. 康有为;5. 主干道;6. 法人;7. 大学、中庸;8. 八十回本;9. 战狼二;10. 三星堆;11. 绕落回;12. 王霜;13. 女娃子;14. 张文宏;15. 清 同治;16. 同济 南开;17. 誉;18. 卧;19. 宽带;20. 比干;21. 天问一号;22. 复合肥;23. 阳春面;24. HTML;25. 冒泡;26. 出师表;27. 九五折;28. 望东北月;29. 踏青;30. 张桂梅

参考文献

[1]蔡芳. 灯谜基础知识[M]. 郑州:中州古籍出版社,2015.

[2]柯国臻,吴仁泰,金瓯. 中国灯谜知识[M]. 合肥:安徽科学技术出版社,2014.

[3]钱南扬. 谜史[M]. 上海:中华书局,1928.

[4]丘景衡. 中华灯谜鉴赏[M]. 北京:人民日报出版社,1988.

[5]郭少敏. 灯谜逻辑[M]. 石家庄:花山文艺出版社,2018.

[6]李国安,苏颖. 中华灯谜学基础[M]. 郑州:河南人民出版社,2016.

[7]吴仁泰,柯国臻. 佳谜鉴赏辞典[M]. 合肥:黄山书社,1991.

[8]陆滋源. 中华灯谜研究[M]. 南京:江苏科学技术出版社,1986.

[9]张起南. 橐园春灯话[M]. 上海:商务印书馆,民国六年(1917).

[10]中央党校(国家行政学院)习近平新时代中国特色社会主义思想研究中心. 继承和弘扬中华优秀传统文化[N]. 光明日报. 2019-10-10(06).

[11]戴健. 商谜三题[J]. 古典文学知识,2015(4).

[12]苏德友. 灯谜的涵指和谜语的直指[J]. 文虎摘锦,2020(9).

[13]吕直雄. 论诗谜[J]. 赣南师范学院学报,1986(9).

[14]崔永凯. 灯谜在线查询系统——推动灯谜发展的“引擎”[J]. 文虎摘锦,2010(2).

[15]侯印. 猜制灯谜百法[C]//沈阳市和平区文联民间文艺家协会. 和平谜坛,2016:259-302.

[16]诸家瑜. 谜语别名知多少[OL]http://lndm. i5g5. com/topic/12326.

[17]赵首成."别解"与灯谜[OL]http://www. 360doc. com/content/17 / 0317/ 15/ 31243091_637654662. shtml.

[18]伍耿怀. 中华灯谜教程之创作技巧[OL]http://www. 360doc. com/ content/17/ 1218/05 /31243091_714090999. shtml.

[19]鲍贵州. 论灯谜赏析[OL] https://www. docin. com/p-2250600450. html.